2010—2011
中国服装行业发展报告

2010—2011 China Garment Industry Development Report

中国纺织出版社

内 容 提 要

本书共分运行篇、热点篇、探讨篇、附件篇四部分。运行篇具体内容包括2010年服装行业经济运行分析、2010年服装市场运行情况及2011年发展趋势预测、2010年国际服装市场分析及2011年发展趋势;热点篇汇集了服装、科技和设备等行业热点问题的分析和报告;探讨篇意为通过不同专家对不同问题抒发见解,从而引起行业乃至业外的广泛关注和深入探讨;附件篇列明2010年度重要奖项、产业经济数据等,以备不同人士、不同用途的查询。

本书旨在总结2010年行业发展状况、解析行业热点问题,力求全面梳理2010年中国服装行业发展特点,并以此为基础展望行业发展未来。本书在分析和预测的基础上提出观点和建议,以翔实的数据和一手的资料,为服装企业和各相关业界人士提供具有指导性和权威性的参考依据。

图书在版编目(CIP)数据

2010—2011中国服装行业发展报告 / 中国纺织出版社编.—北京:中国纺织出版社,2011.8
ISBN 978-7-5064-7614-0
Ⅰ.①2… Ⅱ.①中… Ⅲ.①服装工业—经济发展—研究报告—中国—2010—2011 Ⅳ.①F426.86

中国版本图书馆CIP数据核字(2011)第123334号

策划编辑:刘 磊 张晓芳 责任编辑:陈 芳
责任校对:楼旭红 责任设计:何 建 责任印制:何 艳

中国纺织出版社出版发行
地址:北京东直门南大街6号 邮政编码:100027
邮购电话:010—64168110 传真:010—64168231
http://www.c-textilep.com
E-mail:faxing@c-textilep.com
北京盛通印刷股份有限公司印刷 各地新华书店经销
2011年8月第1版第1次印刷
开本:889×1194 1/16 印张:9.5
字数:194千字 定价:128.00元

《2010—2011 中国服装行业发展报告》
课题组

组长	陈大鹏
副组长	冯德虎　王　茁　王　耀 何　烨　张锡安　陈国强
课题组成员（按姓氏笔画为序）	王轶男　卢　芳　刘　嘉 刘　静　杜岩冰　杨晓东 李　纷　李　强　李立宝 吴吉灵　张广闽　张晓锋 陈　戟　胡　敏　郭　巍 郭黛黛　曹立生　谢　青 穆　萱
编辑（按姓氏笔画为序）	王　伟　王玉宝　刘　嘉 刘　静　齐元勋　杜岩冰 杨晓东　李　纷　李　强 李立宝　张广闽　季　明 郭　巍　郭黛黛　穆　萱
专家组（按姓氏笔画为序）	刘文献　杨大筠　李　俐 李凯洛　周洪美　胡宝钢 闻力生

前言 Foreword

2010年是中国服装产业面临的国际、国内经济形势相对复杂的一年。一方面国际经济形势不确定，欧洲主权债务危机、美国二次量化宽松货币政策、大宗商品价格上涨、人民币升值压力增加等；另一方面国内的自然灾害、通胀趋向等，均对中国服装行业的发展造成不利影响。值得欣慰的是，在较为复杂的经济背景下，中国服装行业总体经济运行保持平稳，经济运行质量整体向好，更为重要的是以品牌为主体，以运行质量为核心，以创新为动力的产业整体转型升级已全面拉开序幕。

2010年，服装产业经济“三驾马车”——投资、出口、内需均实现了恢复性增长。首先，行业投资增速稳步回升，中部、西部地区投资比重继续提高，规模以上企业实际完成投资同比增长32.96%，比2009年提高15.2个百分点，中部、西部地区投资增速分别达到58.13%和46.49%。其次，服装出口基本恢复到2009年以前水平，价格提升对出口金额拉动作用明显。2010年，我国累计完成服装及衣着附件出口金额和数量分别是1294.78亿美元和295.47亿件，同比分别增长20.95%和13.72%，出口金额再创历史新高。再次，2010年国内需求增长和国内市场消费格局变化对服装产业增长的支撑作用明显。2010年，全国社会消费品零售总额154554亿元，同比增长18.4%，其中，限额以上企业服装类商品零售额同比增长24.8%，较2009年提高4个百分点，服装商品零售增速明显高于全国消费品零售总额增速。

2010年，服装行业生产状况、经济运行质量均有较好表现。2010年，我国全社会累计完成服装产量436亿件，同比提高9%。据国家统计局数据，2010年1~11月我国服装行业19143家规模以上企业累计实现工业总产值11675.72亿元，同比增长24.38%，累计实现工业销售产值11324.90亿元，同比增长23.89%，较2009年同期分别提高了9.75个百分点和9.3个百分点，服装行业产销增速均恢复至金融危机以前水平。另国家统计局统计显示，2010年1~11月，服装行业平均毛利率和利润率分别达到14.61%和5.01%，服装行业规模以上企业平均主营业务收入和企业平均利润同比分别提高了17.14%和27.12%，人均利润、人均产值和人均主营业务收入分别提高了30.38%、19.41%和20.15%，行业效益明显优于2009年。

2010年，中国服装行业呈现出区域布局调整加速、品牌运作水平提升的态势，科技进步、资源整合、资本运作、国际合作、节能环保等均获成效。一切行业新特点的呈现，都昭示着同一个行业发展方向，展现着同一条行业发展道路，即全行业的结构调整转型升级，并以此为“服装强国”建设打下坚实基础。

2011年，中国服装行业将面临更为复杂多变的国内、国际产业发展环境，一定程度上加大了产业发展压力。但是市场的稳定，特别是国内经济持续增长将为服装行业发展带来新的契机。作为“十二五”开局之年，面对机遇和挑战，毫无疑问，2011年，服装行业将继续通过品牌创新、科技进步、文化创意等手段，使产业升级转型进一步深化，从中国服装产业在国际市场的新定位和满足国内市场新需求两个方面，不断提升产业的竞争力、适应力、抗风险力和快速反应能力，着力构建现代化产业体系，并以此应对更严峻的形势，追求更宏大的目标。

本报告力求全面梳理2010年中国服装行业发展状况、变化、特点，并力图以此为基础去展望行业发展的未来。

编者

2011年6月

目录 Contents

第一部分　运行篇

2010 年服装行业经济运行分析

中国服装协会

2010 年，我国服装行业走出全球金融危机阴影，积极调整产业结构，加快转变产业经济发展方式，面对劳动力资源短缺、原材料成本高速上涨、汇率及利率调整等不利环境，产业全年仍保持平稳发展。中国服装产业全面走上以品牌为主体，以价值为核心，以产业质量和效益增长为目标，以市场为导向，以科技、文化和人才为支撑，以低碳节能和社会责任为契机，以创新为动力的转型升级发展道路。

一、2010 年行业基本运行情况

2010 年，行业经济处于恢复期，生产、出口、投资基本恢复到 2009 年以前水平。

（一）行业发展基本面乐观向好

1. 产销衔接良好，增速恢复历史高位

根据国家统计局数据，2010 年 1～11 月我国服装行业 19143 家规模以上企业累计实现工业总产值 11675.72 亿元，同比增长 24.38%，累计实现工业销售产值 11324.90 亿元，同比增长 23.89%。工业总产值和销售产值增速较 2009 年同期分别提高了 9.75 个百分点和 9.3 个百分点，服装行业产销增速已经恢复至 2007 年同期水平。

表 1－1　2010 年 1～11 月份规模以上服装行业工业总产值、工业销售产值情况

项目	1～2 月（万元）	同比（%）	1～5 月（万元）	同比（%）	1～8 月（万元）	同比（%）	1～11 月（万元）	同比（%）
工业总产值	15288022	18.81	45466940	22.90	78959856	21.85	116757188	24.38
企业平均产值	718.59	－7.93	2028.06	－4.92	3501.13	－5.16	6099.21	16.42
人均产值	3.74	18.17	10.63	21.02	18.10	19.41	25.88	19.41
工业销售产值	15079441	18.92	44472482	23.44	76751388	22.08	113248965	23.89
企业平均销售产值	842.10	9.49	2438.05	17.37	4146.71	15.78	5915.95	15.96
人均销售产值	3.69	18.28	10.40	21.55	17.59	19.64	25.10	18.94

2. 全年生产恢复性增长，中、西部地区增速较快

根据国家统计局数据，2010 年 1～12 月我国规模以上企业累计完成服装产量 285.23 亿件，同比提高 18.60%，增幅比 2009 年同期提高了 11.66 个百分点，增幅较 1～3 月提高了 2.57 个百分点。其中机织服装 121.06 亿件，针织服装 164.17 亿件，分别比 2009 年提高 18.90% 和 21.28%。国内外市场稳步回升，新货补库需求增长明显，需求的回暖有效地刺激了生产的上涨。但由于行业整体用工缺口扩大、原材料价格上涨等因素导致中小企业恢复乏力，产业资源加速向大企业流动的同时，也加速了中小企业的淘汰更迭。

2010 年，我国全社会完成服装总产量 436 亿

件，比2009年提高了9%，其中机织服装147亿件，针织服装289亿件，分别比2009年提高6.52%和10.30%。

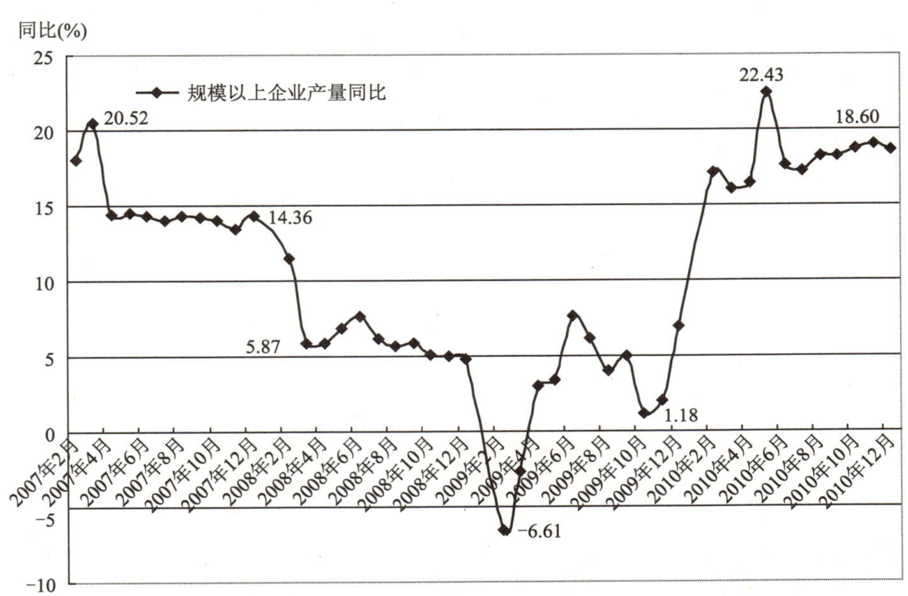

图1-1 2007~2010年规模以上企业服装产量同比

2010年，服装产业处于恢复期和转型的助跑期，产业区域格局开始调整，中、西部地区产量上升速度较快，但基数低，尚不足以影响全国生产和格局变化。中、西部地区服装产量分别同比增长26.98%和49.08%，占全国服装总产量的比重分别达11.62%和1.57%，较2009年同期提高0.77个百分点和0.32个百分点。

表1-2 2010年东、中、西部地区规模以上企业服装产量

地区	服装产量（万件）	同比（%）	比重（%）	比重增减（百分点）
东部地区	2476079	17.13	86.81	-1.09
中部地区	331388	26.98	11.62	0.77
西部地区	44801	49.08	1.57	0.32

（二）产业经济三大支撑要素恢复动力

1. 2010年行业投资增速稳步回升，中、西部地区投资比重继续提高

2010年1~12月，我国服装行业规模以上企业实际完成投资同比增长32.96%，比2009年同期提高15.20个百分点，施工项目数、新开工项目数和竣工项目数分别同比增长5.77%、9.92%和6.96%，增幅分别比2009年同期下降了15.66个百分点、30.89个百分点和45.67个百分点，行业投资并未实现实质性回暖。服装行业实际完成投资占纺织行业总投资的33.96%，比2009年同期微幅增加0.72个百分点。

中、西部地区投资增长显著，增速分别达到58.13%和46.49%，明显高于东部地区投资增速44.82个百分点和33.18个百分点。中、西部地区投资比重继续提高，中部地区投资绝对值超过东部地区，占全国投资比重达47.29%，超过东部地区投资比重0.54个百分点，比2009年同期提高了7.53个百分点；西部地区投资占全国投资比重达5.97%，比2009年同期提高0.55个百分点。东西部投资方向也存在很大差异，东部地区投资主要用于渠道再造、信息化改造和技术改造，而中西部地区投资则主要用于基础设施建设、现代化厂房新建、改扩建等。

表 1－3　2010 年规模以上企业投资情况

2010 年 1～12 月	实际完成投资（万元）	施工项目数（个）	新开工项目数（个）	竣工项目数（个）
纺织服装行业总计	40366914	11551	8342	7095
同比（%）	30.13	4.98	7.90	4.60
增幅增减（百分点）	16.27	－8.60	－19.95	－36.65
纺织服装、鞋、帽制造业	13709032	4586	3402	2829
同比（%）	32.96	5.77	9.92	6.96
增幅增减（百分点）	15.20	－15.66	－30.89	－45.67
其中：纺织服装制造	12666708	4240	3130	2598
同比（%）	33.41	6.13	11.23	8.11
增幅增减（百分点）	18.77	－12.24	－25.04	－40.86

表 1－4　2010 年东、中、西部服装规模以上企业实际完成投资情况

2010 年 1～12 月	实际完成投资（万元）	同比（%）	占全国比重（%）	上年比重（%）	比重增减（百分点）
东部地区（10 省市）	6408426	13.31	46.75	54.85	－8.11
中部地区（8 省市）	6482824	58.13	47.29	39.76	7.53
西部地区（12 省市）	817782	46.49	5.97	5.41	0.55

企业投资结构变化不大，三资比例明显下降。内资投资占比明显提高，占总投资的 87.45%，比 2009 年同期增加 3.74 个百分点。私营企业投资仍是服装行业投资主体，占行业总投资的 47.04%，比 2009 年同期提高了 3.88 个百分点。内资投资结构有趋向变动的征兆，股份有限公司投资比重较 2009 年同期下降 1.50 个百分点，而有限责任公司投资占比扩大幅度略有收缩。外商投资、港澳台资投资下降幅度较 2009 年同期有所回升，但占总投资比重均略有下降。其中港澳台投资同比下降 0.51%，比重较 2009 年同期回落了 1.98 个百分点；外商投资同比下降 2.30%，比重较 2009 年同期回落了 1.98 个百分点。个体经营较 2009 年同期增加 64.84%，占总投资比重微幅增长。外资对服装行业实体投资快速缩减或意味着外资向内资让出服装加工份额，外商在我国服装产业链中的角色和作用面临转型。

2. 2010 年服装出口基本恢复到 2009 年以前水平，高增幅源于低基数

经历了金融危机期间国际需求跨年度低迷，2009 年服装出口一度陷入两位数负增长。2010 年，在强烈的补库需求作用下，服装出口基本恢复到 2009 年以前水平。据海关统计：2010 年，我国累计完成服装及衣着附件出口 1294.78 亿美元和 295.47 亿件，同比分别提高 20.95% 和 13.72%。服装出口金额占纺织品出口金额 61.07%。出口数量分别微低于 2008、2007 年同期 0.02% 和 0.38%。出口平均单价继续保持攀升，同比增长 5.6%，增幅较前期扩大。

从月度出口情况来看，从 3 月份开始呈现连续 4 个月的恢复性增长，7 月份无论是出口金额还是出口数量都达到历年最高，8 月份出口见顶后有所回落，但出口金额依然高于历年同期水平。10 月

单月出口大幅下滑后，11 月、12 月翘尾明显，但 12 月出口增幅较 11 月明显回落。月度出口金额屡创新高，主要得益于出口单价提升、出口产品结构调整和人民币升值等因素。

表 1－5 2010 年服装出口情况表

项 目	数量（万件）	金额（万美元）	单价（美元/件）	数量与 2009 年同比（%）	金额与 2009 年同比（%）	单价同比（%）	数量与 2008 年同比（%）	金额与 2008 年同比（%）	数量与 2007 年同比（%）	金额与 2007 年同比（%）
服装及衣着附件	0	12947832	0	0	20.95	0	0	8.09	0	12.52
服装合计	2954744	10575242	3.58	13.72	20.08	5.6	－0.02	7.64	－0.38	8.35
机织服装及附件	0	5436727	0	0	16.38	0	0	3.72	0	14.89
机织服装	869718	4838423	5.56	9.76	15.29	4.91	1.15	5.39	－2.65	13.12
针织服装及附件	0	6671430	0	0	24.09	0	0	10.12	0	8.78
针织服装	2085026	5736819	2.75	15.46	24.43	7.84	－0.49	9.60	0.59	4.63

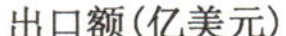

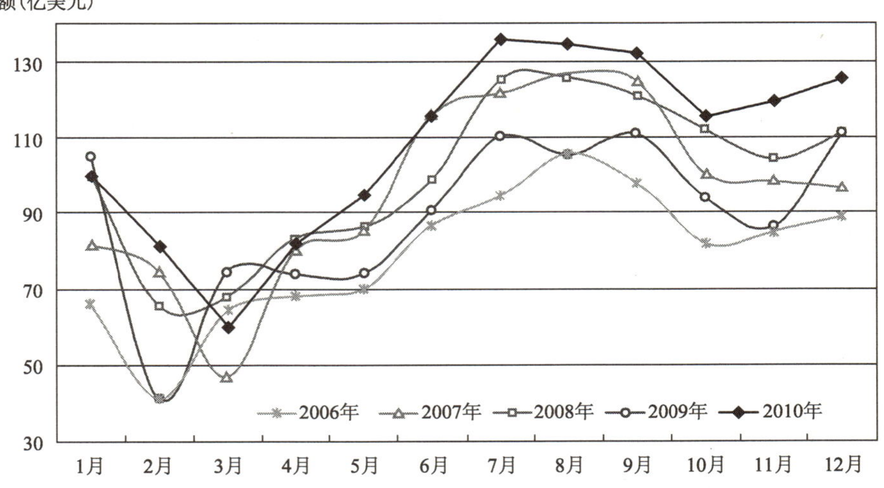

图 1－2 2006 年以来服装月度出口金额情况示意图

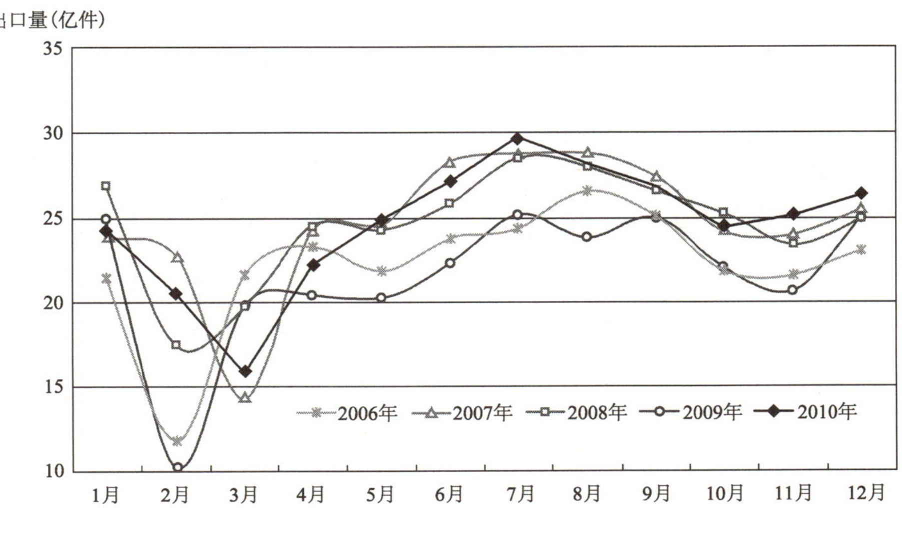

图 1－3 2006 年以来服装月度出口数量情况示意图

从省市情况来看，传统大省出口大幅回升，黑龙江、河北、四川增长迅猛。前五大省服装无论是出口金额还是出口数量都呈现明显回升之势，广东省增幅最大，出口金额和出口数量分别同比增长23.05%和8.13%。在出口前十名的省市中，黑龙江省出口金额增长73.25%，而出口数量增幅巨大达到137.67%，平均单价大幅下滑。河北省出口金额同比增长42.19%，而出口数量微幅下降0.39%，平均单价大幅提升。四川省出口金额和出口数量同比分别增长36.67%和13.93%，平均单价微幅提升。江西省也表现出良好增势。

2010年，我国服装行业对全球出口全线回升。对美国、欧盟、日本及香港地区这些传统市场的服装出口全部实现增长，出口金额同比增长分别为26.38%、22.79%、5.77%和0.18%，占全国服装出口总额的66.12%，同比增加17.51%，拉动服装出口11.92个百分点。对拉丁美洲、非洲、东盟、俄罗斯这些新兴市场的出口总金额为189.78亿美元，占全国服装出口总额的14.66%，同比增加45.17%，拉动服装出口5.52个百分点，这表明传统出口市场经济复苏明显，新兴市场需求潜力巨大。

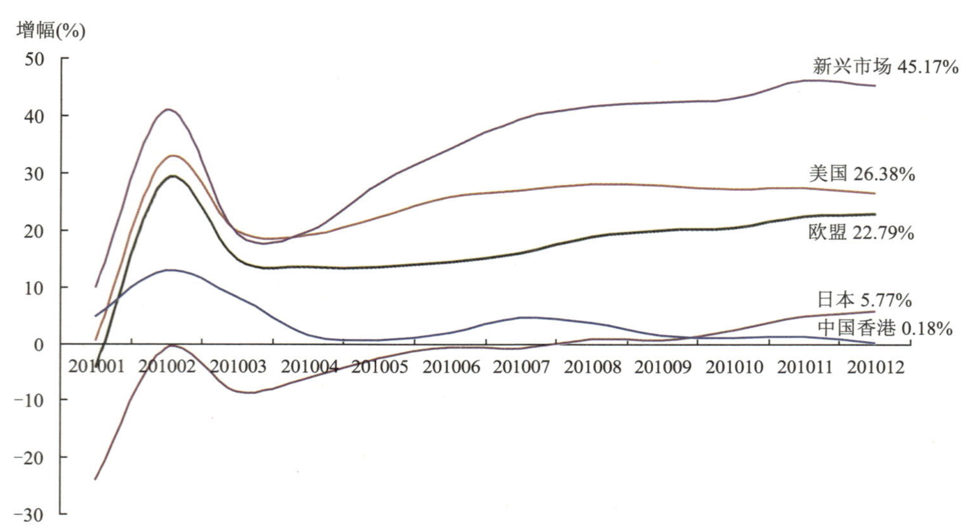

图1-4　2010年我国对主要市场服装出口金额累计增幅情况

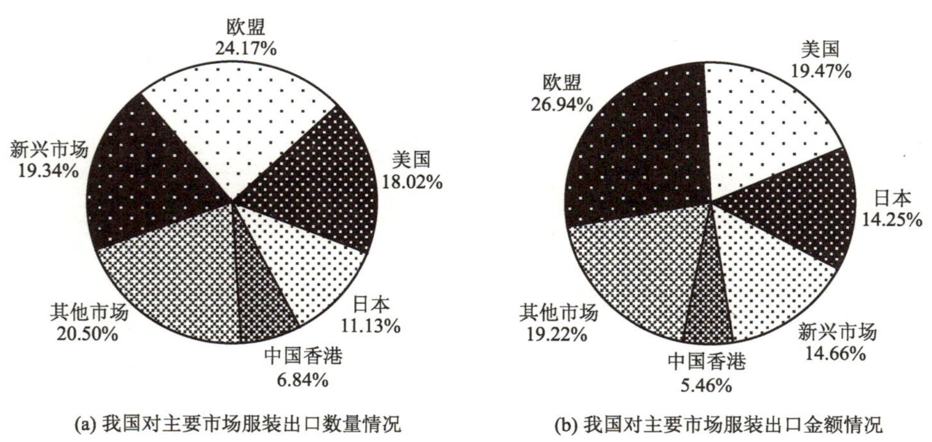

图1-5　我国对主要市场服装出口数量、金额情况

3．内销市场的支撑作用突出，消费格局悄然生变

根据国家统计局统计显示，2010 年，全国社会消费品零售总额 154554 亿元，同比增长18.4%，扣除价格因素，实际增长 14.8%。其中，限额以上企业服装类商品零售额 5177 亿元，同比增长 24.8%，增幅较 2009 年同期提高 4 个百分点。服装消费增速全年呈现波浪式增长，始终明显高于全国消费品零售总额增速。

在内需市场的强大支撑下，行业内销产值增长持续加速。根据国家统计局数据，2010 年 1～11 月规模以上服装企业累计实现内销产值 8331.86 亿元，同比增长 29.90%，比 2009 年同期提高 8.38 个百分点，比本年 1～2 月提高 5.78 个百分点，完全恢复到金融危机前的水平。内销产值占工业总产值比重达到 71.36%，比 2009 年同期提高 3.03 百分点。

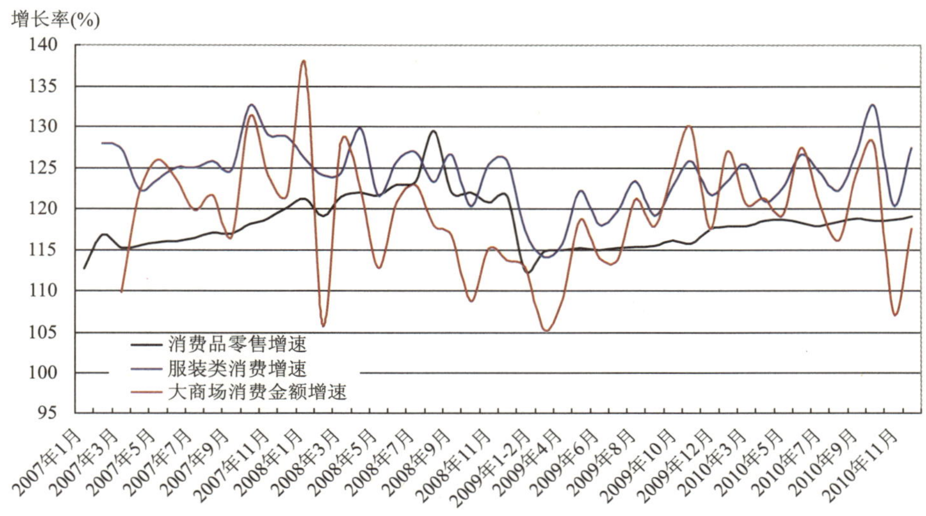

图 1－6　2007～2010 年消费品及衣着消费增长情况

根据中华商业信息中心统计，2010 年 1～12 月，全国重点大型零售商业服装销售金额、数量和平均价格分别同比增长了 21.58%、10.15% 和 10.38%。而 12 月单月服装销售金额和数量同比增幅为 17.51% 和 9.5%，平均销售价格同比增长 7.32%。

从代表大城市主流消费的大商场消费数据来看，大城市消费增长平稳，消费数量增幅不高。这一趋势从 2008 年下半年出现端倪，大都市消费日趋成熟饱和，面临消费结构升级，数量增幅保持平稳。大商场消费增幅与社会服装消费增幅比照，可以看出社会服装零售增长更具活力，活力源泉是二、三线中小城市服装消费的崛起。我国品牌服装还处于发展初期，未来前景广阔，相比一线城市消费日趋平稳，二、三线中小城市和城乡结合部以及农村等市场未来发展增速会更快，而且这些市场的行业集中度较低，这就为服装自主品牌和处于渠道扩张时期的品牌企业提供了较大市场空间。

表 1－6　全国重点大型零售企业市场销售情况

年份（年）	零售金额同比（%）	销售数量同比（%）	销售价格同比（%）
2005	25.00	21.40	2.97
2006	18.63	14.95	3.20
2007	23.26	12.07	9.98
2008	18.28	10.32	7.22
2009	15.58	7.38	7.64
2010	21.58	10.15	10.38

数据来源：中华商业信息中心

服装产品市场价格指数从 2006 年短暂回归 100 以后始终徘徊于 100 以下。2010 年以来，棉花价格一路飙升，328 棉价 9 月份暴涨直至 11 月份达到近

32000 元/吨的历史最高点，年底棉价尽管在国家政策管控下得到一定控制，但仍保持着 28000 元/吨以上的高位。同时毛、化纤、羽绒、皮革、丝绸类等服装产品原材料价格也有明显上涨；由于用工紧缺，劳动力价格也出现季节性激增，普遍上涨 20%左右，长期看，劳动力价格呈现刚性增长。根据国家统计局发布数据，2010 年 1～12 月份衣着类产品出厂价格指数同比上涨 2.0%，12 月单月衣着类产品出厂价格指数同比上涨了 3.3%。2010 年 4 季度服装价格受到原料成本上涨等因素影响，绝大部分有较强市场议价能力的品牌实现了 5%～10%的提价。冬装的借势涨价既可以缓解 2011 年春夏服装的成本压力，也可以为服装价格的成功上位做铺垫，服装价格期望新平衡。

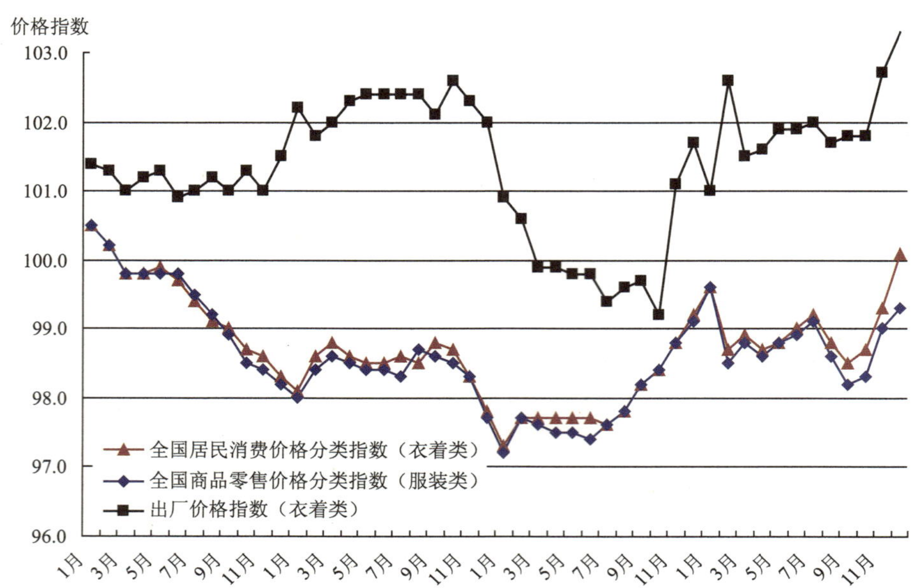

图 1－7　2007～2010 年服装类消费价格指数变化情况示意图

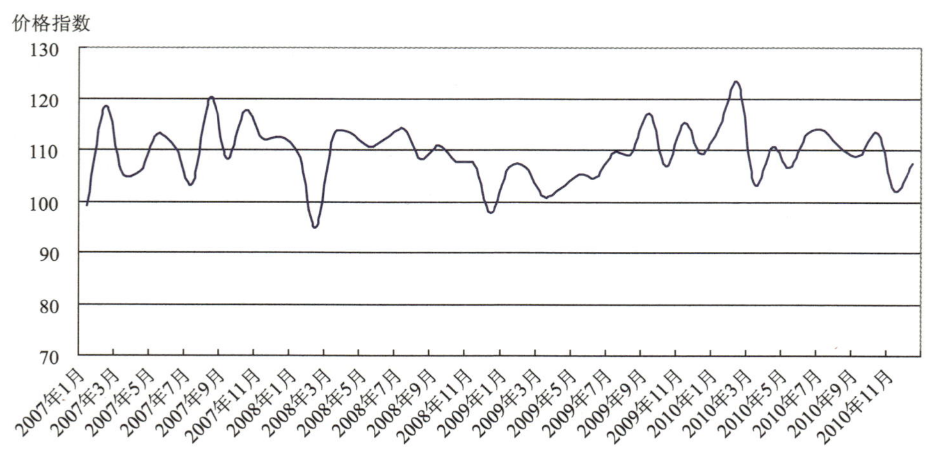

图 1－8　全国重点大型零售企业服装类商品价格指数月度变化情况示意图

（三）产业运行质量持续改善

1. 整体运行质量提高

经历全球金融危机，中国服装行业发展模式已从规模扩张向效益扩张转变，2010 年行业经济运行质量显著提高。

根据国家统计局统计显示，2010 年 1～11 月份，服装行业规模以上企业产销率达到 97%，较

2009年同期微幅下降0.37个百分点，产销衔接良好；新产品产值同比增加28.62%，较2009年同期提高12.26个百分点，高于同期销售产值增速4.73个百分点；劳动生产率达到28.23万元/人，同比增长19.41%，生产效率稳步提升；三费比例为7.94%，比2009年同期下降1.35个百分点，其中财务费用下降幅度最明显达30.16%，企业成本控制能力明显增强；资产负债率为53.83%，比2009年同期下降0.51个百分点，企业运营风险下降；总资产周转率为1.74次/年，比2009年同期加快4.05%，产成品周转率为17.15次/年，比2009年同期加快2.45次，企业的资金使用效率、市场反应能力和运转效率明显提升。

表1－7　2010年1～11月服装行业经济运行情况

2010年1～11月	产品销售率（%）			劳动生产率（万元/人）			三费比例（%）		
效益指标分析	本年累计	上年同期	同比	本年累计	上年同期	同比（%）	本年累计	上年同期	同比
纺织行业	97.64	97.75	−0.11	41.65	34.01	22.47	5.89	6.23	−5.52
纺织服装、鞋、帽制造业	97.00	97.37	−0.37	28.23	23.64	19.41	7.94	8.55	−7.20
其中：纺织服装制造	96.98	97.35	−0.37	28.40	23.72	19.76	8.05	8.66	−7.07
2010年1～11月	资产负债率（%）			总资产周转率（次）			产成品周转率（次）		
效益指标分析	本年累计	上年同期	同比	本年累计	上年同期	同比（%）	本年累计	上年同期	同比（%）
纺织行业	57.34	57.44	−0.18	1.51	1.40	8.21	18.99	15.80	20.20
纺织服装、鞋、帽制造业	53.83	54.34	−0.94	1.74	1.67	4.05	17.15	14.70	16.63
其中：纺织服装制造	53.75	54.29	−1.00	1.71	1.64	4.17	16.69	14.38	16.06

2．规模以上企业效益持续高增长，盈利能力恢复历史高位

由于内销和出口的好转，2010年1～11月份服装行业规模以上企业累计实现利润总额558.15亿元，同比增长达35.81%，增幅较2009年同期提高14.5个百分点。行业平均毛利率、利润率分别达到14.61%和5.01%，恢复到历史较高位。行业劳动生产率依然持续两位数增长，总资产贡献率、净资产收益率、资本生产率分别比2009年同期提高11.40%、11.67%和3.41%，盈利能力明显回升。

根据国家统计局统计显示，2010年1～11月，服装行业规模以上亏损企业数比2009年同期减少17.11%，亏损面为15.72%，比2009年同期缩小4.54个百分点，亏损企业亏损额同比减少5.11%。规模以上企业个数比2009年同期增加6.84%，而从业人数仅增加了4.16%，企业平均人数比2009年同期减少2.5%，而企业平均主营业务收入和企业平均利润同比分别提高了17.14%和27.12%，人均利润、人均产值和人均主营业务收入分别提高了30.38%、19.41%和20.15%，“人”的效率、效益大大提升。同时，企业营运成本费用与企业平均主营业务收入同步大幅攀升，行业主营业务成本上升了25.21%，企业平均主营业务成本上涨了17.2%，人均成本费用提高了19.42%，企业成本控制能力仍有待加强。

表 1-8 2010 年服装行业经济运行整体情况

指标名称	单位	2010 年 1~11 月份累计	同比（%）	指标名称	单位	2010 年 1~11 月份累计	同比（%）
企业单位数	户	19143	6.84	企业平均出口交货值	万元	1746.78	5.27
亏损企业数	户	3009	-17.11	全部从业人员平均人数	人	4512249	4.16
亏损面	—	15.72%	-4.54	企业平均人数	人	235.71	-2.5
亏损企业亏损金额	万元	310956	-5.11	主营业务成本	万元	95069275	25.21
亏损企业平均亏损金额	万元	103.34	14.48	企业平均主营业务成本	万元	4966.27	17.2
资产合计	万元	69910011	20.28	人均产值	万元/人	25.88	19.41
企业平均资产总额	万元	3651.99	12.58	人均利润	万元/人	1.24	30.38
工业总产值（当年价）	万元	116757188	24.38	人均主营业务收入	万元/人	24.67	20.15
企业平均工业总产值	万元	6099.21	16.42	人均出口交货值	万元/人	7.41	7.98
主营业务收入	万元	111336932	25.15	人均成本费用	万元/人	23.03	19.42
企业平均主营业务收入	万元	5816.06	17.14	行业平均毛利率	百分点	14.61	-0.05
利润总额	万元	5581559	35.81	平均行业利润率	百分点	5.01	+0.39
企业平均利润总额	万元	291.57	27.12	行业平均资产负债率	百分点	53.83	-0.51
出口交货值	万元	33438592	12.47				

表 1-9 2010 年服装行业效益情况

2010 年 1~11 月	销售毛利率（%）			利润率（%）			成本费用利润率（%）		
效益指标分析	本年累计	上年同期	同比	本年累计	上年同期	同比	本年累计	上年同期	同比
纺织行业	12.21	11.68	4.51	4.93	4.08	20.77	5.26	4.31	21.90
纺织服装、鞋、帽制造业	14.61	14.66	-0.31	5.01	4.62	8.52	5.37	4.92	9.18
其中：纺织服装制造	14.72	14.78	-0.41	5.03	4.64	8.47	5.39	4.94	9.11
2010 年 1~11 月	总资产贡献率（%）			净资产收益率（%）			资本生产率（%）		
效益指标分析	本年累计	上年同期	同比	本年累计	上年同期	同比	本年累计	上年同期	同比
纺织行业	12.91	10.68	20.82	17.45	13.39	30.37	1.55	1.44	7.31
纺织服装、鞋、帽制造业	14.80	13.26	11.62	18.86	16.89	11.67	1.82	1.76	3.41
其中：纺织服装制造	14.59	13.03	11.99	18.61	16.66	11.67	1.79	1.73	3.50

3. 行业发展能力显著提高，行业发展模式转变

根据国家统计局统计显示，2010 年 1~11 月，服装行业工业总产值、主营业务收入和利润增速较 2009 年同期分别提高 9.75 个百分点、10.63 个百分点和 14.5 个百分点，说明行业的发展模式发生了转变，从规模扩张向效益扩张转变，行业发展能力在核心竞争力转型的过程中得以提升。

尽管行业效益快速提升，服装行业发展能力和营运能力仍有巨大提升空间。除了采用先进的经营

管理模式，增强成本控制能力以外，还须于全球视野中，从“软实力”入手，以“文化、科技、资本、人”为突破口，寻找新的行业发展模式，实现“效益”的提升。

表 1-10　2010 年服装行业发展情况

效益指标分析	资本保值增值率（%）	上年资本保值增值率（%）	主营业务收入增速（%）	上年主营业务收入增速（%）	主营业务成本增速（%）	上年主营业务成本增速（%）	出口交货值占工业总产值（%）
纺织行业	118.61	110.65	28.04	10.54	27.27	10.08	18.19
纺织服装、鞋、帽制造业	121.62	112.44	25.15	14.52	25.21	14.62	28.64
其中：纺织服装制造	121.65	112.78	25.24	14.59	25.33	14.76	28.56
效益指标分析	产值增速（%）	上年产值增速（%）	出口交货值增速（%）	上年出口货值增速（%）	利润增速（%）	上年利润增速（%）	上年出口交货值占工业总产值（%）
纺织行业	26.97	9.71	17.01	-4.28	54.63	25.39	19.74
纺织服装、鞋、帽制造业	24.38	14.63	12.47	2.49	35.81	21.31	31.67
其中：纺织服装制造	24.43	14.67	12.50	2.78	35.85	22.02	31.60

二、2010 年行业发展特点

2010 年，中国服装行业出现一系列特点，如：区域布局调整、品牌推进、科技进步步伐加速，资源整合、资本运作、国际合作、节能环保被广泛重视等。一切行业新特点的呈现，都昭示着同一个行业发展方向，展现着同一条行业发展道路，即全行业的结构调整转型升级，并以此为“服装强国”建设打下坚实基础。

（一）科技创新缓解成本上升压力

2010 年，棉花价格非正常高速上涨导致纱线、面料等服装原料价格大幅波动上升，扰乱了服装面、辅料供求秩序。在棉花价格带动下，PTA、羊毛、羽绒、茧丝等各种原料价格均有不同程度上涨，特别是羽绒价格涨幅达历史均价四倍，大大增加了产业链价格传导压力。用工荒、通胀等因素共同作用，2010 年服装行业用工成本普遍上涨 20% 以上。行业政策成本、融资成本在我国由适度宽松转向稳健的货币政策过程中不断提高，融资难度不断加大。人民币升值导致出口行业的部分换汇损失，也在一定程度上和时期内削弱了我国服装出口竞争力。2010 年末，服装主产区出现的限电、限水等措施也增加了行业的不可预测成本。商业地租不断攀升亦加大了品牌企业的商业成本压力。

应对成本上升，唯有通过科技和创新提升行业对有限资源的利用效率，提升单位资源投入产生的效益，从而提升产业运行质量才能有效化解。2010 年，大规模技术改造在行业内全面铺开，科技进步已成为行业的自觉行动。先进的高速、智能、节能设备的推广应用提升了产品质量，减少了单位产能用工量；信息化与工业化深度融合大大提高了企业的快速反应能力和市场掌控能力；信息化技术的广泛应用创新了企业、行业运营模式，为产业发展注入活力；大规模定制、单件流、柔性制造等创新流程的运用提升了服装加工的适应性，提升了生产线效率；新材料的大量开发利用提高了产品差异化和附加值，降低了行业对单一原料的依赖；基于现代科技的商业模式创新造就了新的市场需求，2010

年服装电子商务蓬勃发展，BtoB普遍应用于品牌企业订、补货系统，BtoC规模高速增长，据统计，2010年全年服装网上购物规模已超过1000亿元人民币，同比增长60%以上。以科技为契机的各种创新思想、创新活动在行业中不断被应用和推陈出新，商业模式创新、企业机制创新、产品创新、设计创新、品牌文化创新、资本创新等各方面均有新突破。

（二）产业区域结构调整应对劳动力短缺

2010年，“用工荒”成为困扰行业发展的最关键问题。经调查，广东、浙江、江苏、山东、福建五服装大省普遍缺工20%~30%，该五省平均开机率仅80%。内陆服装产业发展较快的江西、安徽、河南、河北、湖南、湖北、四川等省也都不同程度地出现招工难现象。东南沿海的劳动力供需矛盾在“十一五”期间不断加剧，已经难以通过加薪、改善福利及劳动条件等手段实质解决。产能向劳动力相对充裕地区转移已成趋势。

沿海地区企业向苏北、鲁西南、河南、江西、安徽、湖南、广西等交通较便利地区的产能投资快速扩大，以梯度转移为主体的各地间交流互访空前频繁，中部有产业基础的地区迎来了大批主动实地调查的东部省份企业，东部地区服装产业形式悄然改变，梯度转移已经在重整产业链的企业中不断升温。此外，企业对未来中西部地区就业和消费的乐观预期，使得品牌在内陆省份的市场布局直接引导产业转移，订单转移模式带动了中西部地区加工产业的快速发展。同时，内陆地区服装消费需求提速，郑州、武汉、成都等部分中心城市消费市场、物流服务的不断完善也极大促进了中西部服装产业快进。全国服装产业功能区划分、协调联动发展的格局正在逐步形成。

（三）资源整合、资本运作、国际合作皆为要点

我国服装产业经历了30年粗放型发展，形成了稳定的规模基础和强大的加工能力，形成了完善的产业链。经过全球金融危机冲击，行业深刻意识到转变增长方式是未来我国服装产业保持并发展国际竞争优势，在日趋激烈的国际竞争中立于不败的唯一道路。追求数量增长导致大量重复建设，使得同质化恶性竞争难以改善，从而造成产业资源的大量无效利用和浪费。唯有走以价值为核心的集约化发展道路，对有限资源加以节约、高效利用，才能使资源产生最大效能，进而促进资源质量的进一步改善。

2010年，行业资源争夺战已经打响，企业间对人、地、资金甚至技术、品牌的争夺日趋激烈。

未来的竞争必将是企业资本实力的竞争。资本在资源分配中的作用日益突出。越来越多的企业谋求上市，或利用股权融资、债券融资等形式扩充资本，2010年新上市服装公司多达10家，中国内地服装类上市公司个数已超过50家，“排队上市”成为2010年服装行业的一道盛景。上市公司则不遗余力地开疆拓土、业务延伸、技术革命和广纳人才。

随着内销市场国际化程度越来越高和中国品牌国际化步伐加快，国际间行业合作、企业合作愈发普遍。生产合作、产品合作、设计合作、营销合作乃至品牌合作、资本合作，国际化服装企业将越来越多，中国服装行业国际化程度将越来越高。

国际资源整合随着雅戈尔、如意、波司登等龙头企业的国际收购与合作而进入实操阶段，行业对国际人才、技术和服务的利用更为普遍和务实。先进的理念、广泛灵通的信息和技术分析手段、雄厚的资金实力，良好的行业口碑和社会信誉等软性、硬性资源，无疑是企业未来参与国际竞争的优势。同时，资源也在进行优化选择，资源最终流向能够反哺其发展升值的企业。

（四）品牌推进更上一层楼，品牌生态为构建目标

提高品牌贡献率已成为企业化解不利因素，有

效开拓市场的核心工作和共同理念。如何在文化创意、产品开发、风格创新等方面促进品牌提升，进一步提高产品附加值已成为企业的必修课。品牌创新层出不穷，2010 年，创新成为行业主旋律。企业模式创新、品牌模式创新以及随之而来的渠道创新、产品创新、文化创新等在行业中不断推陈出新。创新不仅细分了行业、细分了市场，同时也开拓了市场的广度和深度，为行业增添了活力，展现了更广阔的发展前景。

在集约化、差异化、国际化发展方向引领下，品牌战略被赋予新内涵。品牌战略不再单纯强调商品品牌打造，而是围绕具有市场竞争力的商品品牌而构建立体、联动、功能互补的品牌生态系统。以商品品牌为核心，发展企业品牌，包括品牌集团、产业链集团、加工品牌、服务品牌等，各地区着力发展有特色、有专长的区域品牌。众多单品牌企业通过自主开发或整合收购等方式进入多品牌运营模式。加工品牌和服务品牌亦获得长足进步。

三、2011 年行业发展趋势展望

2011 年是“十二五”开局之年，也是我国建设服装强国的起始之年。未来 10 年，是我国由服装大国向服装强国迈进的重要战略机遇期。改革开放 30 年已为服装产业加速发展打下坚实基础，但是在品牌创新、价值创造、市场掌控等软实力方面，我国服装产业与国际发达国家之间仍存在巨大差距，行业必须树立危机感、紧迫感，沿着正确的产业升级方向，牢牢把握正在到来的产业大发展机遇期，努力缩小国际差距，确立更高的国际竞争地位。2011 年，我国服装行业发展将围绕对外逐步确立国际市场新定位，对内满足不断变化提升的人民群众新需求两个中心点展开。

（一）国际市场保持稳定，中国产业在竞争中调整结构

2011 年，国际经济处在稳定的恢复期，主要经济体经济增长预期低速平稳，欧美日经济恢复依然存在较大不确定性，中东局势动荡不安，日本大地震、极端灾害频发，大宗商品价格上涨以及贸易保护措施等，都对全球经济形势产生不利影响，从而影响消费市场走势，总体来说国际市场需求维持稳定预期。欧、美等市场补库需求释放于 2011 年上半年收尾，我国服装出口高速增长难以长期维持。出口产品结构、区域结构继续调整，但不会出现根本性变化。人民币升值预期强烈、原料价格不甚稳定、招工难未有效缓解等因素共同作用，影响企业接单意愿和定价，“慎接单、接短单、缓下单”是 2011 年初期行业普遍心理。而海外订单也呈现“短、小、快”的特点，2011 年服装出口增幅将比 2010 年有所回落。

“国际大牌”率先恢复活力，部分品牌已释放出向上调价信号。国际订单在全球范围重新分配，东南沿海加工向精品化、服务化方向发展，力求取得较高附加值订单。加工较简单、附加值较低的订单开始转移，部分订单转向东南亚等新崛起的服装加工竞争国，部分订单则转向我国内陆省份。正在转移的订单尚未稳定，为我国中西部地区外贸加工业发展提供机遇，也为沿海地区优势企业向价值链更高端定位升级创造条件。在新一轮订单争夺竞争中，将有一批内陆省份企业和产业集群异军突起，也将有一批掌控国际订单和采购贸易权的占据国际产业价值链较高端的贸易类企业诞生。

（二）内需平稳快速增长，“品牌战略”引领航程

2011 年，我国经济保持较高速增长。扩大内需、刺激消费是 2011 年我国经济政策的核心主题之一，在积极的经济政策作用下，内需势必维持平

稳增长，但内需增长仍将受到通货膨胀等因素影响，预计增长幅度与2010年持平或略低于2010年水平。国内服装一线市场恢复活力，二、三线及乡镇、农村等市场成长迅速。在扩大内需、改善民生的政策导向下，农村城镇化发展，农村居民收入加速增长，互联网覆盖率的快速提高加快了对新生活方式的传播等，都将促进都市型服装消费的纵深发展。需求细分、市场细分加剧，为商业模式、市场模式、营销模式创新提供机会、空间。国家大市场一体化和区域小市场差异化发展并进。品牌细分和品牌整合加速。

“品牌战略”加速推进。中国服装品牌将加速国内市场布局，并进一步促进内需市场一体化进程。品牌的区域布局将带动各地区加工业发展，进而带动这些地区产业链完善以及产业集群形成。自主品牌自身发展也将在市场发展壮大的机遇下，以及与来自不断提升的品牌群体和大量涌入中国的海外品牌竞争中得到快速发展完善。科技与文化的价值创造力，人与资本的发展支撑力将进一步彰显。

（三）产业调整转型升级加速

2011年，中国服装产业结构调整、转型升级步伐加速。

以“节能、高速、智能化、专用化、多工序集成化”为主流的新一轮大规模技术改造全面铺开。优势企业技术改造则以信息化全流程改造、信息化与工业化深度融合为特征。流程再造、新产品、新材料、新工艺、新技术等软科技的研发、应用将逐步升温。以企业为主体、市场为导向、行业为平台、科研院所为依托的产学研相结合的科技创新体系建设将有所突破。

东南沿海、中心城市、内陆各地区的产业功能分工、规划逐渐清晰，服装产业加速全国范围的布局调整，梯度转移步伐加快。构建功能定位清晰、优势互补、联动高效的产业区域格局将随着各地产业“十二五”规划的制定出台，由摸索试探阶段步入有计划、有步骤、有措施的理性发展阶段。产业集群迎接新的发展机遇期，集群功能分化催生新的产能聚集，部分原来的加工型集群则向贸易、研发、信息、人才、资本集聚方向转型，沿海发达地区、中心城市则将强化市场、服务和资源配置调动功能。

通过专业化、精细化、快速化、服务化提升国际产品供给竞争规模，弱化劳动力成本要素在竞争中的作用，通过效率和附加价值提升重塑“中国加工”国际竞争优势。行业继续通过国际、国内资本整合、资源整合和优化配置向集约化、全产业链方向发展，行业国际定位向价值链高端逐渐移动。

需求细分、市场细分为商业模式、市场模式、营销模式创新提供机会、空间。国家大市场一体化和区域小市场差异化发展并进。品牌细分和品牌整合加速，品牌生态进一步完善。企业发展模式也将发生相应变化，集约化步伐加快，产业链集团、品牌集团队伍发展壮大，加工型、营销型等专业企业更为精专，中小企业队伍在不断的淘汰更迭中整体竞争力逐步提升。

2010年服装市场运行情况及2011年发展趋势预测

中国商业联合会

2010年，我国服装消费市场继续保持旺盛的需求，全年销售呈现较快增长。同时，服装市场个性化需求特点明显，消费升级态势显著，高档化消费特点突出。另外，大型零售企业服装价格上涨加快，电子商务、网上购物发展迅猛，销售渠道多元化发展趋势进一步突出。

一、2010年服装市场基本运行情况和销售特点

（一）销售同比增速相比上年明显加快

2010年，我国服装市场销售势头良好，同比呈现加速增长。根据国家统计局数据，2010年限额以上批发零售业服装类商品零售额同比增长25.8%，比上年高出5个百分点。

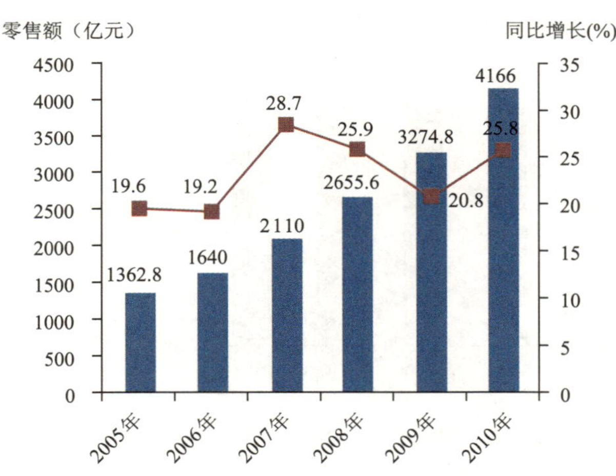

图2－1　限额以上批发零售企业服装类商品零售额及增速

另据中华全国商业信息中心的统计，全国重点大型零售企业服装类商品零售额同比增长21.2%，比上年高出5.6个百分点。

主要服装商品方面，2010年，男装、女装消费需求旺盛，零售额同比增速继续保持快速增长。全国重点大型零售企业男装零售额同比增长24.4%，增速和上年基本持平；女装零售额同比增长27.7%，增速比上年略有提升；童装2009年零售额增速较高，2010年增速虽不及上年，但继续保持快速增长，为21.2%。

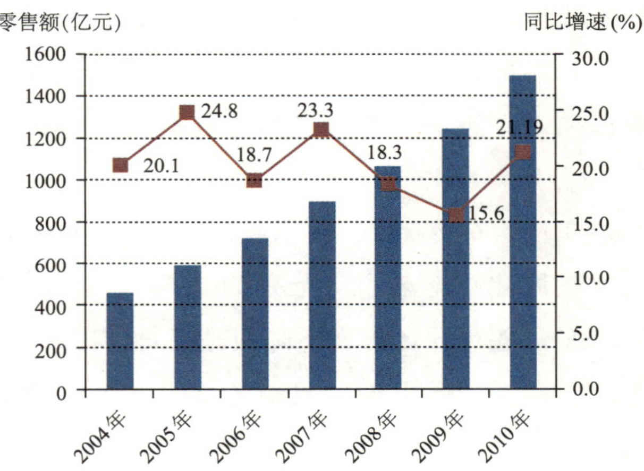

图2－2　全国重点大型零售企业服装类商品零售额及增速

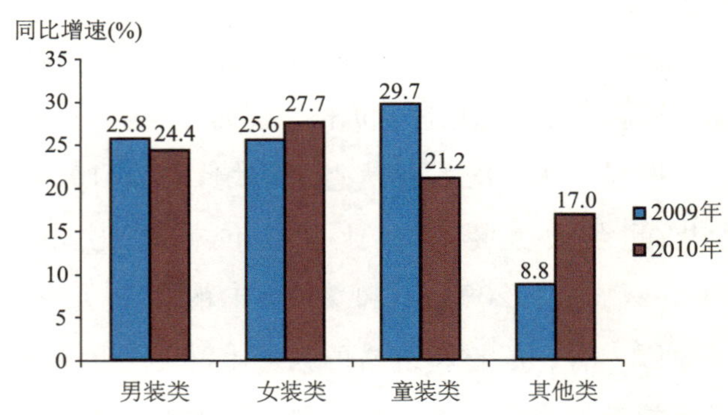

图2－3　2009～2010年主要类别商品零售额增速

（二）服装零售量增速同比加快

在零售量方面，2010年各类服装零售量同比增长10.2%，比上年高出2.9个百分点，其中除去T恤、童装、皮革服装和羊绒及羊毛衫零售量增速

同比出现下滑外，其他商品零售量增速均出现上涨或者下滑幅度放缓。

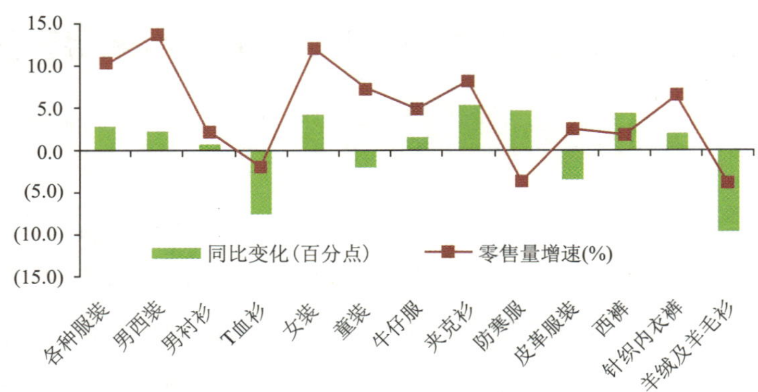

图 2-4　2009～2010 年全国重点大型零售企业主要商品零售量同比增速

其中男西装、女装零售量同比增速最高，均在10%以上，分别为 13.7% 和 12.3%，比上年分别加快 2.3 和 4.2 个百分点；夹克衫、童装、针织内衣裤和牛仔服的零售量增速也比较高，都超过 5%，分别为 8.4%、7.3%、6.5% 和 5.1%，相比 2009 年也均有所提升；皮革服装、裤子、男衬衫零售量同比增速较低，分别为 2.6%、1.8% 和 2.2%；零售量同比出现下降的是 T 恤、防寒服、羊绒及羊毛衫，下降速度分别为 2.1%、3.8% 和 4.1%。

(三) 品牌服装商品价格同比上涨显著

2010 年全国重点大型零售企业服装零售额增速大幅高于零售量增速，价格上涨明显。

根据中华全国商业信息中心统计，2010 年，全国重点大型零售企业服装价格同比增长 19.1%，高于 2008 年和 2009 年的增速水平。从原因上看，原材料价格的大幅上涨是主因，特别是棉花价格的大幅上涨；另外，服装企业用工成本增加、服装商品流通费用增加、零售终端经营成本增加等也都是服装价格加速上涨的重要原因。

与零售量增速相比，品牌服装价格的加速上涨，使其对服装零售额增长的贡献继续占据主导地位，根据计算，2010 年，全国重点大型零售企业服装商品单价上涨对零售额增长的贡献依旧在 50% 以上，为 51.7%。

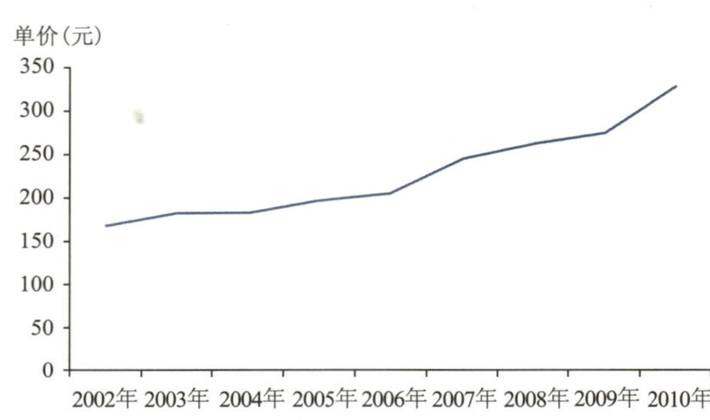

图 2-5　2002～2010 年全国重点大型零售企业品牌服装单价

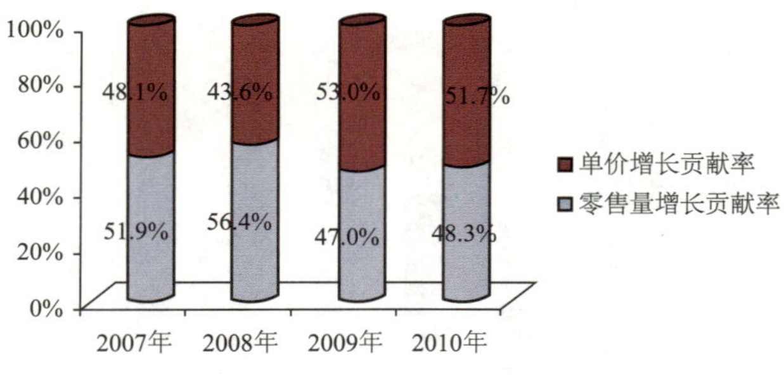

图 2-6　2007～2010 年单价和零售量对服装零售额增长的贡献率

(四) 服装消费升级明显，高档化商品销售增长快

2010 年，我国服装消费升级态势明显，主要表现在消费者更加青睐于高档商场，对高档服装需求增长迅速。

根据中华全国商业信息中心对全国重点大型零

售企业的统计，2010 年高档大型零售企业服装销售增速也明显高于中档和中低档企业，高档零售企业服装类商品零售额同比增速超过 30%，达到 31.2%，明显高于中档零售企业的 19.2% 和低档零售企业的 18.4%，比整体水平高出 10 个百分点。

在零售量方面，高档零售企业的增长速度也是最高的，2010 年全国重点大型零售企业中，高档零售企业各类服装零售量同比增长 17.5%，增速比中档和低档零售企业零售量增速分别高出 8.2 个百分点和 0.2 个百分点，比整体零售量增速高出 7.3 个百分点。

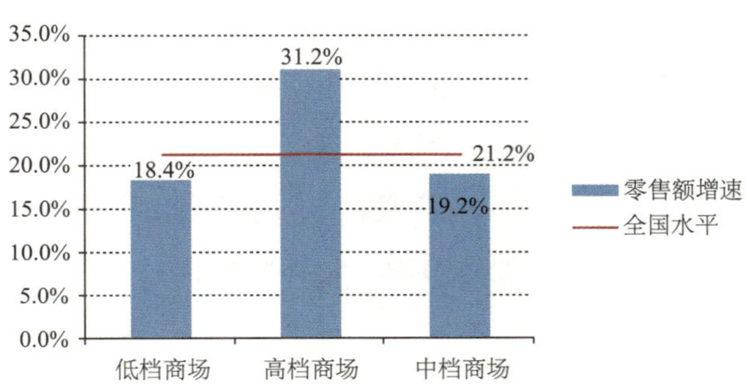

图 2-7　2010 年全国重点大型零售企业服装类零售额增速（分商场）

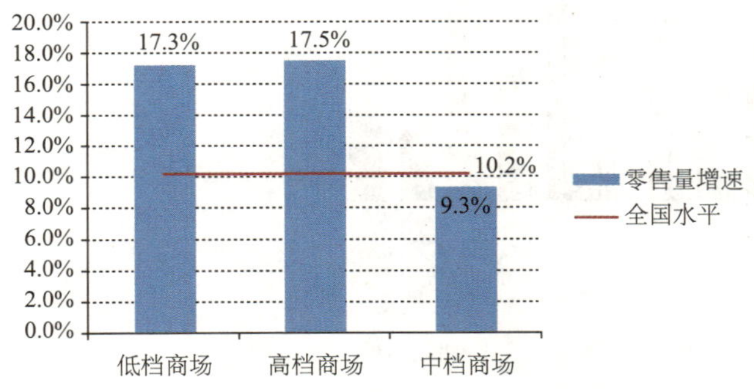

图 2-8　2010 年全国重点大型零售企业各类服装零售量增速（分商场）

另外，2008～2010 年全国重点大型零售企业中，价格在 2000 元以上的高档女装零售额年均增速为 50.6%，要明显高于女装整体市场年均 24.2% 的增速水平。2010 年，全国重点大型零售企业价格在 2000 元以上的男西装零售量所占比重为 5.8%，高于 2009 年的 3.6%，而零售额所占比重已经接近了 1/4，达到 23.2%，比 2009 年的 16.5% 高出 6.7 个百分点。

（五）一线城市大型零售企业服装销售增速加快显著

2007 年以来，随着二、三线城市的快速发展，零售企业不断进入，服装消费增长迅速，同时，加上 2008 年和 2009 年金融危机的影响，一线城市增速明显处于较低水平。

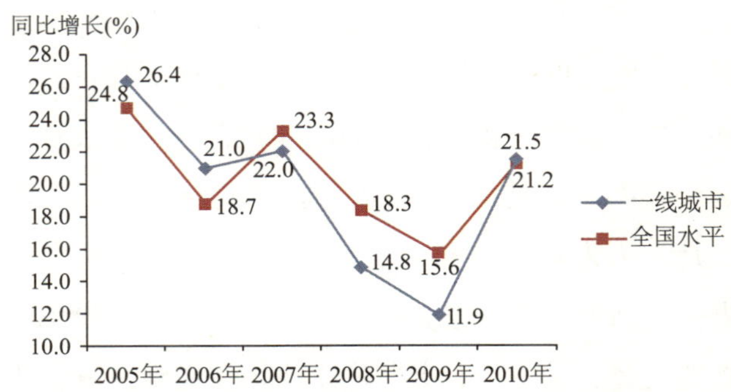

图 2-9　2005～2010 年一线城市服装零售额增速和全国水平对比

根据中华全国商业信息中心的统计，2010 年，一线城市大型零售企业服装零售额同比增长 21.5%，近四年来，首次超过全国水平，但超出幅度较小；而相比 2009 年增速的涨幅却达到了 9.6 个百分点，明显高于全国 5.6 个百分点的上涨幅度。

一线城市零售额增速加快显著，一方面，金融危机后消费提升是重要原因；另一方面，消费高档化需求因素也带动了北上广深等高档化商品集中的一线城市销售的增长。

（六）网购已经发展成为服装的重要销售渠道

服装网上销售经过连续多年的发展，很大程度地满足了当前消费者的需求，刺激了消费增长，市场规模不断扩大，已经发展成为服装市场重要的销售渠道。

首先，服装网购市场规模所占比重扩大。根据中华全国商业信息中心的测算，2010 年全国居民服装网上购物规模将超过 1000 亿元，占居民整体服装消费支出的比重在9%左右，相比2009年的6%有明显的提升。

其次，服装网购市场多元化多样化发展，竞争十分激烈。2010年服装网上销售在规模不断扩大的同时，网上销售模式也不断增多，趋于多样化发展。B2C、C2C在继续快速发展的基础上，团购、秒杀等网购名词充斥着2010年的服装网上销售市场，市场竞争十分激烈。

再次，服装品牌企业整合渠道，大力拓展网上销售。随着网购的快速发展、时尚品牌的加速进入和布局，国内服装加速了渠道的整合，主要表现在两个方面，一是渠道下沉，向二、三线城市扩大，二是大力发展网上销售，例如，2010年波司登大力拓展网上销售，也取得非常可观的收益，旗下品牌波司登、雪中飞、康博、冰洁均在淘宝商城开设了旗舰店，并且其网上羽绒服销售一直位居前列。另外，诸如爱慕等品牌均开设了本企业自己的网上销售系统。

最后，奢侈品牌入网。以前，网上销售对于奢侈品是有害于品牌价值的方式，但随着网购的快速发展，网络销售运营成本低、覆盖面广的优势日益体现出来。现在，越来越多的奢侈品正在求助于网络销售拉动销售增长，奢侈品网购已经势不可挡，在中国，已经出现了例如第五大道、美西时尚以及YOOX集团等奢侈品零售网站。

（七）品牌集中度比2009年出现下滑，高档品牌增长较快

2010年，服装市场前十位品牌集中度继续处于较低水平的同时，品牌竞争明显加剧，整体集中度水平相比上年出现了明显下滑。根据中华全国商业信息中心统计，16类服装商品中只有4类商品前十位品牌市场综合占有率合计超过50%。

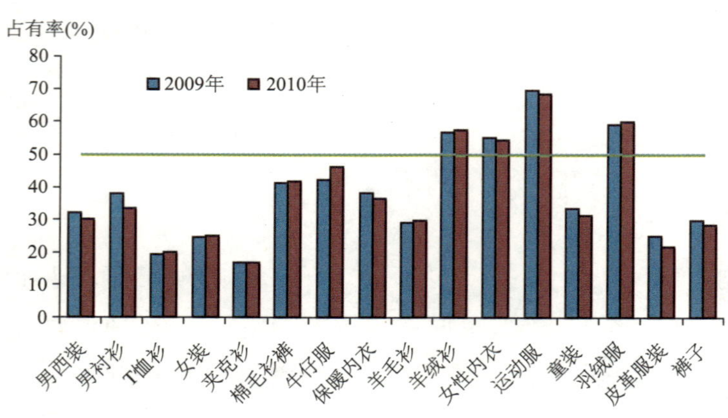

图2－10 2009～2010年主要服装商品前十位品牌市场综合占有率合计

16类商品前十位品牌集中度平均水平为37.5%，比上年下滑0.69个百分点，其中8类商品集中度水平呈现增长，但增幅多在1个百分点以下，最高的是牛仔服，达到4.04个百分点。而在下滑的8类商品中，多数下滑幅度超过2个百分点，例如，男西装下滑2.21个百分点，男衬衫下滑幅度最大，达到4.27个百分点，童装下滑2.19个百分点，皮革服装下滑3.41个百分点。

品牌集中度同比出现下滑的同时，2010年全国重点大型零售企业服装销售品牌结构也出现较为显著的变化，即在网上购物快速发展和大型零售企业加速整合的影响下，全国重点大型零售企业中高端服装品牌市场份额增长较快。

例如，2009年大型零售企业男西装市场中，诸如阿玛尼、杰尼亚、萨巴蒂尼、登喜路等国际一线品牌市场综合占有率位居前20位的品牌只有杰

尼亚，而到了2010年，登喜路和杰尼亚并列第14位；另外，2009年大型零售企业男裤销售前20位品牌中，迈雅、金利来、老人头、花花公子、阿玛尼和威克多的市场综合占有率分别为1.14%、1.14%、0.86%、0.8%、0.32%和0.5%，合计4.76%，而到了2010年，这几个品牌的市场综合占有率相比上年均有明显提升，合计达到7.07%，增长了2.31个百分点。

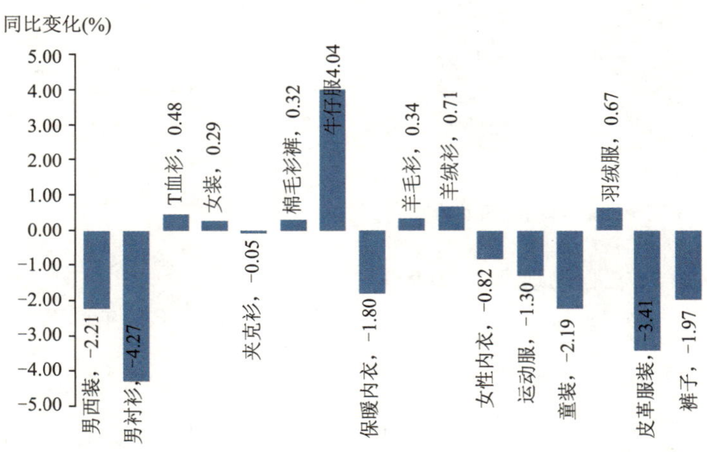

图2-11　2010年主要服装商品前十位品牌集中度相比2009年变化情况

二、2010年服装市场主要商品运行情况和销售特点

（一）男西装：销量增速比2009年加快，品牌集中度不断下滑

1. 2010年零售量同比增长

2010年，全国重点大型零售企业男西装类商品零售量同比增长13.7%，增速比2009年高2.3个百分点，为近三年来最高。

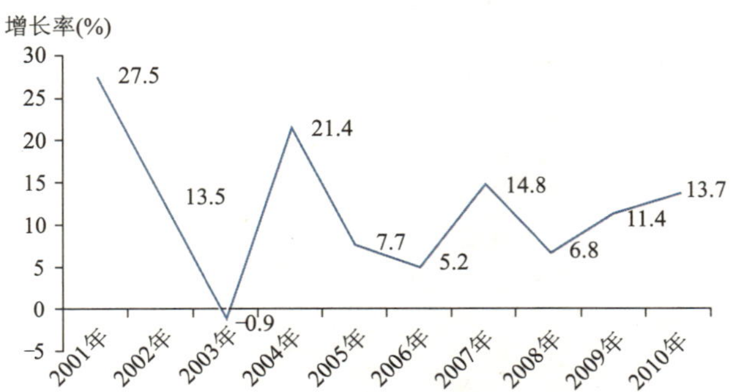

图2-12　2001～2010年全国重点大型零售企业男西装零售量增速

从2001年以来全国重点大型零售企业男西装零售量增长看，2010年，男西装零售量增速基本符合男西装零售量增速呈现出的周期性发展态势，基本三年左右为一个增长周期。

2. 节日月份零售量增速相对较高

从男西装各月零售量增速与各类服装整体零售量增速对比上可以看出，2010年，男西装零售量增速较高的月份是节假日月份和7～8月高校学生毕业的月份。由此可以发现，目前，节假日对全国重点大型零售企业男西装的销售有很大的带动作用，同时，每年高校学生毕业时期也是男西装销售增长的高峰。

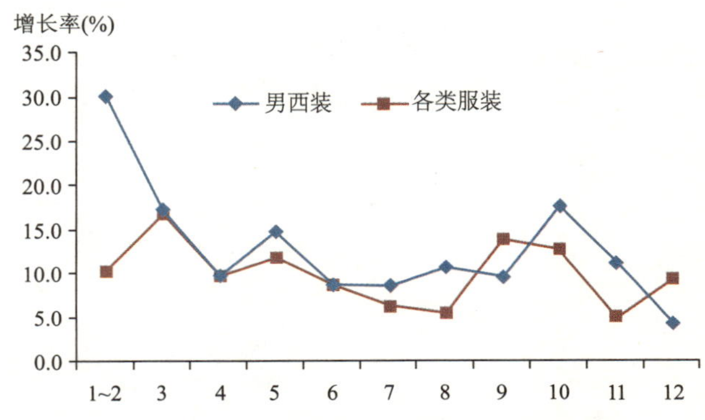

图2-13　2010年全国重点大型零售企业各类服装和男西装类商品零售量增速

3. 市场竞争激烈，前十位品牌集中度不断下滑

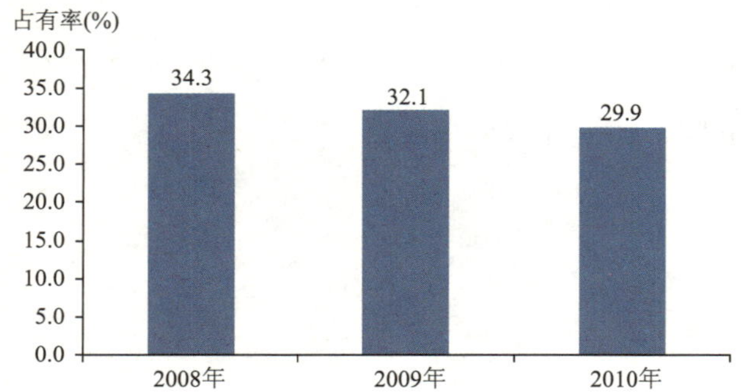

图 2－14　2008～2010 年男装前十位品牌集中度变化情况

根据中华全国商业信息中心的统计，2008～2009 年，男西装市场的前十位品牌市场综合占有率合计分别为 34.3% 和 32.1%，品牌集中度相对较低，且呈现出下滑的态势。2010 年男西装前十位品牌占有率相比前两年继续下滑，仅为 29.9%，品牌竞争激烈程度加剧。

品牌竞争激烈程度的加剧，反映出当前全国重点大型零售企业男西装销售在网上销售等多渠道发展以及高档商品消费需求快速增长的共同影响下，之前市场中领先品牌的地位受到了冲击，市场份额出现下滑。

(二) 男衬衫：大型零售企业消费需求稳定，品牌格局无变化

1. 2010 年零售量同比仅增长 2.2%

根据中华全国商业信息中心连续多年的统计，2001～2010 年，全国重点大型零售企业男衬衫零售量年均增速仅为 2.5%，2010 年零售量同比增长仅为 2.2%。

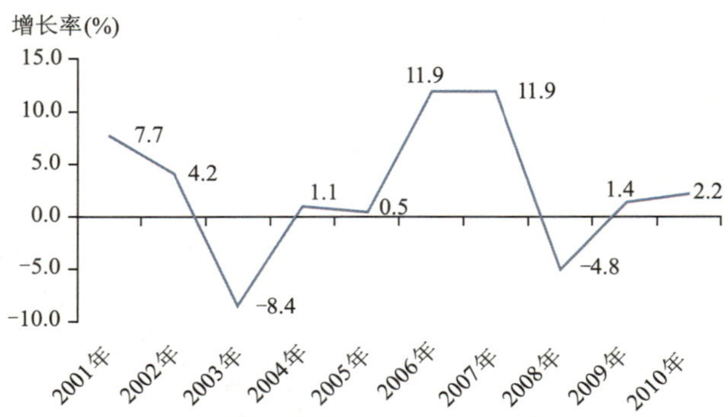

图 2－15　2001～2010 年全国重点大型零售企业男衬衫零售量增速

特别是从 2008 年以来，大型零售企业男衬衫零售量年均增幅甚至为负值，这说明在当前服装消费需求趋于休闲时尚化的环境下，大众消费者在大型零售企业中购买男衬衫的比重在下降，加之目前网络渠道、超市渠道的快速发展，大型零售企业作为男衬衫大众化消费的重要零售渠道，其地位在不断弱化，转而向品牌化甚至高档化品牌男衬衫商品发展。

2. 前十位品牌格局相比 2009 年无变化

在消费需求稳定的同时，大型零售企业中男衬衫的品牌格局也呈现稳定的态势，2010 年，男衬衫市场综合占有率前十位品牌和 2009 年相同，前六位的排名与 2009 年相比都未发生变化，由此可以看出大型零售企业男衬衫的品牌格局十分稳定。

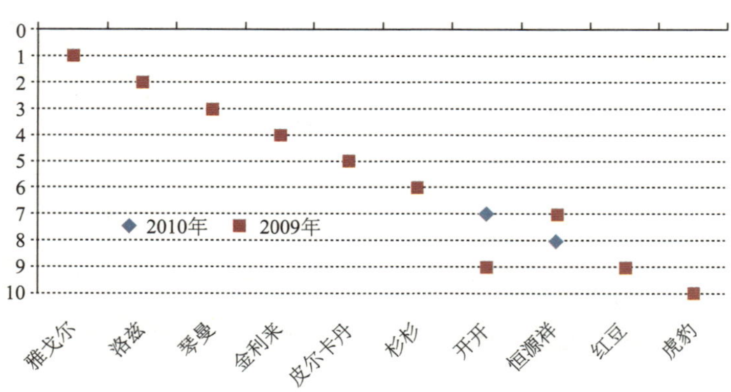

图 2－16　2010 年男衬衫市场前十位品牌在 2009 年的排名

3. 时尚、休闲、高档化国外品牌增长快

根据对全国重点大型零售企业的销售统计，2010年，时尚、休闲化的国外品牌和部分高档品牌增长较快，例如沙驰、杰克·琼斯、杰尼亚的市场综合占有率和排名相比2009年均有明显提升。

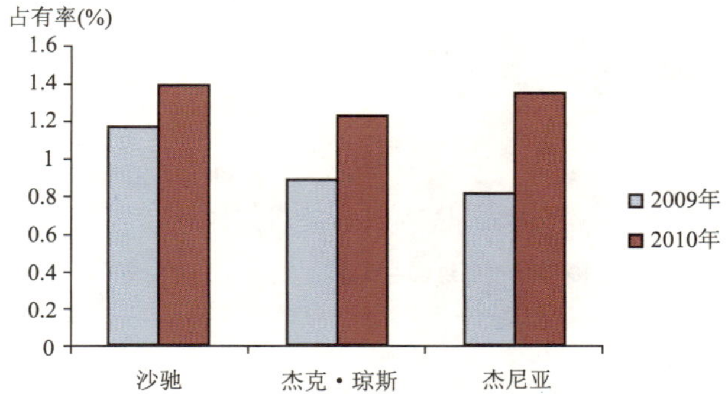

图2－17　2009～2010年男衬衫市场综合占有率增长较快的品牌

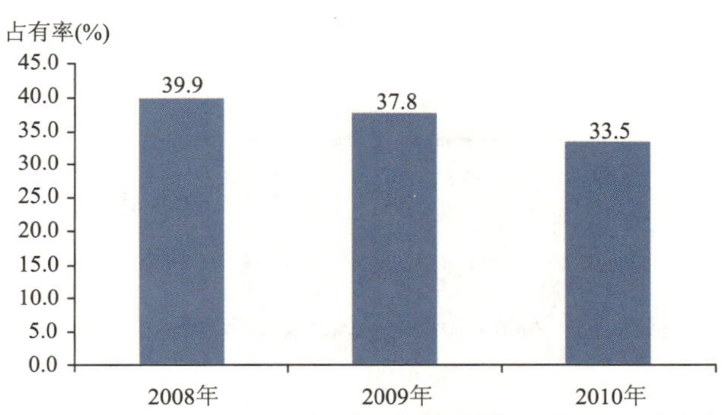

2－18　2008～2010年男衬衫市场前十位品牌市场综合占有率合计

时尚、休闲、高档化国外品牌的快速发展，加剧了男衬衫市场的品牌竞争，2010年前十位品牌市场综合占有率合计比2009年低了4.3个百分点，下滑幅度较大。

（三）女装：女装消费需求继续刚性增长，品牌结构悄然变化

1. 大型零售企业销售增速同比显著加快

根据中华全国商业信息中心的统计，2010年全国重点大型零售企业女装消费需求继续保持刚性增长态势，在平均单价同比增长13.8%的情况下，销售增速同比加快显著，其中零售额同比增长27.7%，比2009年高2.2个百分点；零售量同比增长12.3%，比2009年高4.2个百分点。

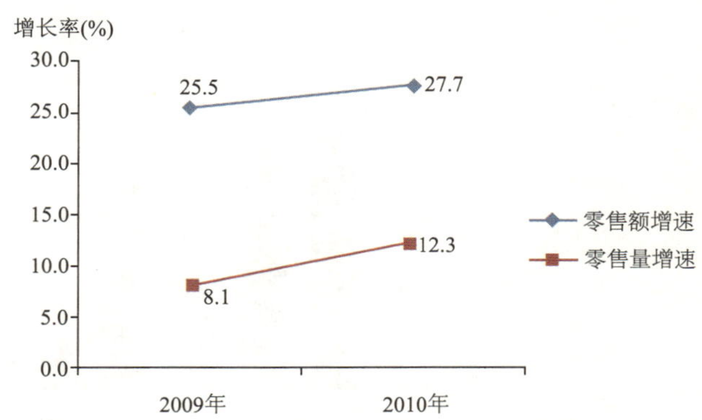

图2－19　2009～2010年全国重点大型零售企业女装商品销售增速

2. 品牌格局悄然变化

从销售上看，女装消费需求刚性增长态势显著，但从品牌结构上看，随着80后消费群体年龄的增长，在社会中所处环境的不同，角色的转变，其对服装的消费观念也潜移默化地发生变化，消费逐步向成熟化发展，开始并逐渐放弃年轻化装扮，由此表现在品牌结构上是成熟女装品牌逐渐上位，高档品牌增长加快，而年轻女装品牌销售出现放缓趋势。

市场综合占有率方面，2010年前十位品牌中，近三年市场综合占有率整体出现下滑的有ONLY和艾格，而例如哥弟、声雨竹、玖姿、玛丝菲尔、宝姿等品牌则呈现显著增长。

品牌排名方面，2010年前十位品牌中，近三年来排名增长最快的包括声雨竹、玖姿、玛丝菲尔、哥弟以及排名一直相对稳定的佐尔美，均是相对成熟且高档的品牌。

表2－1　2010年女装市场前十位品牌在2008年和2009年的排名

品牌	2010年	2009年	2008年
ONLY	1	1	2
VERO MODA	2	2	3
哥弟	3	3	6
艾格	4	4	1
欧时力	5	5	5
声雨竹	6	8	14
玖姿	7	6	15
玛丝菲尔	8	12	16
Teenie Weenie	9	16	31
佐尔美	10	10	10

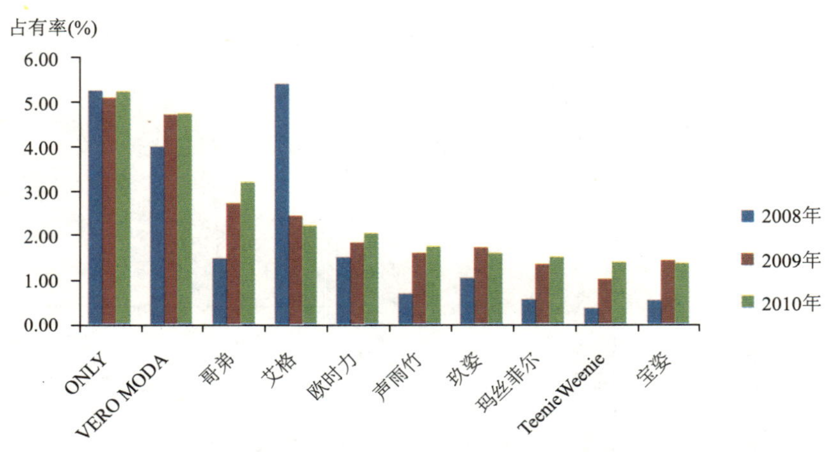

图 2－20　2010 年女装市场前十位品牌在 2008～2010 年的市场综合占有率

（四）羽绒服：大型零售企业销量连续三年负增长，国外品牌迅速崛起

1. 2010 年销量同比继续负增长

2010 年，全国重点大型零售企业防寒服装类商品零售量同比继续表现为负增长，同比下降 3.8%。

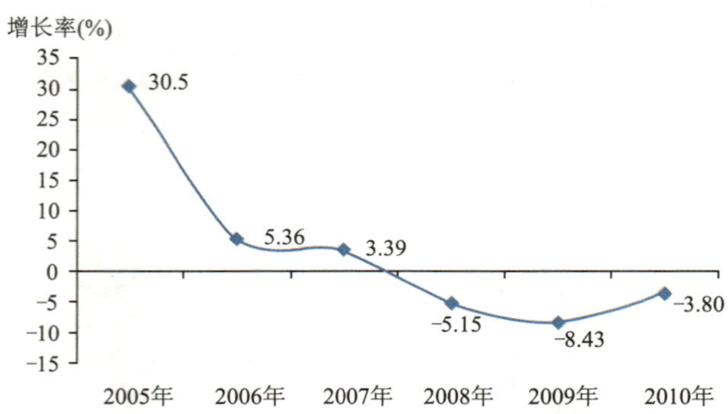

图 2－21　2005～2010 年全国重点大型零售企业防寒服零售量同比增速

虽然在消费淡季，第二和第三季度出现了近几年少有的销售高增长的好局面，增速均在 10% 以上，分别为 12.3% 和 14.5%；但在第四季度，由于网络上纷传一时的“千年极寒说”在实际情况中并没有出现，羽绒服需求较大的北方地区气候整体偏暖，而南方出现极端气候增多，企业整体铺货布局出现失误导致了销售表现不佳，零售量同比下降 10.6%。

另外，户外冲锋衣、防寒服等颇受 80 后等年轻消费群体的青睐，也对羽绒服的销售产生了较大的冲击，也是 2010 年羽绒服销售同比下降的又一重要因素。

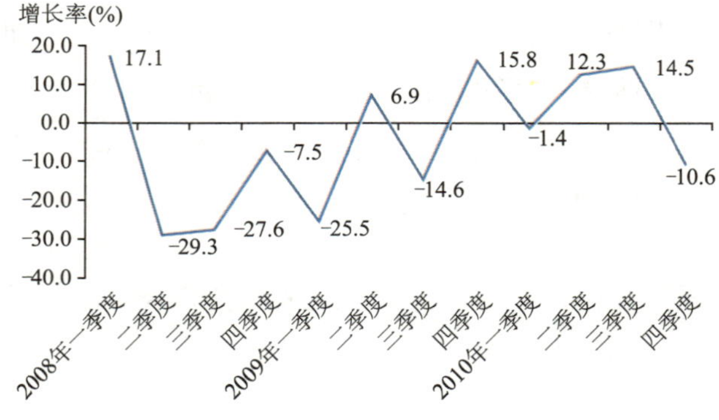

图 2－22　2008～2010 年全国重点大型零售企业防寒服各季度零售量增速

2. 商品价格上涨明显，休闲款式继续热卖

2010 年，除农副产品纷纷涨价以外，羽绒服受到鸭绒、面辅料、人工等成本上涨的压力，也身价大增。各商场新款上市的羽绒服很多在千元以上，价格普涨，并且与往年相比，折扣力度也明显减小。根据中华全国商业信息中心对全国重点大型零售企业羽绒服商品的销售统计，2010 年羽绒服单品价格同比上涨 24%，比上年 16% 的涨幅要高出 8 个百分点。

虽然价格相比上年出现了大幅上涨，但从消费需求上看，2010 年羽绒服市场继续向休闲化方向发展，休闲款产品热销，主要特点表现为轻、软、薄、短等，兼顾时尚的保暖性产品受到欢迎。

3. 外资品牌迅速崛起

近两年，羽绒服市场中涌现出一批发展较快的国外品牌，如梦特娇，2010 年相比 2006 年，排名提前了 17 名，市场综合占有率提高了 0.32 个百分点；皮尔·卡丹排名提前了 4 名，市场综合占有率提高了 0.86 个百分点。

表 2-2 2006~2010 年羽绒服市场前二十位品牌中外资品牌排名及份额

品牌	指标	2006 年	2007 年	2008 年	2009 年	2010 年
梦特娇	市场排名	34	38	28	20	17
	综合占有率（%）	0.38	0.26	0.37	0.53	0.7
皮尔·卡丹	市场排名	16	12	12	13	12
	综合占有率（%）	0.89	1.18	1.34	1.5	1.75

（五）户外运动：消费需求旺盛，本土品牌发展迅速

1. 销售额同比快速增长

近年来，伴随着居民收入快速增长的是社会各方面的压力不断增加，特别是在大城市中，工作、生活、环境等各方面的压力使得更多的消费者愈发向往清净、舒适、恬静的大自然，注重提升生活品质，由此带动了登山、郊游、露营等户外运动发展，进而增加了消费者对户外运动产品消费需求的快速增长，例如登山鞋、冲锋衣、防寒服等户外消费逐渐成为时尚，产品销售呈现快速增长。

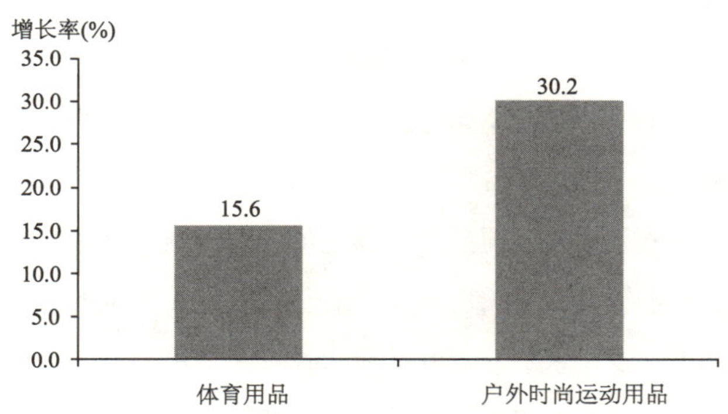

图 2-23 2010 年体育用品市场主要类别商品零售额增速

根据中华全国商业信息中心统计，2010 年，我国重点大型零售企业户外时尚运动用品销售额同比增长 30.2%，明显高于体育用品的零售额增速。

2. 单价明显高于体育用品的平均水平

在单价方面，根据中华全国商业信息中心的统计结果，户外时尚运动用品商品单价要明显高于体育用品的平均单价水平。

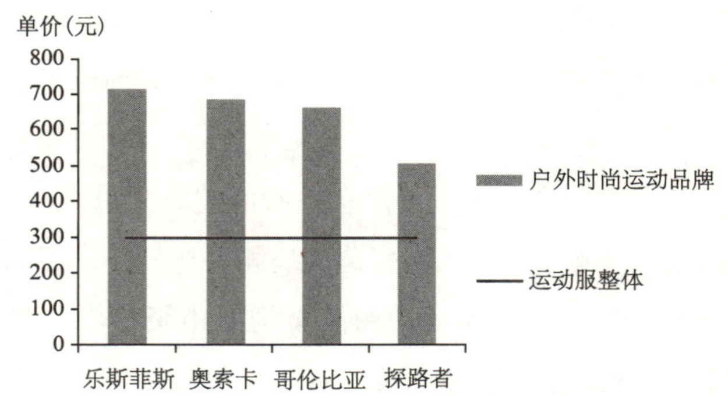

图 2-24 2010 年运动服市场户外时尚运动品牌单价与整体水平单价对比

2010 年，在运动服市场平均单价位居前六位的品牌中，有 4 个是专业户外时尚运动用品品牌，分别是乐斯菲斯（The North Face）、奥索卡（O-ZARK）、哥伦比亚（Columbia）和探路者（TO-READ），平均价格比整体水平至少高出 70%。

在运动鞋市场，平均单价位居前四位的分别是哥伦比亚、乐斯菲斯、ecco 和 KEEN，均是户外时尚运动品牌，其中 ecco 和 KEEN 的平均单价均超过了千元，比整体水平高出 1~3 倍。

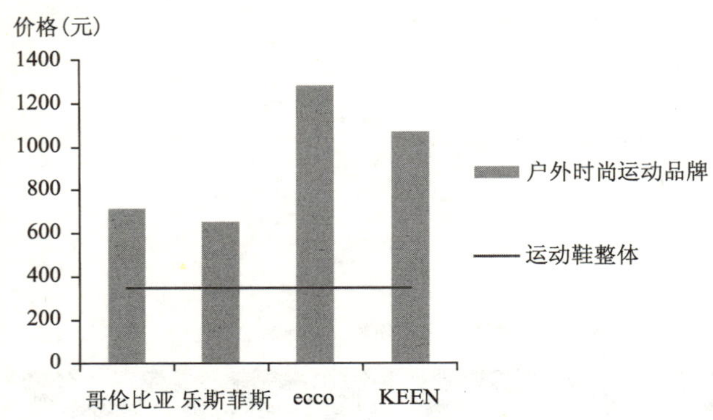

图2－25　2010年运动鞋市场户外时尚运动品牌单价与整体水平单价对比

3. 传统品牌拓展户外运动市场

户外运动商品快速增长的消费需求，以及巨大的市场发展潜力也吸引了传统专业运动品牌的加入，例如，2010年耐克在中国市场正式推出的6.0系列，是专门针对滑板、花式滑雪、冲浪、BMX、滑雪板、极限摩托等6项运动设计的商品。Nike 6.0品牌系列旨在呈现年轻人的无穷活力和创造力，通过这样的生活方式展示的是追求无拘无束的自由与极限精神。

根据中华全国商业信息中心的调查，2010年，耐克户外运动商品的销售范围还相对比较小，因此其在整个户外时尚运动用品市场的市场份额比较小，市场综合占有率仅为0.46%。除耐克外，阿迪达斯等品牌也均推出户外时尚运动用品，例如登山鞋、户外服装等。

另外，根据ispo China亚洲运动用品与时尚展组委会的信息，目前大量本土传统运动品牌也已经制定了户外类产品或子品牌的发展战略。

三、2011年服装市场发展趋势

从未来发展趋势看，在整体物价水平上涨预期不断增强的背景下，2011年服装价格将呈现出明显的上涨态势。在渠道方面，网购市场快速发展的势头仍将继续，国外服装品牌在国内市场布局的步伐将进一步加快。在消费需求上，更加突出个性化和高档化消费的服装定制服务将在一定范围内盛行。

（一）服装价格将呈现明显上涨趋势

2010年，虽然我国衣着类居民消费价格同比表现为1.0%的下降，但从各月看，同比降幅逐月收窄，并在12月份，衣着类居民消费价格同比则呈现出了0.1%的上涨。

预计未来呈现明显上涨的主要原因是三个方面：一是原材料价格上涨压力依旧较大，2010年，国内棉价等原材料价格大幅上涨已经带动了衣着类商品出厂价格的增长，其中在12月份，衣着类出厂价格同比涨幅更是超过3%，因此预计2011年原材料价格上涨压力很大；二是民工荒，用工成本增加，员工工资成本上涨也将成为2011年服装价格上涨的又一推力；三是诸如渠道费用，零售终端费用等增加也会成为价格上涨的又一诱因。

（二）网购规模将继续快速增长

2010年，服装网上销售规模继续快速增长，网购已经发展成为服装市场的重要销售渠道，并且随着3G技术应用的逐渐普及，“手机商务”的快速发展等，都将进一步颠覆消费者的服装消费习惯，逐渐弥补网上购买服装面临的无法试穿、无触摸质感等缺点，使消费者真正做到足不出户即可选购全国各地的商品。

在消费需求得到极大满足的同时，服装网购规模仍将继续快速增长，另外，结合当前服装网购的发展速度和发展水平，还可以预计服装网络销售对未来服装消费会产生比较大的影响：一是网上销售将对实体店，特别是对低档实体店的销售将产生巨大冲击；二是网上购物的迅速发展，市场中出现的网货品牌增长迅速，这将使得实体店的低档服装消费需求减少，从而导致服装市场品牌结构产生较大变化。

（三）定制服装将在一定范围内盛行

工业流水线极大丰富了服装商品的供给，但随着当前都市白领个性化消费需求的不断膨胀，三十年前的量体裁衣、手工缝制等服装定制正在逐渐盛行开来，定制正逐渐成为身份的体现，是满足消费者个性需求的重要方式，日益受到消费者青睐。

服装定制多兴起在一些男正装品牌的专卖店和高级写字楼，而近两年，在女装、内衣等领域也有所发展，特别是高档商品、高档品牌，例如朗姿、爱慕等品牌均推出定制方面的相关服务，虽然定制在我国目前服装市场中还不是一个主流的消费模式，但必将在今后服装市场中盛行。

（四）国际品牌加速布局国内市场

2010 年国际服装品牌继续以较高的速度增开店铺，根据统计，2010 年 H&M 在华门店数已经达到 47 家，比 2009 年增加了 20 家，增加数量比 2009 年多 6 家；Uniqlo 在华门店数为 59 家，比 2009 年增加 12 家，增加数量和 2009 年基本持平；C&A 在华门店数为 21 家，比 2009 年多 5 家。

国际品牌能够不断地、以较快的速度新增店铺，说明其销售模式、品牌商品已经得到了消费者和商业地产商的认可，同时，市场中有很大发展空间，因此，随着国际品牌继续加速布局国内市场，国内服装市场将出现更多的国际服装品牌专卖店，越来越国际化。

2010年国际服装市场分析及2011年发展趋势

一、2010年中国服装进出口概况

(一) 2010年服装出口总体概况

2010年全球经济尚未全面恢复，但欧美消费市场略有回暖，消费需求有所增长。国内，棉花、化纤等原料大幅攀升，加之劳动力成本继续上涨，导致服装生产成本大幅增加，推升了服装的出口价格。据中国海关统计，2010年服装（含衣着附件）出口全年出口总额累计增长20.9%，金额1294.88亿美元。

1. 欧美日三大市场所占份额增加，美国表现最为突出

2010年美国经济开始回归正常经济增长轨道，消费增长再次成为支撑美国经济增长的动力，我国对美国出口额增长26.4%；伴随欧盟经济的缓慢复苏，虽然消费需求仍然疲软，但对欧盟出口也实现了22.77%的增长；对日本出口增长平稳，增加5.74%。三大市场合计份额为60.7%，其中日本所占份额同比下降，欧美小幅上涨。

表3-1 2010年服装及衣着附件出口主要市场统计

国别	出口额（亿美元）	同比（%）	份额（%）
全球	1294.88	20.91	—
欧盟	348.85	22.77	26.94
美国	252.16	26.35	19.48
日本	184.54	5.74	14.25

数据来源：中国海关

（1）对欧盟出口增长，份额微弱上涨

我国对欧盟出口增长较大，增幅22.77%，出口额348.85亿美元，但份额仅有微弱上涨，为26.9%。

①针织、机织服装份额差距继续缩小

针织服装出口额大幅增长，达30%，比机织服装高15个百分点，出口额144.4亿美元，占服装对欧盟出口总额的比重提升2个百分点，为41.4%。机织服装出口额158.8亿美元，所占比重下降近3个百分点，为45.5%。

②丝制服装出口额仍呈下降趋势

丝制服装仍呈下降趋势，降幅减缓，为4.6%。2009年出口同样有较大下降的毛制服装则实现6%的增长。棉制、化纤制和其他纺材制服装增幅均在20%以上，棉制服装出口比重最大，占出口合计额的45.9%；其次是化纤制服装，份额37%。

（2）对美国出口额增长26.35%

2010年美国经济逐步复苏，我国服装对美国出口额增长26.35%，依赖于美国消费需求的增长，出口额252.16亿美元，份额19.5%，同比上涨1个百分点。

①针织、机织服装比重差距进一步缩减

针织服装出口增幅高于机织服装，二者所占比重的差距进一步缩减，机织服装作为第一大宗商品，出口增长21.6%，占我国服装对美出口总额的44.1%，下滑1个百分点。针织服装大幅增长32.5%，份额39.8%，同时出口均价出现下降，这在各项生产成本上升的形势下非常少见。

②棉制服装比重过半，化纤制服装占1/3

与欧盟情况相同，丝制服装出口下降，其余质地的服装出口增幅的20%以上。棉制服装出口增幅最大，为29.16%，占我国对美服装出口总额的比

重增至51.6%。化纤制服装增长26.1%，比重达到1/3。

③裤子是最大的单一出口商品，比重接近两成

裤子是对美出口额最大的单一商品，为43.8亿美元，同比增长30.98%，占对美出口总额的17.38%。第二大类商品是毛衫，出口额份额为13%。各大类商品中，仅便服套装出口下降，其余商品不同程度增长，增幅在10%～90%之间。

（3）日本市场

我国在日本服装进口市场中始终占有绝对优势，市场发展空间有限，因而已难有较大增长。2010年我国对日出口服装实现5.74%的增长，出口额184.5亿美元，占服装出口总额的14.6%，下降2个百分点。

①针织、机织服装出口额均增长，针织服装增幅略高

针织、机织服装出口均增长，增幅分别为6.8%和3.9%，出口额份额差别不大，分别为45%和44%。

棉制服装出口额继续微弱下降，降幅为1.07%，占各类别服装出口合计额的比重为40.9%，化纤制服装出口额则有7.5%的增长，份额上涨至42.5%。另外，其他纺材制服装是2009年五类服装中唯一实现增长的商品，2010年实现快速增长，增幅高达33.3%，份额增至10%，但它也是唯一均价下降的商品，降幅为4%。

②出口额增减幅度相对平缓

我国对日出口服装各品类中有五种商品下降，降幅在4%～10%之间。保持增长的商品，增幅也相对平缓，在3%～40%之间。裤子超过毛衫成为出口的最大宗商品，出口额小幅上涨3.4%，而毛衫则出现9.8%的下降，二者所占份额基本相当，分别为14.9%和14.4%。

（4）开拓新兴市场势头强劲

我国对其他主要市场出口情况良好，增幅均保持在20%以上，其中，对俄罗斯出口快速增长，增幅55%，份额3.62%。同时开拓新兴市场势头强劲，对东盟出口20.9%，出口额占对亚洲出口的近一成。对拉丁美洲增长达72%，这些新兴市场或将成为服装出口新的增长点。

2. 粤、浙、苏、沪、鲁五大省市合计出口占比72.1%

2010年，全国31个省市（自治区）中，仅内蒙古、广西和吉林出现下降，其余省市出口额有不同程度增长，个别省市成倍增长。前五大省市依然是粤、浙、苏、沪、鲁，合计出口额占出口总额的72.1%，出口额均实现2位数的增长。但是，排在第6位的福建，出口额几乎与山东并驾齐驱，份额相差不过0.02个百分点。

表3-2 2010年服装及衣着附件出口主要省市统计

省市	出口额（亿美元）	同比（%）	份额（%）
合计	1294.68	20.91	—
广东	276.73	23.04	21.37
浙江	249.03	20.06	19.23
江苏	192.44	18.65	14.86
上海	128.03	14.48	9.89
山东	87.41	16.44	6.75

数据来源：中国海关

（1）广东

广东出口额份额同比上涨2个百分点。广东的出口家数也有小幅增加，比例已增加到26%，在出口额排名前100位的企业中，广东有17家，接近1/5。

①欧盟、美国超过香港地区，成为广东前两大出口市场

多年来，香港地区作为广东第一大出口市场的传统格局终于被打破，广东对欧盟出口增长31.84%，份额为1/4，其中德国、英国两个国家分别居出口单一市场排名第3、第4位，合计份额

11.94%。对美国出口增长33%，份额20.6%，增加1个百分点。对香港地区出口仅增长2.6%，份额20.54%，比2009年下降4个百分点。巴拿马是广东出口市场的一大亮点，出口增长98.4%，份额4.6%，在英国后居单一市场的第5位。

②针织服装、棉制服装比重继续上升

针织服装出口大幅增长29%，远远高于机织服装，出口额份额进一步增至54.4%，上涨近3个百分点，优势地位稳固。机织服装出口增幅不但低于针织服装，同时也低于广东整体增幅，份额37.8%，同比下降近2个百分点。

棉制服装的主导地位提升，出口额在五大类服装中的比重已近六成，出口额增幅也是最大的，为32.9%。化纤制服装出口增长15.5%，份额30.2%，有所下降。毛制及其他纺材制服装出口额增幅也在10%以上，丝制服装下降3.2%，但这三类服装比重仅占不到1/10，对广东总体出口不会产生较大影响。

（2）浙江

浙江出口增长20.1%，与全国总体增幅基本相当，份额19.23%，保持上年同期水平。浙江出口企业家数占全国总数的18.2%，其中全国前100家企业中，浙江有11家。

①欧美日合计份额70%，略低于上年

欧美日三大出口市场合计份额70%，比上年低1个百分点。其中，对欧盟出口增长19.8%，份额38%，与2009年保持同一水平。在前10位的单一出口国家中，就有6个欧盟国家，合计份额30%。

对美国出口增长25.6%，份额21.7%，增长1个百分点。对日本出口维持2009年的小幅增长，份额下降2个百分点，为10.5%。

②针织服装增幅远高于机织服装，棉制和化纤制同步增长

针织服装延续了上年快速增长的势头，出口额增幅24%，比机织服装高12个百分点，出口额分别占浙江服装出口总额的41.4%和38.9%，差距继续缩减。

棉制、化纤制服装出口基本属于同步增长，增幅分别为16%和19%，占各质地服装合计出口额的比重分别为42.4%和39.6%，由于针织服装份额下降了1个百分点而导致合计份额微弱下降。

（3）江苏

江苏出口增长18.65%，出口份额为14.9%，低于2009年，共有出口企业6021家，是广东出口企业家数的1/2，出口前100家企业中有16家江苏企业。

①对美欧日三大出口市场依存度仍然较高

对美国、欧盟、日本三大市场份额合计依然较高，为83%，是五大省市中最大的，三足鼎立的市场格局发生小幅变化。其中，对美国出口增长23.5%，份额已增至三成。对欧盟出口增幅略低于江苏总体出口增幅，份额略有增加，为26.5%。对日本出口增长8.5%，高于其他四省市，份额下降2个百分点，为26.3%。

②针织服装增幅持续较快增长，机织服装主导地位犹存

机织服装出口仍然占据江苏服装出口的主导地位，份额保持在五成以上，但出口额增势稍弱，份额下降了2个百分点。针织服装出口增长较快，出口额份额也有上升，为36.8%。

按质地分类看，棉制服装是江苏出口的主要商品，出口额16.5%，略低于化纤制服装，份额却远高于化纤制服装，为47.3%。化纤制服装出口增长19%，出口额份额37.9%，两者合计85.2%。

（4）上海

出口增幅小于其他四省市，为14.5%，份额9.9%，低于2009年。出口企业家数也是五省市中最少的，为3849家，在前100家出口企业中，有16家上海企业，比例较高。另外，从大类服装出口情况看，上海服装的出口均价普遍高于其他四省市。

①对日本出口份额下降，与欧盟处于同等水平

日本、欧盟、美国三大出口市场合计份额81.9%，其中对日本出口小幅增长，份额下降3个百分点，为29.8%，虽仍为上海第一大出口市场，但与欧盟已经处于同一水平。对欧盟出口增长14.5%，份额为29.7%。对美国增幅略高，为20.3%，份额略增1个百分点，为22.3%。

②机织服装出口额领先于针织服装，但针织服装份额继续增加

针、机织服装出口额均增长10%以上，其中，针织服装增幅略高于机织服装5个百分点，为16.4%，份额为40.6%。机织服装依然是上海服装出口的第一大类商品，出口份额44.8%，下降1个百分点。

棉制、化纤制服装增幅及所占份额差距不大，化纤制服装增幅略高于棉制服装，为15%，份额则比棉制服装低3个百分点，为43.5%，两类服装合计份额83.8%。

（5）山东

山东出口增长16.4%，五省市中仅略高于上海，份额微弱下降，为6.75%，与紧随其后的福建相差不过0.02个百分点。

①对日出口小幅增长，份额有所下降，主导地位尚未动摇

对日本出口小幅增长8.5%，份额比2009年又有下降，为37.9%。日本作为山东出口的最主要市场，地位依然较为稳固。对欧盟和美国出口增幅在20%左右，两个市场所占份额分别为21.9%和19.6%，美国所占份额略有上涨，欧盟总体持平。

②针织服装、棉制服装出口比重过半

针织、机织服装出口比重均继续2009年的水平，针织服装依然是山东出口的主要品种，份额为52.17%，机织服装为36.7%，两者出口额呈同步增长，分别为16.1%和16.7%。

棉制服装和化纤制服装情况大致相同，棉制服装份额过半，为54.7%，出口额增幅稍低于化纤制服装2个百分点，为12.8%。化纤制服装份额为31.2%，基本维持2009年的水平。

3. 民营企业家数保持增长，比重达到七成

全国共有服装出口企业4.7万家，同比增长7.9%，占全国服装企业总家数的70.5%。

从各类型企业的出口额看，国有企业家数不足5%，创造了17%的出口额，可见其企业规模相对较大，仍保持一定的综合竞争力。

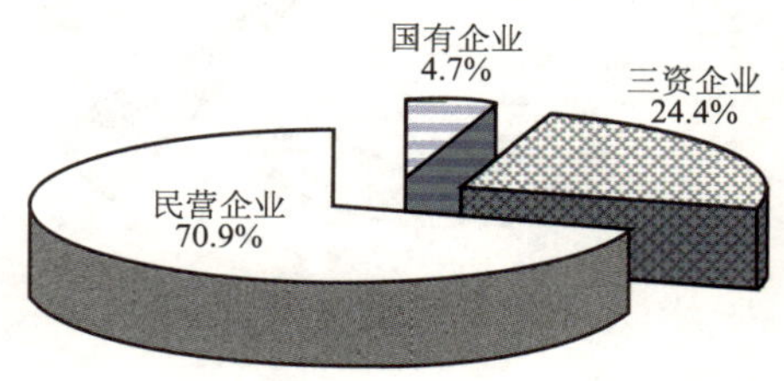

图3－1 2010年服装出口企业家数统计图

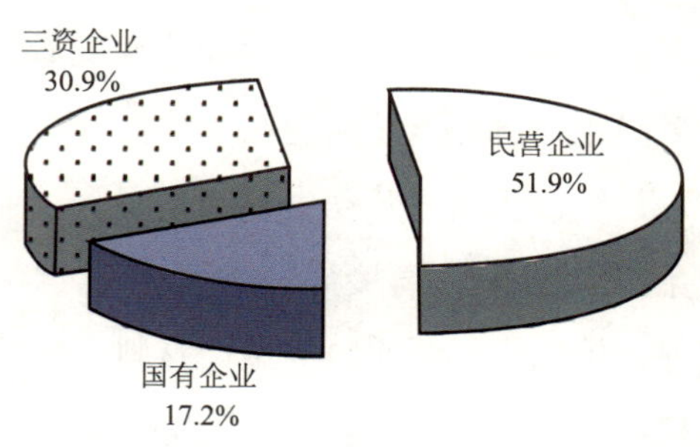

图3－2 2010年各类型企业出口额统计图

在所有企业中，出口额超过1亿美元的企业上升为91家，份额为12.2%。在这91家企业中，省市布局已打破过去几家独大的格局，除五大省市外，还囊括了北京、天津、内蒙古、新疆等多个省市（自治区），少数企业实现了成倍的增长。

4. 一般贸易小幅下降，比重上升

一般贸易出口增长24.6%，高于加工贸易，出口额占总额的72.8%，增长2个百分点。

随着我国面辅料研发以及加工工艺的进一步提升，致使加工贸易仅微增3.5%，份额18%，下降

3个百分点，其中，来料加工下降3.1%，进料加工有8%的增长。

边境贸易出口在2009年出现大幅下降，2010年有所回升，出口额增长了16.6%，份额4.1%，几乎达到2009年的水平。

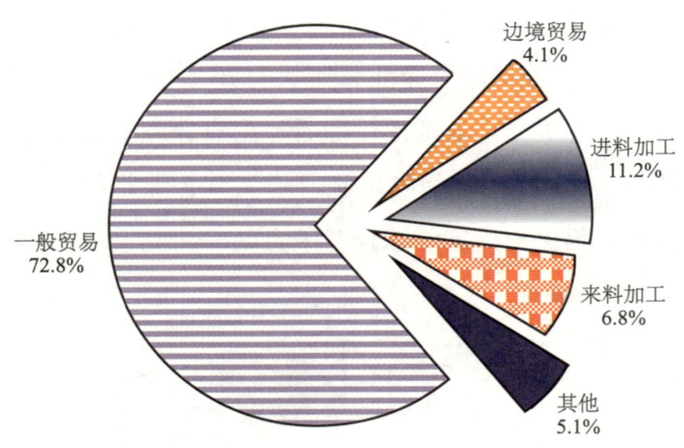

图3-3　2010年全国服装出口贸易方式分布图

2010年欧美日三大市场需求回暖，开始从增加库存向消费需求增长转变，对我服装出口起到了一定程度的推动作用。但从国内经济情况看，仍存在着诸多问题，最突出的问题在于生产成本的快速上涨。近几年，我国的劳动力供给不足，企业招工难的现象日益凸显，直接导致劳动力成本不断上涨。此外，棉花、化纤原料等生产材料也在快速上涨，以棉花为例，由于纺织出口形势向好，使得棉花需求增长，2010年以来，棉花价格一路走高。据统计，棉花均价年初14000元/吨左右，到11月份即达到33000元/吨左右，服装企业面临的成本压力可想而知。据企业反映，由于价格的不确定性导致企业接单困难，很多企业对于是否签订数量较大的单子非常谨慎。从另一个角度来讲，生产成本的增长能够促使企业更快的转型升级，提高产品的档次和附加值，同时也促使服装产业的重组，优胜劣汰，这也符合企业的生存法则。

进入2011年，我服装出口企业或将面临更大的压力和挑战。一方面，国际贸易环境有诸多不确定因素。首先，欧盟、美国的经济是否能够尽快走出谷底，消费需求能否继续提振，仍是一个未知数；其次，日本此次发生的地震给日本经济，以及世界经济都将带来很大的变数；再次，中东局势的混乱将影响我对中东市场的进一步开拓。另一方面，我国劳动力等各种成本的上涨、人民币汇率升值问题，以及国家实行紧缩货币政策等，对企业也将造成一定程度的影响，预计2011年我服装出口将呈现相对平缓的增长。

（二）2010年服装进口总体概况

2010年服装（含衣着附件）进口较快增长，增幅达36.5%，进口额超过2008年水平，达到近十年来的最高点，为25.1亿美元，全年各月进口额分布呈前高后低态势。进口均价有较快增长，针、机织服装增幅在10%以上，毛皮革服装增幅平缓，为3.4%。

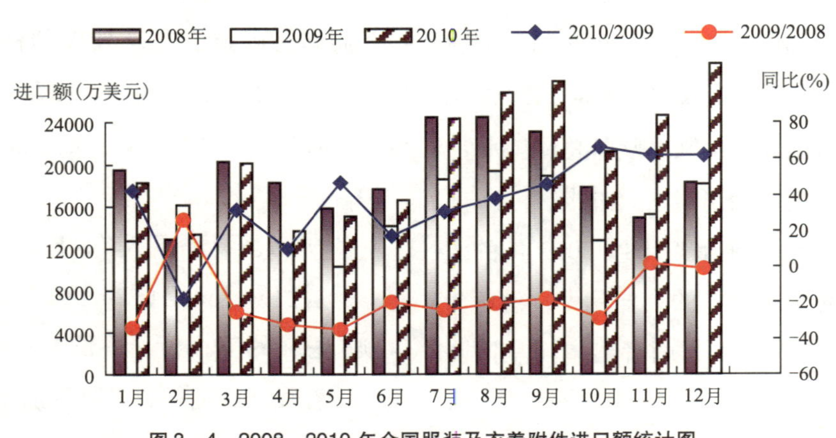

图3-4　2008~2010年全国服装及衣着附件进口额统计图

1. 机织服装进口份额占半壁江山，增势不减

（1）机织服装份额增至50.5%，增幅也高于针织服装

机织服装作为第一大类进口商品，2010年进口金额12.7亿美元，增长40.8%，比针织服装高10个百分点，占服装进口的半壁江山，份额升至50.5%。进口价格增幅相对平缓，为14.8%，19.06美元。

针织服装进口7.4亿美元，份额继续小幅下降，为29.5%，价格增幅较大，为22%，但仍然大大低于机织服装，为6.8美元。

（2）棉制、化纤制服装份额双双增长，合计达3/4

棉制服装是各质地服装中进口额最大的商品，增幅虽然略低于化纤制服装，但份额依然实现增长，为45.3%，进口额9.1亿美元，主导地位稳固。化纤制服装进口增长较快，为44.7%，高于其他几类商品，份额增至30.2%。各种质地服装均价全面上涨，化纤制服装涨幅最大，为31.6%，其他纺材制服装增幅最小，为4%，棉、毛、丝制服装价格增幅均在17%左右。

2. 从欧盟进口规模保持2009年水平，从香港地区进口比重继续下降

（1）从欧盟进口占比30%，主要商品进口价格略有下降

欧盟作为我服装进口第一大市场，占比国内上年保持同一水平，为30%，进口额7.5亿美元，增长36.2%。其中，机织服装进口增幅高于针织服装，为33.9%，份额微降1个百分点，为51.5%，针织服装占比也有小幅下降，为21.9%，两类服装进口均价都有10%以上的下降。

从服装质地看，棉制服装是进口的主流商品，占比为40.7%，进口金额同比增幅低于其他几类商品，为20.4%。化纤制服装进口额增幅相对较高，为36.5%，份额为19.2%。上述两类商品进口均价不同程度下降，降幅分别为9.7%和26.4%。毛制服装是第二大类进口商品，在五大类商品中增幅最大，为44.3%，与其他四类商品不同的是，其进口均价也有增长，增幅8.1%。

近几年，中国消费市场对高档服装以及奢侈品的需求日益增长。从企业排名看，LV、PRADA、CHANEL、BURBERRY、GIVENCHY等国际知名品牌的进口始终名列前茅，部分企业进口成倍增长。

（2）从香港地区进口继续减少，份额仅有6.5%

香港地区依然是进口第二大来源地，但其占比与其后的朝鲜、韩国相差无几，为6.5%。从商品结构看，针织服装进口额下降11%，针、机织服装比重差距继续缩减，分别为46.4%和44.6%。棉制服装进口依然是几大类商品的主流，占比达七成，进口额同比有7%的下降，五大类商品中丝制和毛制服装进口额同比有所增长，进口均价全面较大上涨，丝制服装的涨幅相对温和，为29%，其余四类商品增幅区间在35%～95%。

（3）朝鲜异军突起，成为我服装进口第三大市场

从朝鲜进口快速增长，成为我服装进口的一大增长点，增幅206.4%，跻身我服装进口第三大市场，占比与香港地区仅相差0.36个百分点。从进口企业情况看，企业多集中在东北辽宁，为数众多的企业进口额成倍增长。从商品分类看，机织服装占据主导地位，比重为85.4%，进口额增长188.2%；针织服装比重较小，但进口迅猛增长，增幅高达405.8%。化纤制服装为五大类服装中的主流商品，占比在六成以上，进口额增长279.8%。

3. 沪、粤、辽、京、苏为进口前五大省市，上海份额再次增长

各省市进口布局没有变化，前五大省市依然为

沪、粤、辽、京、苏，合计份额88.7%。

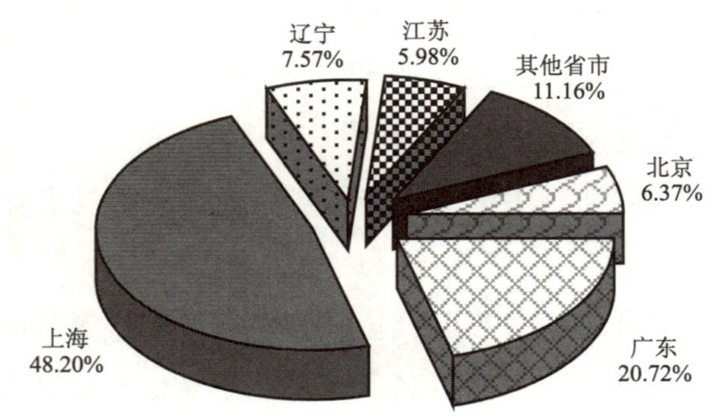

图3-5 2010年全国各省市进口额统计

上海作为服装进口第一大省市，进口额份额再次增长，几近过半，进口额同比增长53.6%，在五大进口省市中排名第二。进口商品以机织服装为主，进口额占上海服装进口总额的一半以上。从服装质地看，棉制服装是其主要进口商品，占比41.4%，比其后的化纤制服装高近20个百分点。另外，进口企业排名前50位中包含29家上海企业，进口商品多为LV等国际知名品牌。

广东进口额小幅增长，份额下降6个百分点，为20.5%，但被其余三省市赶超尚需时日。其余三大省市进口增幅在40%以上，份额分别为7.24%、6.5%和3.4%，其中江苏占比微弱下降。

4. 三资企业仍是主导，民营企业规模继续扩张

三资企业仍然在三大类企业中占据主要地位，企业家数增长10.6%，低于总体增幅，占比略有减少，为52.4%。进口额大幅增长，高于国有和民营企业，为44.5%，份额增长至56.6%，进口额为14.2亿美元。

民营企业规模继续扩张，企业家数占比升至38.7%，进口额增幅相对较小，为25.4%，占比接近三成。国有企业不论是企业家数，还是进口额都是三类企业中最小的，其中企业家数占比仅有7.8%，且比上年有1.8%的下降，进口额增长24.5%，占比13%。

二、2010年全球主要服装进口市场概况及消费市场特点

（一）2010年美国服装进口概况及消费市场分析

作为全球最大的工业品消费国，美国也是纺织品服装的最大进口国和消费国，近年来，美国始终占全球服装进口总额四分之一左右。美国市场也是全球市场状况的晴雨表。2008年以后，美国的服装进口和消费明显走弱，2010年以后，美国则率先走出消费不振的阴影，市场出现回暖。这一年间，美国服装进口不但扭转了下降的颓势，而且出现了两位数的增长。

1. 总体进口状况回暖

（1）美国纺织服装进口止跌回升，进口规模超过2008年水平

据美国商务部纺织品服装办公室统计（下同），2010年美国进口服装737.8亿美元，同比增长13%，巧合的是，同期美国出口服装亦同比增长13%，服装贸易逆差扩大。

2010年美国从全球进口MFA（指多种纤维协定项下产品，不包括7字头类别“丝制纺织品服装”和9字头类别“其他纺织品服装”，以下均采用此统计口径）项下服装247.4亿平方米、714亿美元，与2009年数量、金额全面下降的趋势不同，2010年进口数量、金额分别增长了16.1%和13.1%。进口数量已经超过2008年的水平。

2005年全球配额一体化后，美国服装进口持续增长，但增幅逐步回落，2007年下半年开始，市场需求出现疲软，至2008年，进口出现下降，2009年，降幅进一步扩大，进口规模降至低于2004年水平。2010年，市场回暖，进口颓势明显得以扭转。

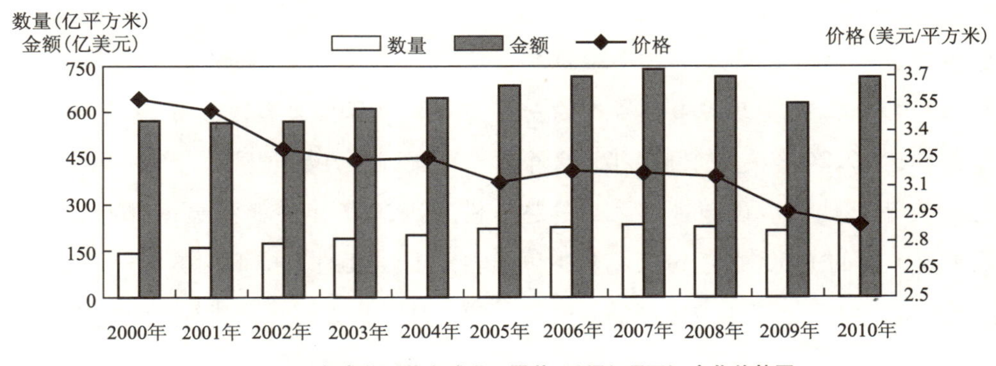

图 3-6 近年来美国从全球进口服装（MFA 项下）变化趋势图

（2）经济不振对消费的负面影响仍在，进口价格继续走低

2009 年，受市场需求层面变化的影响，经折算，美国从全球进口服装平均价格每平方米比 2008 年骤降 19 美分；2010 年，虽然进口规模复苏，但进口价格仍进一步下降了 7 美分，为 2.89 美元/平方米。在前十位主要进口来源地中，除印度和洪都拉斯的价格有所上升之外，从其他国家进口的服装价格均出现不同程度的下降。

（3）中国和越南的进口份额继续明显扩大，主要来源地结构未出现明显变化

2010 年，随着进口复苏，来自各主要来源地的纺织服装进口多出现显著增长，其中尤以来自中国、越南、洪都拉斯、柬埔寨和萨尔瓦多的进口数量增幅较为明显，分别为 20.5%、18.5%、26.5%、26.2% 和 26.7%。中国的份额优势进一步扩大，第二大供应国越南的份额在连续迅速扩大了两年后保持平稳增长。除印度、墨西哥的份额有所下降外，其他主要供应国的份额均有扩大。

以进口数量计，前十大进口来源国/地区为：中国、越南、孟加拉国、洪都拉斯、印度尼西亚、印度、墨西哥、柬埔寨、萨尔瓦多和巴基斯坦。数量格局与 2009 年基本相同，印尼位次有所上升，取代了印度成为第五名，其他格局未发生变化。从数量份额来看，前十名合计占进口份额约 84.2%，比 2009 年 85.4% 的份额略有下降。

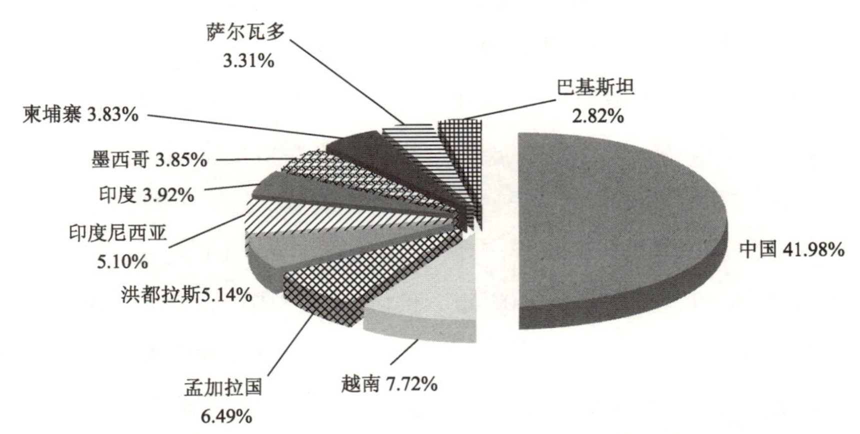

图 3-7 2010 年美国 MFA 项下服装进口来源国/地区分布图（按进口数量占进口总量的份额统计）

2. 美国从中国进口增幅超过整体增幅，中国份额持续扩大

（1）从中国的进口再度释放，份额优势扩大

2009 年美国对中国的数量限制彻底放开后，尽管总体需求不景气，但自中国的进口仍出现了明显的放量增长，2010 年，随着市场转暖，从中国的

进口继续增长，全年共进口103.9亿平方米。作为美国纺织品服装的第一进口来源国，中国2010年进口数量份额达到42%，超过2009年1.5个百分点，进口金额份额达39.2%，超过2009年7.2个百分点，遥遥领先于其他供应国。排名第二的越南，数量份额不及中国的1/5，金额份额不及中国的1/4。从份额上看，中国与其他供应国的差距进一步拉大。

（2）虽然进口价格明显普降，但棉制产品进口价格降幅较小

2010年，美国从中国进口纺织服装产品平均价格下降了3.46%，但受全球棉花减产、棉花供需矛盾和中国棉价居高等因素的影响，与美国全面进口均价普降的趋势相反，美国从中国进口棉制产品的价格出现了0.2%的提高，棉制纺织品（主要为家纺产品）的单价比2009年增长4.26%，高于美国从全球进口棉纺织品均价的4.6%；从中国进口棉制服装的均价同比仅下降1.1%，高于其从全球进口棉制服装的均价。

（3）原设限产品份额继续扩大，价格有所下降

2009年美国从全球进口中美协议涉及的13个服装类别的产品410亿美元，同比增长13.2%，而同期从中国进口这13个类别的服装产品总额139.4亿美元，同比增长24.6%。2009年数量限制放开之后，中国原设限服装产品份额由2008年底的18.2%上升到2009年底的27%，至2010年底，再次上升至30%。2010年美国从中国进口的服装产品中，原协议产品金额比重为49.9%，高于2009年47.4%的比重、更远高于2008年36.4%的比重。

从中国这13个服装类别在美国进口市场的数量份额看，除了植物纤维制裤子（847类）达到了79.6%、毛衫（345/645/646类）和胸衣（349/649类）超过了50%，其他类别份额基本在40%以下，但较2009年的份额都有了不同程度的提高，从中国进口规模最大的类别棉制裤子（347/8类）的份额已经由2009年的26.8%提高到31.4%。

3. 美国服装零售市场2010年明显转好

美国官方数据显示，2010年，美国GDP总规模达到2007年底经济衰退开始以来的最高水平，在多项政策的支持下，美国经济已经步入复苏轨道。从零售方面看，消费正取代库存调整，重新成为支撑经济增长的主要动力，美国经济正在回归常态增长轨道。据美国统计局公布的数据，2010年，美国服装服饰专卖店零售总额为2186.2亿美元，同比增长4.7%，扭转了2009年下降4.2%的颓势。综合商店（包括超市、百货商店等）零售总额为6110亿美元，同比增长2.9%，比2009年下降0.6%的情况转好；其中百货商店零售总额为1870.4亿美元，同比微降0.8%，比2009年5.9%的降幅趋缓；超市零售总额为3575.8亿美元，同比增长1.8%。美国消费者信心指数由2010年10月的67.7增至12月的74.5，达到半年以来最高水平，个人消费对经济增长的贡献率由二季度的1.67%攀升至3.04%，成为拉动经济增长的主要动力。

美国服装零售领域的上市公司，表现也普遍好于前面两个年度。按照市值排名靠前的几大公司Polo Ralph Laurent、VF、PVH、Gildan Activewear、Warnaco、Columbia、Carters、the Jones等，在2010年底的股票价格都明显高于2009年底的水平，如PVH在2009年底的股价为40.68美元，而2010年底的价格为63.01美元；Liz Claiborne2009年底的价格为5.63美元，而2010年底的价格为7.16美元。大部分公司的股价2011年仍在持续向上的走势，无论消费者还是资本市场对美国服装零售业的信心都呈现明显的回升。

4. 2011年趋势与展望

（1）美国经济步入复苏轨道，服装消费市场回暖趋势将持续

按照西方主流经济学家的看法，美国政府的刺激政策和库存重建帮助美国经济摆脱了金融危机，与饱受债务问题困扰的欧元区不同，美国经济正在稳步复苏，私人消费与企业投资正逐渐发挥主导作用，确保了经济可持续发展，预计 GDP 在 2011 年和 2012 年将分别达到同比增长 3.0% 和 3.1% 的水平，而 2010 年增长 2.7%。

服装市场方面，进入 2011 年，回暖较为明显。2 月份美国整体零售额为 3817 亿美元，环比增长 1%，同比增长 8.9%；服装服饰专卖店销售额为 186.15 亿美元，环比增长 0.9%，同比增长 4.2%；综合商店销售额为 519.80 亿美元，环比增长 0.7%，同比增长 2.6%。2011 年 1 月服装业库存销售比率略有下降。

根据美国劳工部数据，美国 2010 年 3 月失业率为 8.8%，失业率降至两年来的最低水平，又一次表明美国经济状况正稳步改善。预计 2011 年美国纺织服装进口将保持稳定增长，进口金额规模有望接近 2007 年的水平。

（2）美国从中国进口增速将放缓，但中国份额仍有望继续扩大

随着纺织服装产业在全球范围内的转移，近几年美国从越南、印度、巴基斯坦、孟加拉国的进口大幅增长，东南亚、南亚国家在美国进口市场份额中的比重逐年扩大，已经渐渐占领了加拿大、墨西哥等国退出的市场份额。其中从越南进口增长尤为显著，这一趋势在 2011 年仍将继续。随着美国的优惠贸易安排协议的扩张和深入，洪都拉斯、萨尔瓦多等加勒比地区国家将保持相对稳定的份额。

自 2009 年美国对来自中国的纺织品全面放开限制后，两年间敏感类别的出口得以释放，如棉制男女裤子（347/348 类）、棉及化纤制针织衬衫（338/339/638/639 类）、棉制内衣（352 类）、针织布（222 类），预计 2011 年这些类别的市场份额会继续扩大，但增长幅度将回落。出于对人民币升值、棉花价格居高、劳动力短缺等问题的担忧，相当数量的新增美国订单可能会难以在中国找到合适的合作工厂，加之南亚、东南亚其他竞争国综合实力的提升，总体上，美国从中国进口将稳步增长，但增速将趋于平稳，中国所占进口份额有望进一步扩大。

（3）美国零售市场面临由成本上涨带来的盈利压力，2011 年这一矛盾更加突出

随着经济形势的好转，全球制造业面临着由原材料、人力成本增加带来的成本压力，而成本上升并未及时传导、体现在消费市场。美国众多的品牌商在市场需求上升的利好形势下，为保住并扩大市场份额，对提高服装价格表现得非常审慎。根据美国零售业联盟的统计，2011 年 2 月和 3 月，美国市场服装平均售价连续两个月出现下降，相当多的服装零售企业自行消化了由采购价格上涨带来的利润损失。以 H&M 为例，2011 年一季度该公司毛利率从上季度的 61.9% 降至 57.8%。

但是，随着全球油价的上涨，涤纶、锦纶的价格必然走高，棉花价格仍将在一段时期内处于高位，主要供应国中国等地的人工成本持续上涨，在这种情况下，美国服装零售企业为保持合理的利润，将谨慎地适当提高零售价格。如牛仔裤知名品牌 Levi’s、Wrangler 和 Lee 都已经决定涨价，与此同时，它们也在千方百计压缩成本，比如，在用棉量很大的牛仔裤领域，尝试使用一种改良的大麻纤维 Crailar 来替代部分棉纤维，以获得 5% ~10% 的价格优势。而其他的一些服装品牌如 Anne Taylor Loft、Urban Outfitters 等则在保持其产品形象和品质的前提下，尽量“去繁就简”，节约用料，达到控制成本的目的。总体上，2011 年美国服装零售市场的价格将出现一定程度的上涨。

（4）贸易救济措施风险犹在，服装产品质量安全问题将引发更多关注

从 2010 年的趋势来看，2011 年，美国政府和

业界仍有可能将中国的汇率问题和贸易问题关联起来，亦有可能针对不同行业的产品采取贸易救济措施。虽然2010年中美纺织服装贸易可谓波澜不惊，但出于政治因素的考虑，不排除将某些敏感服装产品纳入美国贸易救济措施的可能。另外，日用消费品的产品安全问题是美国政府和消费者关注的焦点，美国消费品安全委员会近年召回了大量的有安全缺陷的服装产品，其中一部分产自中国。2011年美国政府部门将加大对市场上纺织服装产品在安全方面的监察力度。

（二）2010年欧盟服装进口概况及分析

欧盟是全球服装最大的进口和消费市场，同时也是第二大出口供应地。WTO数据显示，2009年欧盟服装进口占到全球进口总额的48.4%，比位列第二的美国高出26.6个百分点；服装出口所占全球份额的30.7%，比我国低3.3个百分点。

1．欧盟经济逐渐复苏，进口重新恢复增长

WTA数据显示，2008年前，欧盟服装市场需求稳定，进口一直保持稳定增长。2009年由于受到金融危机影响，欧盟失业率居高不下，零售市场需求不振，服装进口出现下滑。2010年欧盟经济缓慢复苏，从盟外进口服装877.7亿美元，比2009年增长3.1%，进口重新恢复增长，但仍低于2008年935.3亿美元的进口额。

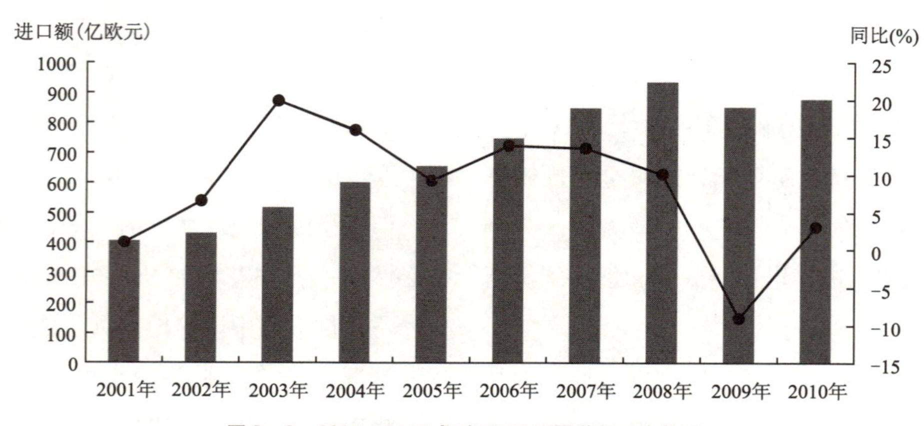

图3-8　2001~2010年欧盟27国服装进口走势图

欧盟纺织品服装盟外主要进口来源地越来越集中在中国、地中海沿岸国家、南亚和东盟四个地区。上述四个地区合计占欧盟从盟外进口服装的比重达到93.9%，比10年前增长了近7个百分点。其中，中国占到46.6%的份额，地中海沿岸国家和南亚各占将近20%的份额。

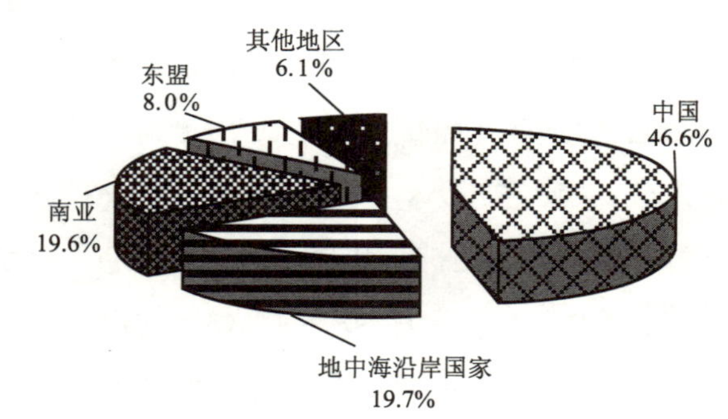

图3-9　2010年欧盟从盟外进口服装分布图

2．中国是最大进口来源国，进口额突破400亿美元大关

近年来，中国一直是欧盟纺织品服装最大的进口来源国。2010年欧盟从中国进口服装首次突破400亿美元大关，比2009年增长5%，比2008年还增长了2.3亿美元。在前十大进口来源国家/地区中，增幅仅低于孟加拉国、越南和巴基斯坦。中国占欧盟进口市场的比重呈现逐年上升的趋势，

从10年前的22%提高到如今的45.6%，即便2009年欧盟从中国进口出现波动，也未改变这一趋势。

相比之下，中国的香港、台湾和澳门在2005年纺织品协议全球一体化之后，输欧服装整体呈现下降趋势，占欧盟进口市场的份额逐年缩小，10年前3地区合计所占份额为8.4%，现在只剩下0.9%。2010年欧盟从中国台湾进口纺织品服装实现4.2%的增长，从中国的香港和澳门进口则分别下降了4.1%和51.3%。

3. 地中海沿岸国家占欧盟进口市场的份额呈现逐年下滑趋势

地中海沿岸国家共有22个，除了欧盟内部国家外，盟外纺织服装供应国有10个，分别是土耳其、突尼斯、摩洛哥、埃及、以色列、阿尔巴尼亚、叙利亚、黎巴嫩、阿尔及利亚和利比亚。因为地缘优势，地中海沿岸国家一直是欧盟服装重要的进口来源地，在2005年纺织品协议一体化之前，地中海沿岸国家能占到欧盟纺织品服装进口比重的29%左右，随后几年所占份额出现下滑，到2010年只有19.7%。

在地中海沿岸国家中，土耳其、突尼斯、摩洛哥和埃及为最主要的进口来源国，依次为欧盟（盟外）服装第二、五、六和十八大进口市场，2010年上述4国占到欧盟进口市场份额的19.3%，其中，土耳其一国就占有11.9%的份额，其余3国占7.3%的份额。2010年，除从土耳其进口增长4.9%外，欧盟从突尼斯、摩洛哥和埃及进口均呈下降态势，降幅分别为2.3%、0.2%和6.3%。

4. 南亚地区因成本优势，进口保持稳定增长态势

南亚共有7个国家，包括印度、孟加拉国、巴基斯坦、斯里兰卡、尼泊尔、不丹和马尔代夫，近几年，因其劳动力成本优势，南亚占欧盟进口市场的份额稳步上升，逐渐成为欧盟另一大主要进口来源地。2010年南亚7国合计占到欧盟从盟外进口服装总额的19.6%，与地中海沿岸国家所占比重只差0.1个百分点。

在南亚7国中，印度、孟加拉国、巴基斯坦和斯里兰卡为主要进口来源国，依次为欧盟（盟外）服装第三、四、八和九大进口市场，上述4国合计所占份额为19.5%，已超过地中海沿岸4国所占的比重。2010年，欧盟从孟加拉国和巴基斯坦进口保持稳步增长态势，增幅分别为7.1%和5.3%，高于我国的增幅；从印度和斯里兰卡进口出现小幅下降，降幅均在1%～1.5%。

5. 除柬埔寨外，从东盟主要来源国进口均保持增长

东盟也是全球服装一大主要来源地，但其占欧盟进口市场的份额要远低于地中海沿岸地区和南亚地区，仅有8%。其中，越南、印度尼西亚、泰国、马来西亚和柬埔寨依次为欧盟（盟外）纺织品服装第七、十、十一、十二和十三大进口市场。2010年，除印度尼西亚和柬埔寨外，欧盟从其余3国进口均保持增长，其中，从越南和马来西亚进口增长较快，分别是欧盟前十大和前二十大进口来源国/地区中增幅最高的国家，增幅为7.7%和20%。

表 3-3　2008～2010 年欧盟服装进口统计

排名	国家/地区	进口金额（亿美元）			份额（%）			同比（%）	
		2008 年	2009 年	2010 年	2008 年	2009 年	2010 年	2009/2008	2010/2009
	全球	935.3	851.2	877.7	100	100	100	-8.98	3.11
1	中国	398.4	381.6	400.7	42.59	44.83	45.65	-4.21	5.00
2	土耳其	119.1	99.7	104.6	12.74	11.71	11.91	-16.33	4.91
3	孟加拉国	69.8	71.3	76.4	7.46	8.38	8.71	2.22	7.11
4	印度	64.3	62.7	61.8	6.87	7.36	7.04	-2.49	-1.36
5	突尼斯	38.6	31.8	31.0	4.13	3.73	3.53	-17.75	-2.34
6	摩洛哥	35.7	28.0	28.0	3.81	3.29	3.19	-21.44	-0.16
7	越南	19.2	17.5	18.9	2.06	2.06	2.15	-8.88	7.69
8	巴基斯坦	17.2	15.8	16.7	1.83	1.86	1.90	-7.69	5.27
9	斯里兰卡	17.2	16.8	16.6	1.84	1.97	1.89	-2.46	-1.21
10	印度尼西亚	17.5	16.1	15.0	1.87	1.89	1.71	-8.06	-6.97

数据来源：WTA

（三）日本服装进口概况

1. 日本服装进口平稳增长

日本海关统计数据显示，2010 年，日本从全球进口纺织品服装 342.5 亿美元，比 2009 年同期增长 5.9%，进口服装 269.9 亿美元，增长 5.7%，增幅比 2009 年同期提高 7.1 个百分点。其中，进口针织服装 127 亿美元，增长 6.2%；进口机织服装 126.5 亿美元，增长 4.8%。

2. 主要进口来源国情况

2010 年，日本前十大服装进口来源国中，除意大利外，其他均为亚洲国家。

从所占份额来看，我国在日本服装进口市场中占有绝对优势，2010 年，日本从中国进口服装 221.8 亿美元，增长 4.8%，比日本服装进口平均增幅略低 0.9 个百分点，所占市场份额为 82.2%，近三年来我国所占份额始终保持在 82%～83% 之间，较为稳定。越南居第二位，日本从越南进口服装 12.1 亿美元，增长 16.1%，所占市场份额为 4.5%。

从进口增速来看，日本除从意大利进口下降外，从其他国家进口均保持增长。其中，从越南、马来西亚、印度尼西亚、孟加拉国和缅甸进口增长较快，增幅在 16%～63% 之间。

表 3-4　2010 年日本服装进口国别统计

排名	国别	进口金额（亿美元）	同比（%）	份额（%）
	全球	269.88	5.67	100
1	中国	221.80	4.80	82.19
2	越南	12.14	16.09	4.50
3	意大利	7.49	-6.45	2.78
4	泰国	3.64	9.24	1.35
5	韩国	2.41	4.32	0.90
6	马来西亚	2.37	22.42	0.88
7	印度尼西亚	2.09	23.74	0.78
8	印度	2.07	6.29	0.77
9	孟加拉国	1.96	62.35	0.73
10	缅甸	1.83	22.74	0.68

3. 2010 年日本经济总体概况

2011 年 2 月，根据日本总务省统计局发布的 2010 年日本 GDP 速报数据统计显示，2010 年日本 GDP 为 5.474 万亿美元。2010 年全年日本实际

GDP 增长 3.9%，名义 GDP 增长 1.8%。

按可比价格计算，2010 年日本名义 GDP 为 5.4742 万亿美元，在美国、中国之后排名世界第三，为 1968 年以来首次退居世界第三。日本民间消费支出在 GDP 中的占比超过六成，2009 年第四季度环比减少 0.7%，主要是由于 2010 年 9 月份以后环保车补贴政策等刺激消费政策退出的影响。同时，由于日元兑美元汇率升至 15 年新高以及全球经济增长减速等因素影响，2010 年第四季度日本商品和服务出口环比减少 0.7%，进口减少 0.1%。

近期日本内阁府公布的数据显示，日本经济在 2010 年第四季度出现萎缩，GDP 比上季度减少了 0.3%，折合年率下降 1.1%。这是日本经济五个季度来首次出现负增长。从名义 GDP 来看，中国全年 GDP 首次高于日本 7% 左右，两国 GDP 相差约 4050 亿美元。而日本也结束了长达 40 多年“第二”的地位。

尽管日本 2010 年全年的经济增速令人满意，但是 2010 年四季度 GDP 的下滑再次显示出饱受通缩和公共债务困扰的日本经济的脆弱状态。目前日本内需乏力，很难为经济增长提供动力，但是日本制造业的产品需求正在回升，外需的增长可能将帮助日本扭转经济下滑的局面。随着日本对中国出口走强，以及其他快速成长的亚洲经济体抵消日本内需持续疲弱的影响，日本经济 2011 年有望反弹。

4. 2010 年日本纺织零售业表现仍然持续下滑，但呈缓解势头

日本经济产业省于 2011 年 2 月发表的统计显示，2010 年度日本大型百货店和超市服装零售金额为 47 584.9 亿日元（约 542.3 亿美元），下降 6.3%，下跌势头有所缓解（2009 年度修订后的跌幅为 13.4%）。期内的月度统计显示，除了 1 月降幅高于 10% 以外（10.2%），其他月份的降幅均低于 10%。

2010 年不同类型的纺织产品销售表现各异，日本主要纺织服装产品销售表现不一，在 22 种纺织服装产品中，13 种产品的销售额同比增长，其中化纤长丝、针织面料，和毛纺纱线以及精纺毛纱线的升幅较大，分别为 24.6%、12.6% 以及 11.1%。余下 9 种产品的销售呈不同程度的下降，其中内衣、毛质面料以及棉质面料产品销售的下降幅度较大，分别为 11.1%、8.1% 和 7.6%。

三、2011 年全球服装贸易及中国服装出口展望

（一）全球服装贸易展望

1. 全球经济预测

2010 年全球经济增长 4.8%，好于预期。在全球经济表现出复苏态势的同时，还呈现出以下特征：一是世界经济复苏强度不足、速度缓慢；二是发达经济体目前的复苏仍属于无就业复苏，消费和投资活动始终处于低迷状态，加重了投资者对未来经济复苏的担忧；三是各经济体复苏步伐不一、增长速率各异；四是主要国家之间经济实力对比出现一些变化，新兴经济体整体权重得到提升。

世界银行年初发布了 2011 年度《全球经济展望》报告，预测了 2011 年的全球经济增速将放缓。并警告，由于受到全球性的物价高涨影响，一些地区的经济有可能退回到 2008 年的水平。世界银行预计，2011 年全球经济平均增长 3.3%，少于 2010 年的 3.9%。

国际货币基金组织（IMF）发布的《世界经济展望》报告指出，世界经济的“双轨”复苏仍在继续，预计 2011 年世界经济将增长 4.5%。

联合国公布《2010 年世界经济形势与展望》报告指出，世界经济前景依然具有不确定性，严重的下行风险继续困扰世界经济，各主要经济体的合作在弱化，影响了应对经济危机的有效性，特别是货币政策的不协调成为金融市场动荡和不确定的根

源。预测2010年全球经济将以3.1%的速度缓慢增长，但复苏根基仍很脆弱，因为复苏仍靠各国政府采取刺激经济计划支撑。

整体来看，权威机构对2011年世界经济恢复增长基本达到共识，全球经济的失衡和紧张局势可能仍是市场波动性和经济前景下行风险的主因，而全球要实现重新平衡面临重重波折，预计多数新兴市场地区将强劲复苏，而发达国家复苏较缓，金融危机将让发达国家复苏长时间笼罩在阴影中。

2. 美、欧、日等经济预测

作为世界经济三大巨头美欧日，在经历了2008~2010年金融危机的冲击以及刺激政策的作用下，经济逐步走出低谷，呈现缓慢复苏，但复苏势头逊色发展中国家，专家预计，这种势头还会在2011年继续延续。

美国——2010年奥巴马政府推出新一轮的货币宽松量化政策和减税计划以及扩大出口等刺激政策的延续后，美国经济继续步入复苏通道，股市持续走高，消费者信心得到提振，尽管失业率高居不下，但主要经济指标好于预期，GDP达到3%。

高企的失业率、房地产市场疲软无疑给高度依赖于消费的美国经济复苏前景蒙上了一层阴影，但高盛经济学家认为，美国增长前景已变得更加光明。随着经济出现的缓慢、稳定的改善，就业、投资和消费都将随之增加。但是增长将是温和的，预计2011年美国经济增速有望达到3%左右。

欧盟——2010年主权债务危机是欧盟面临的最严峻挑战，延缓欧洲经济复苏，年初希腊爆发主权债务危机，随后希腊、葡萄牙、西班牙、爱尔兰等国主权信用评级频遭下调。主权债务问题引发股市动荡、欧元兑美元汇率不断下跌，失业率上升，消费者信心下降，好在德国、法国以及东欧国家经济复苏好于预期，带动欧盟整体经济增长，2010年，欧盟GDP达到1.8%。

2011年，欧盟主权债务危机以及金融市场不稳定因素依然存在，加之各成员国财政紧缩短期不利于内需增长、通货膨胀攀高以及中东、北非政治局势动荡，预计欧盟经济增长低于2010年，为1.7%，欧元区为1.6%。

日本——2010年受益于对中国等亚洲国家出口的增长，日本出口迅速恢复，在出口的拉动下，日本工业产值持续增长，产能利用率持续提升，失业率逐步好转，带来了家庭收入与支出的见底回升，加上房地产市场好转，消费逐步复苏，带动日本经济的迅速回暖，GDP增长2.7%，结束连续两年的负增长。

2011年的日本经济形势不乐观，通货紧缩、内需不振和日元升值等不确定性因素仍将是日本经济面临的主要下行风险。而近期大地震带来的海啸、核电站事故等灾害已经造成3000亿美元的经济损失，更是给刚刚回暖的经济当头一棒。地震将使日本经济衰落，预计2011年国内生产总值将减少3%。不过，受益于新兴经济体特别是中国经济的强劲需求，日本对外出口将会持续扩大，出口导向型的产业结构也将加速调整，加之大地震后的重建也将对经济有一定的刺激作用。预计2011年日本GDP降幅在1%左右。

新兴市场——2010年新兴经济体表现较为突出，强劲的国内支出扩张帮助大部分新兴经济体继续保持快于世界其他地区的增长速度，其中中国、印度、巴西分别实现10.3%、8.4%和7.6%的高增长。虽然新兴市场经济整体持续复苏，但地区分化继续加剧：以中印为代表的亚洲新兴市场的经济复苏态势持续领先于其他新兴市场；巴西经济强劲反弹推动拉美复苏步伐加快；俄罗斯复苏力度明显弱于其他金砖三国，而受欧洲主权债务危机冲击，中东欧经济持续低迷。

值得关注的是，新兴市场国家经济复苏步伐较快，但面临的潜在风险不容忽视，主要面临的通货膨胀问题将对经济复苏构成压力。2009年新兴市场的股票市场表现普遍不理想，金砖四国股票市场整体涨幅仅4%，远逊于欧美日股票市场2010年整体表现。预计2011年中国GDP增长8%，印度为8%、巴西为4.6%、俄罗斯为3.7%。

3. 全球服装贸易发展趋势

随着全球经济继续缓慢复苏，国际市场服装需求将保持一定的增长。作为世界三大服装消费市场欧、美、日来讲，总体将呈现小幅增长，其中，美国市场依然要好于欧盟市场，日本市场则可能出现零增长或小幅下滑。预计全球服装贸易将比2010年增长5%左右，美国服装进口将增长5%左右、欧盟进口增长3%，日本进口持平，俄罗斯、非洲以及南美等新兴市场进口将比2010年有所好转。

（二）中国服装出口形势

1. 国内整体经济形势

2010年中国经济面临的是“最复杂的一年”，一方面国际形势不确定因素增多，欧洲主权债务危机影响、美国启动二次量化宽松货币政策、大宗商品价格上涨、人民币升值的压力等，另一方面国内频发的自然灾害尤其是下半年以来的热钱流入致使物价飞涨、通货膨胀，CPI创近年来最高。但总体来看经济运行还算平稳，呈现“高速平稳、前松后紧”的局面。

2011年是我国“十二五”开局之年，也是行业加快产业结构调整、加速发展方式转变、实施产业升级的关键之年。国内经济增长的内在动力会进一步恢复。从三驾马车来看，首先，地方政府投资冲动与中央宏观调控之间的博弈使2011年投资增速可能小幅回落，但仍将维持较高水平，预计2010年城镇固定资产投资增速为23%左右。其次，收入分配改革预期推动2011年消费维持稳定增长。2010年我国农村居民收入增长开始超过城市居民的收入增长和GDP增速，如果这种趋势维持下去，对未来消费增长也会带来促进作用；预计2011年社会消费品零售总额名义增长将达到19.5%左右。第三，2011年我国出口增速将因世界经济增速放缓及2010年高基数效应明显回落，初步预计2011年我国出口同比增长15%左右，进口增速仍将快于出口（20%左右），全年贸易顺差将进一步收窄。

2. 服装出口预测和面临的主要问题

（1）出口预测

2010年我国纺织服装出口超2000亿美元，创历史新高，主要得益于全球经济缓慢复苏，尤其是欧美传统市场以及东盟、拉美和俄罗斯等新兴市场经济复苏所带动。

2011年对于纺织服装出口行业来讲，国际形势不确定因素依然很多，但总体感觉外部环境略好于内部环境，预计2011年服装出口依然保持平稳增长，增幅在15%左右。

（2）出口面临的主要问题

①全球经济形势不确定因素增多

全球经济尚未全面复苏，尤其是欧美日经济恢复依然存在较大不确定性，中东局势动荡不安、日本大地震、极端灾害频发、大宗商品价格上涨以及贸易保护措施等等，都会对全球经济形势产生影响，从而影响消费市场。

②棉花价格疯涨，带动原材料价格上涨

自2009年下半年来，棉花价格一路飙升，成为纺织服装企业最关注、最头痛的事情。虽然国家出台相关措施，打击囤积炒作，抑制了棉价暴涨，但近一时期随着国际棉价的波动，新一轮的涨价浪潮重新到来。此外，由于国际消费市场依旧不振，出口价格难以大幅提高，企业不得不谨慎接单。棉花价格的上涨还带动了其他纺织原材料价格的上涨，除羊毛、丝绸、苎麻等天然原料大幅上涨外，近期化纤原料价格上涨较快，令许多企业难以接受，据企业反映，客户许多订单因价格问题无法签单，一些服装企业面临订单减少、开工不足的局面，如果订单继续减少，很可能导致小服装厂关门。

③招工难，劳动成本快速上升，竞争优势有所减弱

2009年，国内平均工资大幅上涨，是近年来上升最快的一年。随着国内经济发展、行业转型和结构调整以及社会就业观念的改变，预计在未来的几年内，企业招工难、劳动力成本上升的局面将是常态，纺织服装行业低成本生产、出口高速增长的模式将改变。与此同时，随着周边国家纺织业的快速发展，我国纺织服装行业面临成本竞争优势下降的挑战。

④人民币汇率等相关贸易政策调整，企业经营面临更大困难

人民币升值、加工贸易、出口退税以及信贷收紧等政策调整无疑是以出口为导向的纺织服装企业最关注的事情。自从2009年6月中央宣布进一步推进人民币汇率形成机制改革以来，人民币已经累计升值超过3%，预计2010年还将进一步升值。人民币升值、出口退税下调、原材料和劳动成本上升将使企业将面临较大的困难。一旦出口出现超预期的增长，通胀率很可能迅速上升，这将导致紧缩性货币政策的快速出台和严厉执行。

⑤中小企业面临企业优胜劣汰考验

由于成本上涨和人民币升值加快，中小企业难以支撑，其生存状况堪忧。目前我国纺织行业的大部分中小企业生产中低端的贴牌产品，在产业结构调整背景下，出口企业两极分化加剧，行业可能将上演“强者恒强，弱者淘汰”的大洗牌，产业资源将加速向大企业流动。规模较大、产业链长的出口企业订单情况以及抗风险能力要好于中小企业。目前已经有地方中小企业反映订单情况不如2009年，部分小服装厂已经出现生产不足的情况。

⑥企业贷款紧缩，资金短缺

从2009年以来，国家加大“防通胀”货币信贷调控力度，银行贷款收紧、利率提高，由于纱线面料价格上涨、波动大，货源相对紧俏，过去面料厂给服装企业购进面料有1～3月的账期，由于价格波动大，许多服装企业需要给现金才能提货，而银行贷款收紧造成企业资金紧张，现金流减少，给企业接单、下单带来一定的影响。

总体来讲，中国服装出口已经占到全球出口总额的40%左右，传统服装出口“低成本、高增长”的时代已经结束。服装行业已经迎来结构调整、产业升级、品牌创新、产品提升、低碳环保的发展机遇，相信中国服装行业在“十二五”期间将以新的面貌出现，中国将从纺织大国走向纺织强国。

第二部分　热点篇

2010年中国服装行业科技创新情况

中国服装协会产业部

2010年，服装行业全面拉开产业升级的序幕，全行业生产与运营基本面乐观向好，产业运行质量持续改善。2010年，服装行业企业科技创新活动活跃，科技创新能力长足发展，科技创新水平显著提高，科技创新对行业发展起到强有力的支撑和推动作用，成为本年度名副其实的关键热词。

一、2010年服装行业科技创新概况

1. 基础研究

基础研究是行业企业可持续发展的支撑和源动力。2010年，石家庄三五零二公司和苏州大学共同完成了“职业服数据库管理系统研究”，以人体数据库管理系统为核心，建设多层产品数据结构；安踏（中国）有限公司和西安工程大学共同开展了“运动服装综合评价系统的研究”，针对运动服装的舒适性和功能性，初步建立了一个可行的评价系统；上海和鹰推出快速成衣系统，基本实现从三维人体测量到服装CAD/CAM的无缝链接；红领集团初步实现大规模定制生产模式等。服装行业企业加强了人体测量、数据库建设、体型分类、标准检测和服装舒适性等方面的研究和投入，对基础研究的重视程度明显提高。

2. 装备

受国际、国内经济形势变化的影响，我国服装行业发展要素发生了显著变化，用工成本普遍上涨。2010年，为了提高劳动生产率、降低用工成本，以装备升级更新为代表的技术改造在服装行业大规模地展开，全行业的机电一体化、电脑控制、特种专用缝纫设备应用比例明显增加。

近年来，国产缝制设备在自动化、专业化、数字化、智能化等方面进步较快。上海和鹰机电科技有限公司研发的自动裁剪系统裁剪厚度在布料吸附后可以达到11cm，产品性能稳定，科技含量高；上海威士服装机械厂研制的系列整烫机，达到国际先进水平；上海三禾公司开发的电脑控制自动吊挂系统（FMS），突破世界通用的主轨道输送吊挂方式，可以全车间任意布局，提高效率达20%～30%；杰克控股集团开发的全自动门禁机、电子花样机系列，引入了“傻瓜缝纫”的概念，自动化程度高，品质和效率大幅提升。国内缝制机械企业在产品制造能力和品种发展等方面的提升和突破，使服装企业的装备水平进一步快速提高。

3. 信息化

工业化与信息化融合发展是服装行业应用高新技术的重要领域，信息技术在行业内的应用无所不在。“两化融合”的关键在于传统制造技术、信息技术、计算机技术、自动化技术与管理科学多学科先进技术的综合，它的总趋势是向精密化、柔性化、网络化、虚拟化、智能化、集成化的方向发展。

目前，服装企业对财务软件、办公自动化系统（OA）的应用十分普遍。服装CAD技术进入普及阶段，全行业普及率达到20%以上，CAD、CAM联机运行在10%左右，规模以上企业CAD普及率接近100%，三维人体测量系统已初步实现商品化。MIS、SCM、PDM、CRM系统等单个信息化软件应用率较高，但集成应用的企业资源计划系统

（ERP）的应用率还比较低，全行业不足3%。以射频识别技术（RFID）为核心的物联网技术开始在一些大中型服装企业应用。其中，国内企业已经推出服装CAD系列产品网络化在线应用服务，服装企业不需要购买软件和服务器，就可以同步应用服装CAD系列产品，并实现在线升级最新版本等，为中小型服装企业应用信息化技术提供了新的思路和便捷模式。

另外，绝大部分的品牌服装企业拥有独立的网站，随着电子商务政策法规的日趋完善，服装行业电子商务蓬勃发展。除了C2C平台上服装产品的旺盛销量，美邦、七匹狼、雅戈尔、波司登、报喜鸟等众多传统企业走上网络，建立自己的电子商务平台，B2C规模迅猛增长。

4. 节能降耗

节能降耗是落实科学发展观、走可持续发展道路的必然要求，也是行业企业对社会责任担当的体现。服装行业节能降耗主要表现在对电和蒸汽的管控。

服装企业一般使用的蒸汽熨烫，其能量转换效率较低，能源浪费较大。绿章（北京）新能源技术有限公司开发的高效蒸汽循环系统，有效地解决了服装企业能源浪费和用汽出水问题，同时提高了整烫用蒸汽的质量（高温少水），蒸汽流速加快，蒸汽更加干燥。2010年，九牧王、红豆等服装企业应用了该技术，节能效果明显，节能率在20%以上。新杰克缝纫机股份有限公司的节能电机同比节能效果突出，是目前大量使用的机械离合电机升级换代的替代产品，可广泛应用于普通平缝机、包缝机及绷缝机动力配套领域，也适用于服装厂现有设备的升级改造。

另外，2010年我国在废旧服装回收再利用领域迈出关键一步。作为废旧军服的唯一回收利用试点单位，浙江富润控股集团于2010年10月正式投产涤纶废旧服装再生切片项目，该项目立足废旧纯涤纶军服资源的高值化综合利用，再生涤纶集中用于不与人体直接接触的纺织产品开发。

5. 产品

市场竞争归根结底是产品的竞争，产品创新是企业持续发展的基础。2010年，国内外瞩目的雅戈尔汉麻世家服装产品上市，希努尔男装的“空气触媒型精纺西装、木糖醇西装、永久抗静电西装生产及工艺研究”科技成果通过专家鉴定，江苏华艺集团发明的成衣三维记忆与数码拓印艺术染整技术产业化成效显著，山东泽祥纺织有限公司开发的无捻纱新型功能面料衬衫试销成功，鲁泰公司在国内外率先突破天然纤维面料无缝线制衣加工技术，耶莉娅集团主推高档全麻衬传统工艺西服。服装行业企业通过包括产品系列主题、面辅材料、款式版型、成衣整理工艺等在内的新材料、新工艺、新技术的大量开发应用，优化了产品结构，提高了产品的差异化水平和附加值。

二、2010年服装行业科技创新活动的特点

1. 行业强力推动

2010年4月，中国服装协会对外发布了《创建中国服装强国发展纲要导向意见》（讨论稿），明确提出科技创新是建设服装强国的重要手段之一；11月在上海举办的中国服装行业高新技术成果交流推广大会，将科技创新提升至全行业转型、升级的战略高度。同时，由中国纺织工业协会组织实施的工业和信息化部“工业行业两化融合发展水平评估”工作把服装行业作为开展评估工作的试点行业，各服装大省、产业集聚地也纷纷开展有关科技创新的专题或主题活动，成为服装企业科技创新活动的强大推动力。

2. 科技创新源于内生动力

2010年，在行业整体转型的推动下，众多服装企业为了提高自身的竞争力，不约而同地加强了其在科技创新方面的能力建设，科技创新已经转变为服装企业的集体自觉行动。这是行业企业所处发展阶段的必然选择，是企业转变增长方式、提高运营效率和质量的需要，源于需求的科技创新活动显示出强劲的内生动力。

3. 科技创新活动体现了行业特点

服装行业是典型的高新技术应用产业，行业企业的科技创新活动具有明显的特征。一是对行业外部的科技进步反应敏感，直接触及成熟科学技术的前沿（如以RFID技术为核心的物联网技术），旨在占领未来发展的制高点；二是应用目的十分明确——应用高新技术改造传统产业，通过现代科学技术和创新成果的应用，来提高自身竞争力和发展后劲。

4. 科技创新的深度和广度进一步扩展

科技创新少了"口号"、"噱头"，变得具体而鲜活，通过一项项科技成果的研发和应用，切实提高了企业的劳动效率和经营效益。科技创新活动从原辅材料、装备、工艺技术、生产加工到仓储物流、营销管理、品牌服务等，涉及服装企业生产经营的全流程，服装舒适性、安全性和人体数据库等基础研究也越来越受到重视，一批行业共性关键技术取得重大突破，科技创新的广度和深度进一步扩展。

5. 产学研合作广泛展开

国家明确提出把"以产学研结合的技术创新体系"作为建立国家创新体系的突破口，产学研合作之于服装这样的典型传统产业则更加迫切、更具深意，但长期以来并未受到足够的重视。2010年，国内知名服装企业与服装院校大范围展开广泛的产学研合作。东华大学服装学院与恒源祥、诺奇，北京服装学院与爱慕、铜牛，西安工程大学与如意、安踏，苏州大学、天津工业大学与三五零二，雅戈尔与总后，江南大学与华艺集团等等，产学研合作遍地开花，并取得了可喜成绩。

三、服装行业科技创新存在的主要问题

虽然2010年服装行业企业对科技创新的认识更加深刻，科技创新行为更为主动和积极，科技创新的效果明显，但由于行业规模大、集中度低，区域发展不平衡，企业间科技创新水平差异大，全行业的科技创新能力仍然不强，行业发展的科技创新驱动力不够。

1. 基础研究仍待加强

由于重视不够、科研立项困难、资金投入不足、信息交换不畅等原因，服装行业企业对"以人体测量、人体数据库为基础的体型、号型、板型及人台研究"、"服装功能性、安全性、舒适性研究"以及先进生产模式、消费行为引导、科技与文化融合、创新设计等领域的基础理论及其应用研究的开展程度和水平仍然不足。

2. 信息化水平仍然较低

一是信息化普及率不高，与发达国家相比差距较大。仅以服装CAD为例，其在欧洲服装企业中的普及率为80%，美国的调查结果为72%，均远高于我国。二是信息化应用层次较低，大多应用于技术层面的某个流程模块，企业信息化的协同与集成应用水平偏低，管控一体化应用程度不高。

一方面，服装信息化服务大多还局限于向企业出售所谓以不变应万变的现成软件，软件的专业性和针对性不强，缺乏个性化服务和深化服务，导致

性价比不高，制约了服装企业信息化改造。另一方面，我国服装企业多为中小企业，自身的管理模式、组织机构模式、产业流程模式相对落后，不能与信息化技术软件、管理系统软件相匹配，削弱了服装企业信息化的信心和积极性。

3. 创新人才严重缺乏

在支撑企业发展的各种资源中，人才是最具增值性的资源。科技创新靠人才，靠创新型的企业家和高素质、高水平的科技人才与管理人才队伍。我国的服装专业教育与企业生产经营实际联系不紧密，办学层次与特点较为模糊，毕业的专业人才缺乏专业实践，面向服装企业提供人才培训服务的公共平台功能尚不健全，加之人才队伍建设的投入不足，导致全行业严重缺少高素质的科研、设计、管理人才和高水平的专业工程技术人才。

4. 产学研合作的机制尚未形成，科技创新体系仍不健全

服装行业的产学研合作大多还处于初级阶段，产学研合作关系不牢、水平不高。企业对技术进步缺少提前培育和滚动投入，产学研合作缺乏长期战略目标，研究合作以短期项目为主，使得院校研发的成果难以“落地”，大多与企业开展时间短、经费少、技术难度小的“孤岛技术”。同时，政府和协会提供的平台和服务有限，各类创新主体在行业科技创新中的地位、作用及相互间的协作关系没有完全理顺，科技创新体系尚不健全，创新资源总体还处于较分散状态。

5. 产业链缺乏沟通和协同创新机制

服装行业科技创新活动离不开横向配套资源的支持，同时，服装产品处于产业链末端，产业链内纵向的沟通合作、整体推进也至关重要。目前，跨产业链、产业链内协同创新机制的缺乏，严重制约了服装行业科技创新水平的提升。

四、服装行业科技创新的方向和重点

1. 科技创新的总体方向

科技创新对服装行业企业的发展必将产生越来越重要的作用，科技创新能力将成为决定一个企业生存、发展的力量。服装行业企业科技创新活动应特别注意把握科技创新的总体方向。

一是把“科技兴业”和“科技惠民”作为科技创新的出发点和落脚点；二是在科技创新活动中充分体现企业的“研发投入主体、技术创新活动主体、创新成果应用主体”地位，并落实“研发支出”硬指标；三是要逐步建立完善的自主创新体系；四是要注意技术创新、文化创意与品牌发展的有机结合；五是要研究把握高新技术创新和服装产业发展的规律，加强产业发展链条中各个环节的协同创新。

2. 科技创新的重点

2010年底，中国纺织工业协会正式发布的《纺织工业“十二五”科技进步纲要》（下称《纲要》）明确指出十二五期间要“加强服装企业信息化集成制造系统、大规模定制技术的开发和应用，加快高档服装原辅材料和制造技术的研发及产业化应用”，开展“中国服饰文化与服装品牌战略研究”，重点“推广服装企业自动化、数字化、信息化生产工艺技术”，包括“服装计算机辅助设计系统（CAD）应用”、“计算机辅助制造系统（CAM）应用”、“电脑控制自动吊挂系统（FMS）”、“智能仓储配送系统”和“射频识别技术（RFID）应用”五项细分技术。《纲要》不同程度涉及了服装行业科技创新的主要方面，反映出未来服装行业科技创新活动的重点。

（1）加强基础研究，增强发展后劲

基础研究的范围不仅包括人体测量技术、人体数据库及体型分类、板型人台、标准质量及人体功效学研究等，还可以广义地涵盖先进服装生产模式、服装缝制效能、工艺流程优化、服装功能性、绿色服装设计与制造、服装回收再生技术等方面的基础理论研究。通过基础研究支撑和推动当前行业企业转型、升级发展，同时着眼未来，把握世界服装科技发展趋势，为行业企业未来发展夯实基础，增强后劲。

（2）提高信息化应用水平，加快“两化融合”步伐

未来服装行业信息化的重点在于研发适合我国各层次服装企业现状的信息化软件系统，并加大推广力度；从服装的设计、工艺、生产、设备、测试、评价及销售网络体系全面入手，全面提高行业企业信息化应用水平。强调企业信息化建设与先进的管理理念紧密结合，通过信息化技术的应用来完善组织结构，优化业务流程，促进工业化与信息化深度融合，在提高效率、降低成本的同时，提升创新能力和快速反应能力，最终实现可持续健康发展。

（3）科技与文化并举，推进自主品牌建设

服装行业走向全球增值链高端的必由之路是创建自主品牌，而自主品牌建设必须依靠科技和文化两股力量。在服饰文化、流行趋势、生活方式、市场消费特征、色彩应用、产品设计开发与营销推广等方面的研究和应用中，在品牌建设和运营的全过程中，要注重科技成果的转化应用与市场化运作。在增强科技硬实力的同时，以现代科技为基础和支撑，促使技术创新与文化创意的融合发展，着力提高文化软实力，从而达到提高品牌文化含量、增加产品附加值、提升差异化发展水平、提高品牌企业经营效率和效益的目的，不断推动自主服装品牌的发展和壮大。

中国缝制机械行业2010年度经济运行分析

中国缝制机械协会

2010年中国缝制机械行业面对劳动力、能源等资源要素紧缺和价格大幅攀升等诸多不利因素的影响，坚持科学发展观，加快自主创新和调整结构，积极转变经营方式，努力提高经济增长的质量和效益，全行业生产、出口均实现较快增长，运营水平和效益水平持续提升，行业迎来了后金融危机时代的“强劲复苏”。

一、基本情况

据协会估算，2010年我国缝制机械行业共完成工业生产总值约550亿元，其中缝纫机类产品500亿元，比2009年增长88.68%，非缝纫类缝制设备产品约50亿元。全年生产缝纫机1596万台，比2009年增长36.41%。其中：家用机717万台（普通家用机209万台，多功能家用机508万台），增长11.08%；工业机874.5万台，增长68.17%；电脑刺绣机4.5万台，与2009年基本持平。根据海关总署的统计，2010年我国缝纫机类产品及零部件对外进出口贸易总额为19.8亿美元，比2009年增长46.67%。其中：出口15.8亿美元，增长36.21%；进口4.0亿美元，增长110.53%；贸易顺差11.8亿美元。

1. 产值

据统计局对我国421家规模以上缝制机械生产企业的统计显示，2010年全年行业共完成工业生产总值346亿元，比2009年增长49.02%，工业销售产值339亿元，比2009年增长47.65%，增幅较2009年分别上调48个百分点和43个百分点，全行业实现产销率为98.0%。421家规模以上企业中，我国内资企业和港澳台商投资企业2010年工业总产值均呈同比增长趋势，而外商投资企业工业总产值同比更呈现翻倍增长。

表5-1 2010年我国规模以上缝制机械企业产值及同比情况

月度累计	工业总产值		工业销售产值	
	累计金额（千元）	同比（%）	累计金额（千元）	同比（%）
2月	4006722	56.71	3983439	53.81
5月	12194830	50.92	11947120	52.56
8月	20994762	53.03	20347910	50.04
11月	30102286	51.04	29598672	49.95
12月	34630241	49.02	33925305	47.65

数据来源：国家统计局

表5-2 2010年我国各类型规模以上缝制机械企业工业总产值完成情况

地　区	汇总企业数（个）	工业总产值	
		全年累计（千元）	同比增长（%）
内资企业	331	20672814	32.65
港澳台商投资企业	47	3162468	29.78
外商投资企业	43	10794959	106.89
汇总	421	34630241	49.02

数据来源：国家统计局

2. 产量

协会根据国家统计局、海关以及行业各主要企业、专业委员会的统计数据与信息进行分产品综合估算，2010 年全行业总产量为 1596 万台，比 2009 年增长 36.4%。

表 5-3 2010 年行业分产品产量估算

产品名称	产量（万台）
家用机	717
多功能家用机	508
普通家用机	209
工业机	874.5
普通高速平缝机	260
电脑高速平缝机	150
中厚料平缝机	58
高速包缝机	150
中速包缝机	35
高速绷缝机	40.5
封包机	50
锁眼机	3.5
钉扣机	10
曲折缝缝纫机	18
加固机	5
花样机	1.5
暗缝机	5
双针机	18
其他相关缝制设备	70
电脑刺绣机	4.5
合计	1596

数据来源：中国缝制机械协会

据统计局对我国 421 家规模以上缝制机械生产企业的统计显示，2010 年共生产缝制机械 1288.28 万台，比 2009 年增长 25.92%。

据协会对行业 98 家主要整机企业统计显示：2010 年 98 家整机企业缝制机械总产量为 679 万台，比 2009 年增长 29.25%，除普通高速平缝机、封包机等少数机种外，各类缝制机械产品产量全面增长。

表 5-4 2010 年行业 98 家整机企业缝制机械产品产量增长情况

产品分类	总产量（台）	同比增长（%）
普通家用缝纫机	710921	-4.09
多功能家用缝纫机	1251906	6.57
高速平缝机	1265839	-10.69
中厚料平缝机	232088	41.25
高速包缝机	700689	49.63
中速包缝机	161328	16.23
绷缝机	256477	9.96
封包机	117974	-4.57
锁眼机	21159	97.47
钉扣机	32789	79.00
曲折缝纫机	86058	8.43
暗缝机	90496	34.41
双针缝纫机	107786	49.55
单头绣花机	5646	10.91
多头绣花机	13874	-4.56
带电控装置缝纫机	1141520	201.72
服装机械	265015	55.70
产量汇总	6787362	29.25

数据来源：中国缝制机械协会

3. 产区

据统计局对我国 421 家规模以上缝制机械生产企业的统计显示，2010 年六大传统产区工业总产值均呈现出两位数以上的快速增长，平均增幅约高达 50.32%，尤其是上海地区实现了翻倍增长。

表 5-5 2010 年我国各产区规模以上缝制机械企业工业总产值完成情况

地区	汇总企业数（个）	工业总产值	
		全年累计（千元）	同比增长（%）
京津冀	28	2735819	38.67
上海	33	4383110	131.31
江苏	28	1907520	41.38
浙江	255	16987006	44.50
广东	26	2864872	21.41
陕西	7	2472873	89.70
其他	44	3279041	24.66
全年汇总	421	34630241	49.02

数据来源：国家统计局

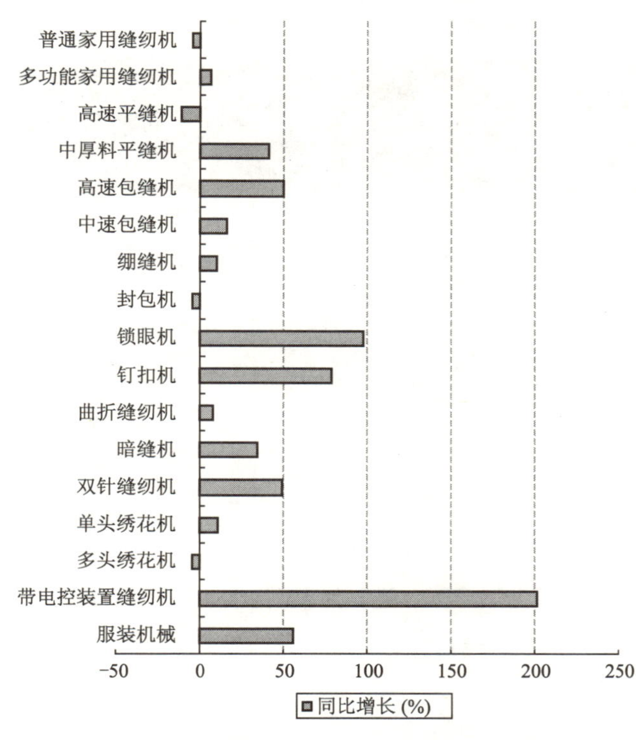

图 5－1 2010 年行业 98 家整机企业缝制机械产品产量增长情况

4. 经济效益

据国家统计局数据汇总，我国缝制机械行业规模以上生产企业累计主营业务收入 296 亿元，同比增长 48.02%；利税总额 22.8 亿元，增长 102.90%；利润总额 15.9 亿元，增长 147.49%。1～11月份亏损企业 51 家，比 2009 年同期减少 69 家企业，同比下降 49.50%，企业亏损面明显缩小。相较于 2009 年，行业盈利能力逐渐加强，效益逐渐向大中型企业集中。

5. 进、出口情况

据海关统计，2010 年我国累计出口整机 984 万台，出口创汇 13.7 亿美元，分别比 2009 年增长 18.58% 和 32.46%。零部件出口金额 2.1 亿美元，比 2009 年增长 69.15%。

表 5－6 2010 年 1～11 月我国规模以上缝制机械企业效益及同比情况

月度累计	利税		利润		亏损企业数		亏损额	
	累计金额（千元）	同比（%）	累计金额（千元）	同比（%）	企业数（个）	同比（%）	亏损额（千元）	同比（%）
2 月	263084	103.22	151784	187.40	91	－25.41	47563	－29.29
5 月	863672	130.28	578374	208.34	58	－50.85	33473	－77.44
8 月	1474257	104.01	1009044	154.19	53	－52.25	47327	－78.01
11 月	2279141	102.90	1589695	147.49	51	－49.50	70333	－75.26

数据来源：国家统计局

表 5－7 2010 年我国缝制机械分品种出口情况

出口产品	出口量		出口金额	
	数量（万台）	同比（%）	金额（万美元）	同比（%）
刺绣机	3.79	－13.44	30027.61	－15.90
家用机	681.39	10.10	33494.83	18.90
工业机	299.22	44.64	73435.69	85.80
零部件	56984.18	46.67	21150.15	69.15
总　计	—	—	158108.28	36.41

数据来源：海关总署

表 5－8　2010 年我国缝制机械出口各大洲情况

出口地区	出口总金额		整机		同比增长		零部件	
	金额（万美元）	同比（%）	数量（万台）	金额（万美元）	数量（万台）	金额（万美元）	金额（万美元）	同比（%）
亚洲	84875.11	25.43	271.53	69115.80	11.19	16.88	15759.31	84.68
非洲	10376.37	32.93	64.70	8480.42	1.85	41.71	1895.96	4.10
欧洲	22030.43	41.38	291.55	20982.49	15.18	39.51	1047.95	93.22
南美洲	25072.82	74.82	133.20	23358.51	54.78	79.40	1714.31	29.67
北美洲	13296.58	38.76	198.63	12595.37	15.78	35.03	701.21	175.47
大洋洲	1194.11	29.51	16.42	1162.70	40.27	30.41	31.41	3.20

数据来源：海关总署

据海关统计，2010 年我国累计进口整机 9.53 万台，进口额 2.4 亿美元，分别比 2009 年增长 0.68% 和 98.62%。进口零部件金额 1.59 亿元，比 2009 年增长 128.37%。

表 5－9　2010 年我国缝制机械分品种进口情况

出口产品	出口量		出口金额	
	数量（万台）	同比（%）	金额（万美元）	同比（%）
刺绣机	0.10	74.04	2675.29	140.34
家用机	0.39	－90.81	50.78	－22.86
工业机	9.05	74.71	20919.09	95.03
零部件	4682.53	103.25	15991.09	128.37
总　计	—	—	39636.24	109.64

数据来源：海关总署

表 5－10　2010 年我国缝制机械主要进口市场情况

国家和地区	总计		所占比重（%）	份额增减（%）
	金额（万美元）	同比（%）		
日本	24823.42	116.86	64.98	4.44
中国台湾	5657.29	74.48	14.81	－2.34
德国	2050.45	47.38	5.37	－1.99
瑞士	982.22	464.01	2.57	1.65
韩国	596.73	118.46	1.56	0.12
其他	4092.97	72.00	10.71	－1.87

数据来源：海关总署

二、运行特点

1. 行业恢复性高速增长，产值、出口创历史新高

2010年，在下游服装、箱包等行业经济复苏的强劲拉动下，我国缝制机械行业迎来了强劲复苏，产销量恢复性高速增长。据协会在统计局和海关数据基础上测算，2010年行业缝制机械总产量同比增长36.41%，恢复到2007年的89.6%，工业机产量同比增长68.17%，恢复到2007年的94.8%，产量全面接近2007年历史最好水平；行业工业总产值和出口额同比增长83.6%、36.21%，相比2007年分别增长了34.1%和6.7%，双双突破历史最高水平，创历史新高。

表5－11　2007年、2010年缝制机械行业规模对比

项目	2007年	2010年	增减幅度（%）
工业机产量（万台）	922	874．5	－5.15
缝制机械总产量（万台）	1780	1596	－10.33
工业总产值（亿元）	410	550	34.1
出口额（亿美元）	14.8	15.8	6.7

数据来源：中国缝制机械协会

产值创下历史新高的原因：一是由于市场强劲复苏所带来的产量全面恢复性高速增长奠定了坚实的复苏基础；二是得益于近两年来行业产品结构向中高档特种机和机电一体化产品的快速结构调整，大大提高了产品附加值水平；三是得益于产业链向CAD、裁剪、拉布、吊挂、整烫、激光、无缝缝合等领域的不断快速延伸，进一步壮大了产业规模。

出口方面，由于全球经济不同程度的恢复性增长带来了国际采购需求的快速回弹，2010年我国缝制机械出口总体呈现持续增长趋势，自二季度开始月出口额增长加速，明显高于前两年水平。至9月单月出口额达1.59亿美元，创月出口额历史最高值。

2. 产品结构调整步伐加快，机电一体化产品需求倍增

2010年，服装等下游行业产业升级步伐加快，高效、节能、特殊功能类的机电一体化缝制设备需求量大幅上升。据协会统计，行业98家整机企业生产的锁眼机同比增长97.47%，钉扣机增长79.00%，带电控装置缝纫机增长201.72%，产品同比增幅远超过行业产量29.25%的平均增长率，这些高附加值产品已经逐步成为企业的主打产品和新的利润增长点。

特别值得强调的是2010年行业机电一体化产品发展迅猛，据协会统计，2010年带电控装置的缝纫机占工业机生产总量的比重由2009年同期的11.07%增长到现在的25.04%，其中2010年是电脑平缝机迅速发展的历史拐点，总产量突破百万台大关，取得年产量150万台、同比增幅114.2%、占高速平缝机总量由20%猛增到36.5%的佳绩，极大地推进了行业机电一体化发展进程。

3. 行业利税总额大幅增加，整体效益回升

2010年，行业运行绩效全面提升，据统计局统计显示，2010年1～11月我国规模以上缝制机械生产企业利税总额和利润总额分别实现了102.09%和147.49%的大幅度增长。行业规模以上企业人均销售收入由2009年同期的30.5万元/人增长至40.46万元/人，人均资产总额由2009年同期的45.54万元/人增长至46.30万元/人，人均利润总额由2009年同期的0.89万元/人增长至2.17万元/人；亏损企业数和亏损额逐月减少，截至11月，行业亏损企业单位数51家，同比下降49.50%；亏损企业亏损额7033万元，同比下降75.26%，行业效益明显提高。

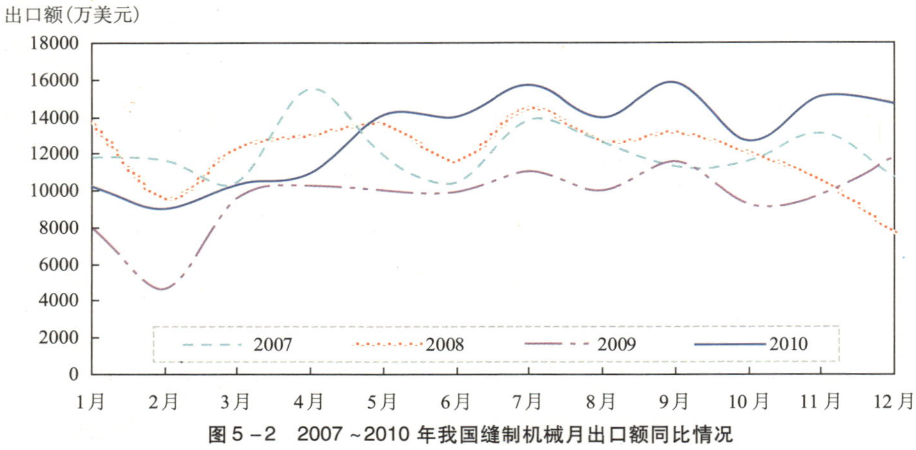

图5－2　2007～2010年我国缝制机械月出口额同比情况

数据来源：海关总署

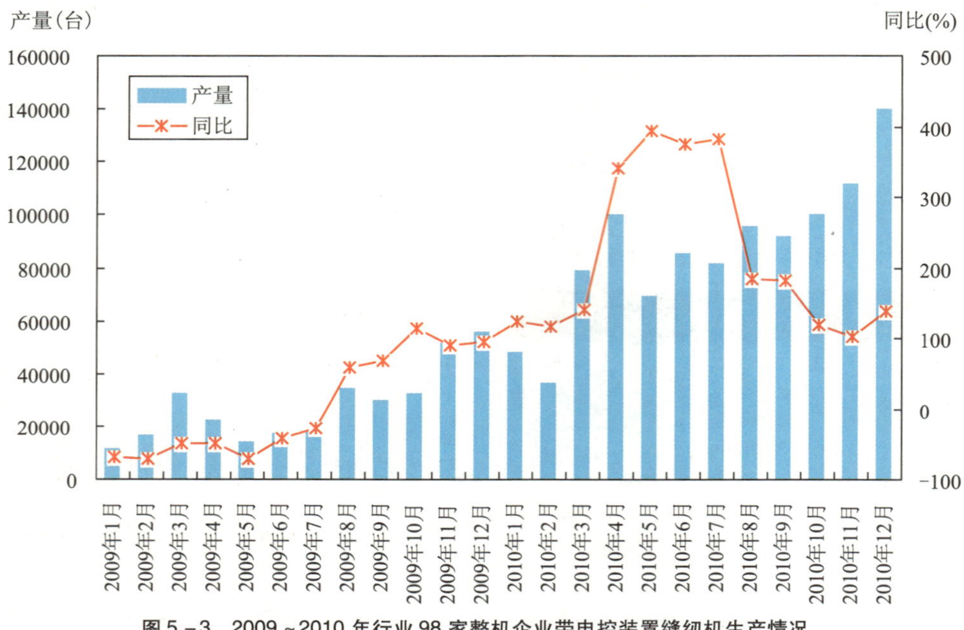

图5－3　2009～2010年行业98家整机企业带电控装置缝纫机生产情况

数据来源：海关总署

表5－12　我国缝制机械行业效益变化情况

时间	人均产品销售收入（万元/人）	同比（%）	人均资产总额（万元/人）	同比（%）	人均利润总额（万元/人）	同比（%）
2009年2月	3.98	－26.54	43.97	21.25	0.06	－72.55
2009年5月	12.06	－15.00	43.98	22.15	0.24	－55.49
2009年8月	20.76	－4.35	45.18	22.50	0.53	－16.52
2009年11月	30.50	3.03	45.54	17.71	0.89	34.32
2010年2月	6.19	55.71	45.84	4.27	0.23	275.21
2010年5月	17.68	46.69	46.19	5.02	0.83	253.42
2010年8月	28.18	35.72	45.23	0.12	1.38	160.12
2010年11月	40.46	32.64	46.30	1.67	2.17	143.19

数据来源：国家统计局

4. 多区域出口强劲反弹，出口结构持续优化

2010年我国对各大缝机市场出口均呈现不同幅度的高增长。据海关统计数据显示，我国对美国、日本等传统市场出口逐月回暖，出口金额同比增长达30%以上；对越南、印度尼西亚、巴基斯坦等国际主要纺织服装产区出口金额同比增长亦均达50%以上；而对俄罗斯、比利时等近年新兴热门市场及新加坡等转口市场出口量值更是实现了翻倍增长。值得一提的是巴西已跻身为我国缝制机械第二大出口市场、我国最大的工业缝纫机出口市场，2010年我国对巴西出口缝制机械产品累计高达1.3亿美元，同比增长111.91%，出口份额由2009年的5.47%快增至8.56%。

表5－13 2010年我国缝制机械主要出口市场情况

国家和地区	总计		所占比重（%）	份额增减（%）
	金额（万美元）	同比（%）		
印度	20809.25	－27.16	13.27	－11.38
巴西	13428.05	111.91	8.56	3.09
美国	12940.79	40.62	8.25	0.31
日本	10924.44	36.34	6.97	0.05
新加坡	9823.94	145.11	6.26	2.81
越南	5988.12	90.03	3.82	1.10
俄罗斯	5040.78	149.91	3.21	1.47
印度尼西亚	5024.30	54.50	3.20	0.40
巴基斯坦	4664.94	56.69	2.97	0.41
其他	68200.80	40.98	43.48	1.74

数据来源：海关总署

在出口结构方面，2010年，我国工业缝纫机产品出口结构持续优化，其中自动型缝制设备产品占工业缝纫机出口量比重由2009年的42%上升到48%，出口额比重由2009年的45%到52%；出口产品附加值继续提高，工业缝纫机产品出口单价由2009年的平均191.05美元/台提高到248.14美元/台，价格增幅达29.89%。

表5－14 2010年我国工业缝纫机分品种出口情况

产品类型	出口量		出口金额	
	数值（万台）	同比（%）	金额（万美元）	同比（%）
工业用自动平缝机	55.89	43.52	15113.32	71.94
其他工业用自动缝纫机	86.11	74.49	22555.34	124.75
工业用非自动型缝纫机	148.85	25.52	34504.18	66.70

数据来源：海关总署

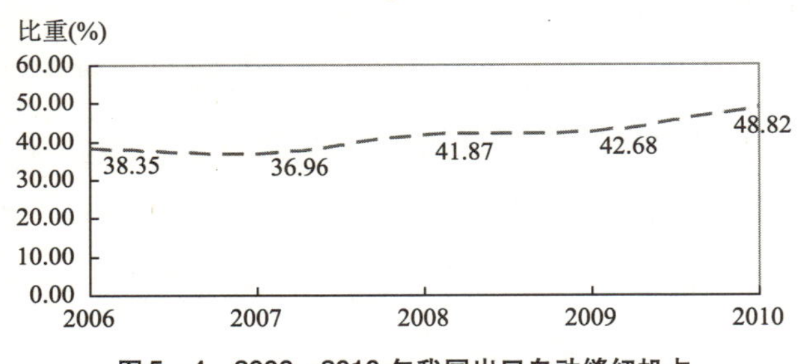

图5－4 2006～2010年我国出口自动缝纫机占工业机数量比重变化情况

数据来源：海关总署

5. 龙头企业发展带动作用显现，行业资源整合加速

在协会统计98家整机企业中，前20家企业工业总产值比重由2009年的70.89%增长到2010年的75.73%，提高了近5个百分点。2010年年产值超过5亿元的5家大型企业，产值同比平均增幅为36.33%，其中标准、中捷、杰克等龙头企业的产值、利税等指标均达到或超过历史最好水平。产值在1亿～5亿元之间的20家骨干企业，产值同比平均增幅59.85%，远超过行业平均增幅水平，龙头骨干企业的发展优势和行业带动作用得到显现。同时，行业资源整合和重组也初现端倪，如：中捷和上工的资本联姻，西安兄弟与方正电机的生产协作，兄弟与飞马加强工业缝纫机销售以及零件筹措等等，行业资源的获取和整合能力增强。

6. 零部件优势企业地位凸显，产能恢复尚难满足市场需求

2010年行业零部件企业产值大幅增长，全年完成产值约150亿元，同比增长50%；出口2.1亿美元，创出口历史新高，同比增幅为17.3%。据协会零部件专业委员会初步统计显示，2010年行业订单进一步向优势企业集中，宁波五菱、莱州强信、宁波华一、宁波德鹰、北仑旺业、重庆零一等一批骨干零部件企业年产值同比增幅平均高达85%以上，产能逐步恢复到2007年水平，远超过零部件行业平均50%的增幅水平。但是，尽管零部件企业开足马力，但受各种因素制约，全行业订单完成率平均只有75%，产能恢复尚难满足整机市场需求。

三、存在问题

1. 资源性要素紧缺与价格大幅上涨，企业盈利水平下滑

2010年，受资源短缺、缺工、限电、节能减排等多因素叠加影响，缝纫机零件毛坯、零部件、机壳等产能无法较快提升，出现供给不足的状况，整机企业因缺件而阶段性停工现象较为普遍。同时，由于社会劳动力、生产资料价格的全面上涨，整、零企业利润空间被大大压缩。据对部分整机和零部件企业调查统计显示，与2009年相比，2010年企业的用工成本平均上升20%～25%，原材料成本平均上升25%～30%，其他成本上升15%左右，但行业大部分零件维持原价，部分重点零件价格平均仅微调3%～5%，整机价格提价比例仅为2%～3%左右，无法有效消化各种要素成本的快速上涨。目前行业整体盈利水平普遍下滑，骨干企业平均净利润仅为6%左右，行业的可持续发展能力收到严重影响。

2. 零部件行业的转型升级急需关注、支持和引导

2010年行业零部件企业用工缺口进一步扩大，企业技工缺口平均为15%～30%，受此影响，企业产能难以快速提升，据不完全统计，2010年零部件企业的订单完成率平均为70%～75%，企业急需要进行有效技术改造；而另一方面由于成本大幅上扬，产品提价困难，货款回笼周期较长，企业利润下降，企业再发展和再投入的信心受到较大影响，观望气氛浓厚。据对20家零部件企业调研显示，2010年平均用于装备更新和改造投入金额仅占产值的3%，投资金额平均为90万元，平均购买新数控设备4～7台，难以满足当前装备自动化升级和劳动生产率快速提高的需求。

3. 产品质量存在下滑隐患

由于产品全线供不应求，抢速度、上产量、满足市场成为企业发展主旋律，整零企业加班加点忙生产状况一直没有得到缓解，重产量轻质量现象有所抬头。在协会对行业近20家骨干零部件企业调研中发现，约有45%的零部件企业明确表示整机企业对零部件的质量采购要求有所放松；据部分整机和零部件企业反映，在中小型整机企业中忽视产品质量的现象更为严重，如：零件未完成最后加工工序、未经过热处理，甚至质量有明显缺陷的次品也一样被“抢购”而流入市场，为产品质量问题埋下了极大隐患，对国产品牌形象将造成明显影响。据经销领域反馈，2010年行业关于产品质量的投诉陡然增多。

4. 国内外知识产权纠纷强度升级，走自主创新之路刻不容缓

近两年来，随着市场竞争的日趋激烈和行业在特种机及电控系统领域的国产化进程加快，国内外知识产权纠纷呈升级态势。据不完全统计，2008～2010年仅日本知名企业就电脑平缝机、电脑曲折缝、电脑双针机、筒式绷缝机、钉扣机等产品分别向我行业部分企业发起了6起专利纠纷起诉，2010年新起诉的专利官司已发生3起，应引起高度重视。这些专利诉讼将迟缓我行业的产品结构调整步伐，对企业生产经营、发展速度和品牌知名度等将带来负面影响，急需加强自主创新，突破专利技术壁垒，快速摆脱被动发展局面。

四、2011年行业发展趋势及建议

1. 发展趋势

（1）国、内外经济形势

①从国际形势看，在各国经济刺激政策的持续推动下，2011年全球经济呈复苏态势

据IMF最新预测，预计2011年全球经济增速为4.4%；其中，新兴和发展中经济体的产出增长6.5%，发达经济体的增长率将只有2.5%。世界银行预测，2011年世界经济增长速度将从2010年的3.9%放缓至3.3%。联合国预测，2011年世界经济将增长3.1%，比2010年回落0.5个百分点。所以2011年国际经济将保持低速增长态势，预计全球经济的增长基本维持去年水平。但由于国际金融危机的深层次影响还没有完全消除，中东政局变动、贸易保护、股市和汇率波动、美元贬值及全球大宗商品价格持续上涨等影响和干扰经济持续复苏的不稳定、不确定性因素增多，短期内全球经济仍将在曲折艰难中缓慢复苏。

②从国内形势看，当前我国经济发展正处在由回升向好向稳定增长转变的关键时期

2011年是“十二五”规划的开局之年，国家“十二五”规划各项工作将陆续开展，民生工程建设力度将进一步加强、战略性新兴产业及新兴市场的发展速度将越来越快，国内的工业投资和消费将保持继续增长态势，总体经济运行环境较好，据国家权威部门预计，2011年国家GDP增速保持在9.5%左右，国家宏观经济环境将继续有利于行业的发展。但是国家当前也同时面临CPI上涨和人民币缓慢持续升值等压力，也会对各行业的发展和转型升级带来一定挑战。

（2）下游服装行业发展趋势

2010年，我国服装行业产销量增速创历史最好水平。中国服装行业专业机构研究显示，2011年，产业结构升级及转移将继续成为我国纺织服装行业发展的主导趋势，预计东、西部服装业暂时不会有大的变化，中部地区的消费会慢慢崛起。

而由于棉花等原材料和用工成本的大幅增加，纺织服装出口单价上涨，从2010年11月结束的第

108 届广交会上情况显示，外商对 20% 以上的提价普遍难以接受，部分欧美客户已经开始缩减在华的采购量，部分低端商品会更多倾向从东南亚采购。预计 2011 年我国服装出口可能放缓。

总体来讲，2011 年我国服装行业不会出现明显增长，但随着产业结构升级和产业转移的逐步深入，行业整体将保持平稳发展。

（3）缝机行业 2011 年发展形势和趋势

2011 年，由于行业 2010 年市场全面恢复性增长的强劲势头将有一个明显的延续效应，国内市场环境总体稳定，国外新兴国家经济复苏加快以及整体性低速增长，行业发展的内外部环境总体较好。但是，行业也将面临由于通货膨胀加剧所引发的生产性资料全面上涨、用工成本大幅攀升、人民币持续升值，以及产品提价乏力、出口竞争力削弱等多方面不确定性因素制约与影响，盈利水平难以短时间提升，行业可持续发展的压力将进一步增强，加快调整、转型升级仍是发展的主调。

零部件产业方面，2011 年，预计劳动力缺口及各种资源性要素成本大幅上涨的影响还将延续，随着零部件企业技术及工艺改造的逐步开展，设备自动化水平有望进一步提高，零部件产能有望在 2010 年基础上呈现 5% ~10% 的低速增长，定单完成率预计将达到 85% ~90%，但零部件总体供不应求和生产紧张的状态将会持续到第四个季度。

整机生产方面，受零部件供应不足和劳动力不足的影响，目前市场仍处于供不应求状态，据测算，目前市场的供需缺口在 20% 左右，2011 年，随着行业产能的进一步增加及需求增幅的逐步回落，预计行业供需失衡的状况在 2011 年上半年会得到较大缓解。2011 年下半年，随着市场供应能力的不断提升和市场需求的有效满足，市场供需将基本保持平衡，但考虑到 2010 年整机企业的资金状态普遍改善，发展、竞争意愿明显增强，企业及经销商补充库存的需求将得到有效释放，行业整体产量仍将保持高速增长态势。

综合以上情况，预计行业产销量上半年将继续保持 30% 左右的高速增长，下半年增速有所减缓，但仍将保持 15% ~20% 的较快增长，全年行业将保持 20% 左右的增幅，行业年总产值将突破 600 亿元，另外随着下游服装产业转型升级的不断深入，预计行业机电一体化产品的比重将进一步上升，预计电控平缝机产量仍将保持 50% 以上的增幅。

2. 发展建议

2011 年是行业“十二五”规划实施的开局之年，也是行业迈出强国关键一步和实施转型升级的重要起跑期，面对后危机时代所带来的各种挑战和机遇，行业应从规模扩张向优化结构、质量效益为先的集约型模式加快转变，企业应正确认识、把握市场经济发展规律，提升风险防御意识，做好科学发展定位，抓住发展机遇，推动企业健康、可持续发展。为此，特提出以下建议：

（1）加快产品结构调整，提高发展水平

据初步测算，近两年来由于各种生产性要素价格的大幅上涨，普通缝制设备的产品利润平均不到 15%，加上人工以及各种营销管理等费用支出，普通缝制设备生产已几乎处于微利或无利润时代。只有主动调整产品结构，加快淘汰落后产能和产品，提高产品附加值，促进产品定位差异化，才能实现企业转型并走上良性发展道路。2011 年，预计行业机电一体化产品需求还将大幅增加，企业应加快向附加值高、利润空间大的产品进行结构调整，以差异化、专业化、高附加值的相对竞争优势来推动企业可持续发展。

（2）提升产品质量，增强市场竞争力

据协会初步统计和测算，目前电脑平缝机、高速包缝机等大宗缝制设备产品单价国产品牌约是国际知名品牌的 55% ~60%，而电子套结机、电子钉扣机等国产品牌产品单价仅为国际品牌的 40% ~

50%左右，甚至部分特种机产品如电子花样机、圆头锁眼机等价格仅是国际品牌单价的1/3、1/4。价格产生如此大差距的主因是产品质量存在差距，得不到中高端客户认可，致使产品提价困难，企业盈利水平低下，自主创新投入乏力。只有切实提升产品质量，提升市场竞争力，才能创建知名品牌，提升企业盈利和发展水平。建议企业以行业于2010年开展的三年质量赶超工程为契机，树立赶超目标，扎实、全面推进产品质量工作，增强市场竞争力。

（3）加大自主创新投入，提升可持续发展能力

自主创新是企业可持续发展的根本，是做强做大的基础。当前行业创新投入平均不到1%，骨干企业创新投入约为2%，与国际先进水平还存在明显差距，由于多年来创新投入乏力，缺乏自主知识产权，在这方面我们一直受制于人。以前国际知名企业对国内涉嫌侵权行为较多是采取发律师函警告、要求行业协会进行约束等相对温和的办法来进行处理，但是近几年来，由于企业知识产权保护意识不断提高，特别是侵权行为已经逐步威胁到企业的生存与发展，国外企业针对国内企业以及国内企业之间直接通过法律渠道进行起诉来遏制侵权行为已经成为当前主要手段，而且还呈现出越演越烈的趋势。在这种发展环境下，如果再走模仿跟随的老路，只会越走越窄，难以实现可持续。建议及时转变发展理念，加强创新投入，积极创造和保护自主知识产权，通过新技术、自主产品来提升可持续发展能力。

（4）巩固市场秩序成果，深入推进产业链协作

2010年由于市场供不应求，买、供方双方地位发生了微妙转变，拖欠货款、赊账、零首付、延长支付期限等不良行为得到明显遏制，市场秩序得到较好改善，得到了行业广大企业的一致认同。建议在新的一年里，整零企业之间、整机与经销单位之间，进一步加强和推进产业链协作，诚信经营，共同努力巩固市场秩序成果，建立更为健康有序的市场“潜规则”，为行业健康发展和转型升级营造更为有序的市场环境。

附　中国缝制机械行业2010年度“工业企业二十强”
（中国缝制机械协会2011年3月发布）

西安标准工业股份有限公司
中捷缝纫机股份有限公司
新杰克缝纫机股份有限公司
北京兴大豪科技开发有限公司
浙江宝石机电股份有限公司
飞马（天津）缝纫机有限公司
浙江方正电机股份有限公司
启翔针车（上海）有限公司
中国标准缝纫机公司上海惠工缝纫机三厂
上海鲍麦克斯电子科技有限公司
上海富山精密机械科技有限公司
浙江美机缝纫机有限公司
浙江汇宝缝纫机股份有限公司
上海贵衣缝纫设备有限公司
武汉金运激光股份有限公司
浙江盛名机电制造有限公司
浙江顺发衣车有限公司
中山市天虹电机制造有限公司
杭州经纬电子机械制造股份有限公司

第三部分　探讨篇

中国服装专业市场现状研究

胡宝钢

2010年是中国区域化、城市化、网络化、数字化发展最快的一年，专业市场作为商业地产的重要组成部分，伴随着商业地产的高速发展开始迅速崛起，占到全部专业市场总量近10%的服装专业市场自然也实现了同步增长。中国服装专业市场正在逐步分解成为服装专业市场、服装主题商城、服装购物中心和服装商贸综合体四种创新形态，单一服装专业市场的增幅在某种程度上受到制约，服装主题商城和商贸综合体成为2010年最受青睐的投资新品种。2010年成为传统服装专业市场与新建服装专业市场的重要融合点和主要转折点。一方面，传统服装市场进行系统转型与提升，维系专业市场的持续辉煌；另一方面，新建服装市场展开积极创新与拓展，推动服装专业市场向主题、创意、网络、商城等新方向转化。由于正在被逐步异化和衍生，中国服装专业市场开始发展到“跨界”和“混搭”阶段。只有通过进一步系统、全面的归纳、总结及预测中国服装专业市场的发展和趋势，才能更加精准地把握和描绘中国服装专业市场的精髓和内涵。

一、2010年中国服装专业市场发展概述

（一）中国服装专业市场结构分析

中国服装专业市场分布主要根据行业历史、产业基础、区域特点、发展机遇、政策指引等多方因素而形成，而非按照行政区划而进行统一配置。因此，大多数中国服装专业市场随着经济、环境、地域、产业等因素自然形成市场和商圈，并通过产业链的延伸和发展，进而形成不同规模、品类和档次的服装专业市场和商圈，构成了中国服装专业市场“千家市场、万家商铺、亿米面积、万亿交易”（来源：服市汇网——www. f4h. cn）的宏伟景象。

长期以来，中国服装专业市场商圈按照从东到西，从南到北，构成了国际型、全国型、区域型、都市型四大类型市场。由于受到服装产业集群、产业聚集区、产业链和产业竞争力等多方面因素的影响，通过大型服装专业市场商圈的带动作用逐步实现了服装制造产业和服装市场产业的相互补充和完善。所谓“四大类型”的辐射也是相对的，尤其是随着近年来服装专业市场的转型和提升以及服装制造产业的转移和搬迁，服装专业市场商圈和辐射范围及功能也在发生根本性变化。相对而言，第一二级辐射板块中具有国际、全国辐射功能的服装专业市场较多。当然，这些商圈内也包含第三四级辐射板块的服装专业市场，同样，在第三四级辐射板块内也兴建了一些新兴的、具有第一二级辐射板块的商圈。

1. 中国服装专业市场产业链形成

随着中国服装产业的发展，产业细分正在成为服装产业发展的新特点。从产业经济的角度看，产业细分正在成为中国经济发展的一个重要特征。目前，任何一个产业都需要进行六个层次的细分：一是领域成为产业：第一产业、第二产业、第三产业、第四产业、第五产业等；二是行业成为产业：纺织工业——服装产业等；三是产品成为产业：服装产品——女装产业等；四是部件成为产业：服装部件——服装面料产业等；五是区段成为产业：服装区段——服装创意设计产业等；六是环节成

为产业：服装环节——服装市场产业等。如果我们将服装专业市场作为一个产品看，就很单调和局限；相反，如果我们将服装专业市场作为一个产业看，就十分宽厚和丰满。六个层面的产业之间都可以相互补充和完善。比如，服装可以融合第一至第五产业，可以在多个领域进行垂直产业链的延伸和扩展，这也就是为什么服装专业市场的功能正在逐步“瓦解”、服装专业市场的形式正在不断“多元”的结果。未来，随着世界经济一体化和多元经济的发展，尤其是网络经济的发展，体验经济将逐步从服务经济中分离出来，成为一个独立的产业。因此，体验经济与网络经济的结合，将彻底改变中国服装专业市场的产业和产业链。而随着网络化数字贸易的发展，云市场、物联网、电子商务、三维虚拟市场等集成新科技不断进入服装专业市场领域，中国服装专业市场产业链将出现裂变式爆发，其核心价值也将发生根本性改变。互联网时代，所有的平台已经开始从卖产品向卖服务转型，一是从“专业市场的网络化”变成“网络化的专业市场”，比如，网贸市场，即网络化的数字贸易；二是形成供应链“倒三角”架构，实现逆向短流程终端，比如，凡客诚品、团购网等。

从这个产业链看，中国服装产业30年的发展，一直走的是以服装生产制造为纽带的“推”式产业链，即供应链。供应链的核心是按照“生产——批发——代理——经销——零售”的模式展开，是一个“不断拿货”的库存模式，在这个产业链上，除了生产企业，没有其他的链条方关注品牌。其结果是，除了一部分有能力控制全流程的企业外，大部分的企业品牌运作处于逐渐递减状态。随着网络经济和体验经济时代的来临，尤其是服装专业市场产业的形成和作用，不仅改变了传统服装以生产制造为核心的产业格局，也借助服装市场平台的力量更有效地整合了服装各个领域和行业的资源，并协同“网络信息、电子商务、博览会展、现代物流、短流程终端”等新兴商业模式进入服装市场产业，服装市场产业将逐步成为新的产业主体。从这个产业链的逆向整合结果看，中国服装产业正在形成以服装市场产业为核心的“拉”式产业链，即采购链和网贸链。因此，中国服装专业市场将借助采购地图（采购链）和网络化数字贸易（网贸链）的形式，进一步优化中国服装专业市场的格局，改变中国服装专业市场的渠道建设和采购方式的选择，推动中国服装专业市场产业链从商品链、渠道链、价值链向采购链和网贸链的方向转化。

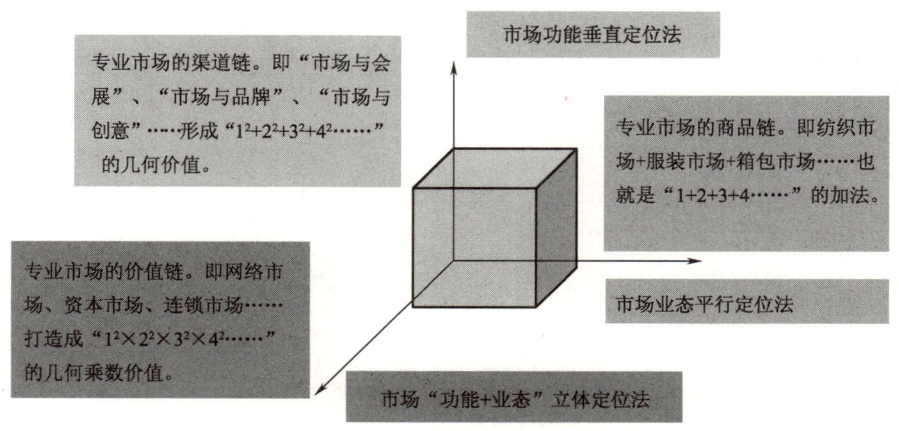

图6－1　服装专业市场的商品链、渠道链、价值链

（1）服装专业市场的商品链

即以服装商品为分类的基本标准，构成了“男装市场＋女装市场＋皮装市场……”，也就是“1＋2＋3＋4……”的加法。增强了服装专业市场的规模和辐射力，推动服装专业市场商品链在扩张中不断扩大。

（2）服装专业市场的渠道链

即以服装市场平台为分类标准，构成了“市场与会展”、“市场与品牌”、“市场与创意”……形成了“$1^2+2^2+3^2+4^2$……”的几何价值。服装专业市场开始寻找会展、品牌、创意等新兴产业的增加值，促进服装市场渠道链在转型中不断壮大。

（3）服装市场的价值链

即以服装市场的价值最大化为核心，构成了“产业市场、资本市场、连锁市场……”，打造成“$1^2\times2^2\times3^2\times4^2$……”的几何乘数价值，赋予了服装专业市场新的内涵和价值。

未来，所有的行业都将是IT行业，所有的市场都将开展电子商务。随着服装专业市场与电子商务平台之间的融合与竞争，实体专业市场如何开展电子商务正在成为服装专业市场新的课题。一方面，服装专业市场的电子商务如果走淘宝商城模式，也许是饮鸩止渴；另外一方面，如果服装专业市场自己开展电子商务，势必身单力薄，难有突破。近期，网贸港（www.zgwmg.com）的网络化数字贸易模式正在被业界所关注，其核心是，以实体服装专业市场为核心和基础，充分展示实体服装专业市场的特征和特点，将三维商城、全程电子商务、智能商业软件、市场链、市场云和市场流等有机地整合在一起，实现在互联网上的共享，给专业市场未来的发展提供了新的思路。

2．中国服装专业市场发展阶段分析

（1）生产寻找市场阶段（1979～1989年）

改革开放以后，我国三级站配给体制开始变革。小企业生产的产品通过集贸市场开展销售，形成了服装的马路市场、集贸市场。这一阶段是核心式，以一个核心市场为典型的代表。

（2）产业支撑市场阶段（1990～1999年）

随着批发市场的发展，一些服装生产企业开始进行服装产业链式的合作，形成了服装产业集群，并通过代理商、经销商的模式推动了服装市场的建立和完善，形成了服装批发市场。这一阶段是集群式，以几个同类市场为典型的代表。

（3）产业互动市场阶段（2000～2009年）

由于服装产业与服装市场的同步提升，品牌商品和品牌服装市场的形成，服装市场的集聚作用拉动服装产业集群的规模不断壮大，反过来，也促进了服装市场发展，形成了服装专业市场。这一阶段是轴圈式，以若干分区市场为典型的代表。

（4）市场引领产业阶段（2010～2019年）

中国服装市场已进入新的十年，由于服装市场

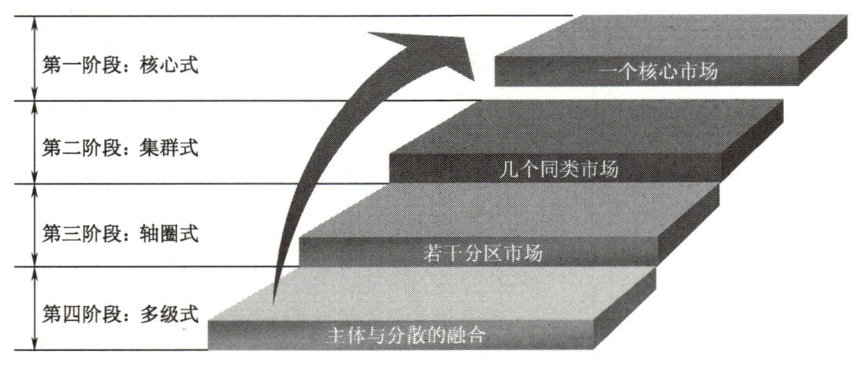

图6－2　中国服装专业市场发展阶段

产业链的形成、体验经济和网络经济的发展，服装专业市场已不再是单纯的物业提供商，而是综合服务运营商，未来将逐步形成展贸市场和网贸市场。这一阶段是多级式，以主体与分散融合为典型代表。

中国服装专业市场的发展阶段决定了市场的转型和创新要点。2010 年以来，中国服装专业市场围绕多级式商圈的形成，呈现出“双重突围”的景象。一方面，老牌服装专业市场及商圈围绕展贸和网贸市场的建设展开了一系列的转型，寻找新的发展路径，比如常熟中国服装城、广州流花商圈等；另外一方面，新建服装专业市场在产业新城和商贸综合体领域进行了大胆的拓展，比如深圳华南城、人和地一大道等。据服市汇网统计，在 2010 年新规划、新开工、新开业的服装专业市场（商贸城）约 300 余家，占中国服装专业市场总数的近 30%。其中，新规划市场 150 家，占总数的 15%，新开工市场约 100 家，占 10%，新开业的市场约 50 家，占 5%；在老牌服装市场商圈内改建新建的市场约 50 家，占 5%；完全新建的主题类服装市场（如奥特莱斯、尾货市场等）约 80 家，占 8%；而或以服装为主导、或以服装为补充的商贸综合体约 170 多家，占 17%。可见，随着服装批发产业的变化，单纯的服装批发类市场主要集中在传统服装批发商圈内，一些主题类服装市场逐步成为传统服装商圈业态的补充，而服装综合体则伴随着中国城市化和商业地产的快速发展，大多以几万、几十万甚至几百万平方米的综合体建筑形式，或在业态上更加综合（服装、纺织、小商品、鞋帽等）、或在功能上更加复合（创意、网络、会展、总部等），成为服装专业市场投资建设和创新发展的新趋势。

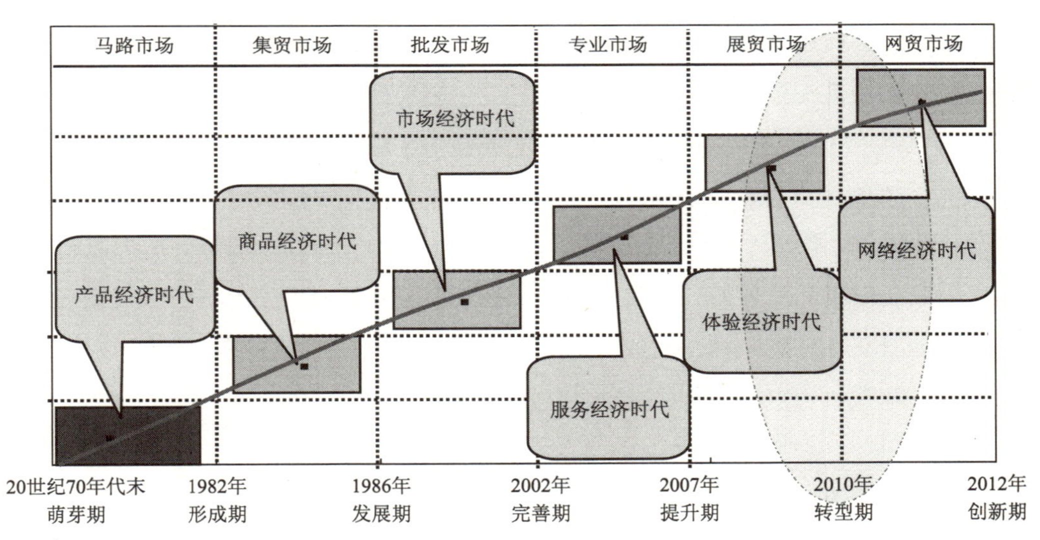

图 6－3　中国商品市场的发展历程图

3. 中国服装市场产业的形成与发展

目前，一部分新建服装专业市场内的批发商家难以适应新型市场环境的变化：经销商上游的产业整合导致水源不足，整个批发市场行业的毛利降低，批发市场的渠道策略及政策发生调整。而另外一部分老牌服装专业市场的商铺价值也在变化：传统批发市场业务在减少，商业地产流通渠道在多元化，专业市场商业模式在变化。

老牌和新建服装专业市场产业有必要进行新的转型。在某种程度上，服装专业市场的形成与发展，能促进本区域服装生产和流通的发展，吸引有创新能力的服装企业在此聚集，带动主导产业的发展，进而形成新的产业及产业链。另外，完善的服装专业市场体系，可以及时、有效地反映服装专业市场供求动态，使服装市场产业结构得到调整，大大增强区域经济活力。服装专业市场的集聚和优先发展，不仅促进自身发展，并且以其吸引和扩散作用进一步推动其他地区经济的发展，同时还会带动其他行业的发展：所谓“市场兴、百业兴”，商业、交通运输业、饮食服务业、旅游业、邮电通信业、金融保险业、房地产业、仓储业、信息咨询业、广告业、文化娱乐业等产业都会因此迅速崛起，其发展势头和增长速度甚至超过第一、二产业。理论研究表明，服装专业市场交易额每增加1%，第三产业值上升0.3565%。

根据国际组织估计，商贸运输对世界经济产出（以GDP总量衡量）的贡献率约4.5%。商贸每创造100美元产出，会带动其他附加产出325美元；商贸每创造100个工作岗位，会间接创造610个其他行业工作岗位。商贸对经济总量的贡献包括直接经济活动、间接及引致经济活动（通常以乘数效应来体现）。

2010年以来，中国服装专业市场借助服装产业的推动，实现了市场转型和提升。随着“去批发”和“网络化”时代的来临，服装专业市场开始逐步借助展会、创意、品牌、网络等新兴市场服务方式，逐步形成引领中国服装创新和发展的“服装市场产业”。“服装市场产业”正在作为一种“拉式”产业链，成为中国服装品牌孵化和创建的新兴力量。

4. 中国服装专业市场的系统类型分类

（1）中国服装专业市场范围分类

按照辐射范围可分为四类：国际型、全国型、区域型、都市型。

①国际型

辐射到国际或国内一、二线主流采购批发市场，并为国际客商提供大量的采购贸易。主要集中在浙江义乌国际商贸城、福建石狮服装城、北京雅宝路市场、上海世贸商城、广州迦南服装市场等，成为著名的国际化服装采购中心。

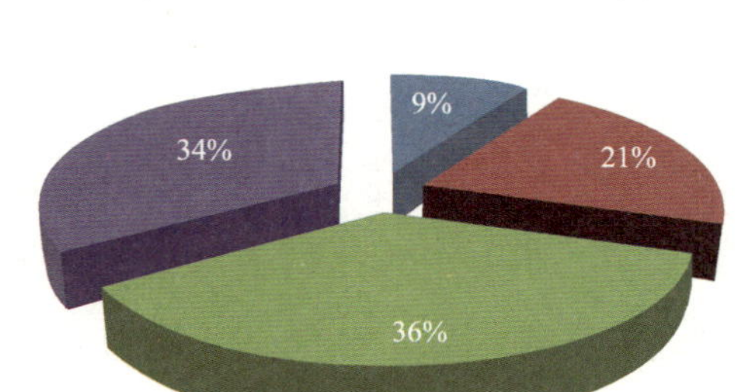

图6-4 2010年中国服装专业市场分类

②全国型

辐射到全国不同地区和二、三线城市的采购市场，主要表现是产业集群和产地型服装专业市场，针对全国各地的服装市场。例如虎门的富民服装城、江苏的常熟中国服装城等。这些服装专业市场以产业制造和研发为基础，覆盖全国销售。

③区域型

辐射到中心城市以及周边的三、四级城市。主要是指区域型、集散型服装批发专业市场，像武汉的汉正街市场、沈阳的五爱市场、成都的荷花池市场、上海的七浦路市场等。这类服装专业市场基本属于区域辐射型，成为华中、东北、华东、西南等区域中心城市服装专业市场的风向标，属于“买全国、卖全国”。

④都市型

辐射到本都市或者几个县级城市或乡镇。主要分布在东北、西北以及昆明、西宁等地区和城市以及一些非服装主要产区的三、四、五线城市，这类专业市场大多为批零结合型中小商城，为都市商圈服务。

2010年以来，随着东南沿海服装产业向东、西部和中部转移，服装专业市场也表现出同步转移趋势，一方面，东南沿海服装专业市场在逐步转身和提炼；另外一方面，在中、西部地区和三、四线城市，服装专业市场也开始出现转型和提升的势头。

（2）中国服装专业市场的业态分类

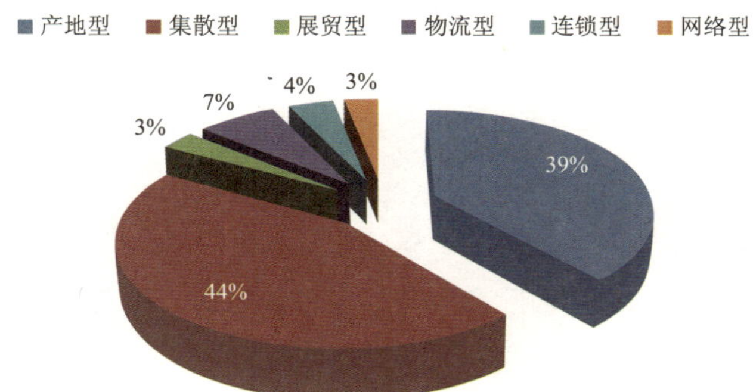

图 6-5　2010 年中国服装专业市场的业态分类

①产地型

产地型服装专业市场是中国服装专业市场的基础和核心。从服装批发角度看，在以服装生产制造为核心的年代，造就了虎门、石狮、常熟等一大批中国产地型服装专业市场的兴起和发展。

②集散型

集散型服装专业市场是中国服装专业市场批发代理的表现形式和重要舞台。随着物流、信息和网络化建设，集散型专业市场开始借助市场采购的主要作用，一方面升级会展、创意、网络等新兴业态；另一方面，开始聚集产业园区和商贸新城，加快了沈阳五爱、北京大红门等集散型专业市场的转型和升级。

③展贸型

随着服装专业市场的楼宇化和商城化建设，一大批展贸型服装专业市场开始与商贸大厦结缘，像上海世贸商城、郑州银基大厦等展贸型总部楼宇，正借助网络和展会模式，改变传统的“三现”（即现金、现场、现货）现象，成为未来服装专业市场建设和发展的新趋势。

④物流型

将服装批发采购与物流配送结合起来，建立物流型专业市场或商贸综合体。比如，深圳华南城。此外，借助网络电子商务的发展，还出现了新型“快递式”配送格局，加速了服装专业市场与现代物流产业的整合。

⑤连锁型

以品牌市场或商业模式为基础，在不同区域建立连锁型品牌专业市场。比如，海宁皮革城、奥特莱斯中国。连锁型专业市场正在全国二、三线城市加速展开，比如，人和地一大道，已经计划在全国近 20 个城市开发项目 30 个，建筑面积达 1500 万平方米。

⑥网络型

目前，大多数服装专业市场都开展了自身的网络电子商务体系建设。比如，雅宝 365、四季青网等，与此同时，广州沙河的北城网络服装批发城，广州萨南门网络服装批发城等市场开展网上网下互动式交易，同时淘宝 1688、服市汇、批吧等服装专业市场型网站也进入人们视野。

2010 年以来，中国产地型服装专业市场业态开始从单一型向综合型方向转变。比如普宁国际服装城等；中国集散型服装专业市场开始向复合型转化，比如广州世贸服装城；中国展贸型、连锁型、网络型服装市场正在成为新生力量，构建了中国服装专业市场“百花齐放”的靓丽风景。

（3）中国服装专业市场功能分类

中国服装专业市场按照功能分为四类：混合型、综合型、复合型、专业型。

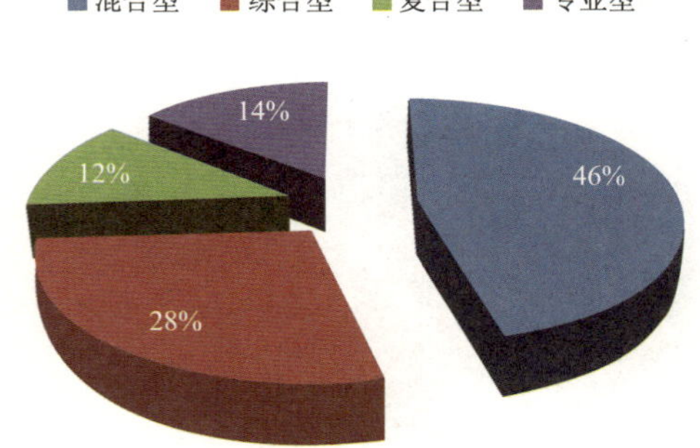

图 6-6　2010 年中国服装专业市场功能分类

①混合型

除了经营服装批发外，还经营其他货品批发。例如，武汉的汉正街、沈阳的五爱市场等，这里不只是服装，纺织、化妆品等，几乎所有商品都可以在这里批发。

②综合型

这类专业市场经营各种综合性服饰的批发。比如，湖南的芦淞市场、郑州的二七站前市场等，构成男装、女装、童装、牛仔专业批发市场等。

③复合型

这类专业市场除了服装批发零售功能之外，还增加了商务办公、展会、物流、创意、餐饮等功能。比如，虎门富民服装商务中心、义乌国际商贸城等。

④专业型

主要针对服饰种类来划分，即牛仔批发市场、休闲女装批发市场、皮草批发市场等。比如，海宁皮革城、织里童装城、濮院羊毛衫城等，按照服装的专业分类，进行产业链式整合和创新。

据“服市汇”网站统计，2010 年以来，混合型、综合型专业市场相对发展缓慢，增长比例为新增市场的 28 %，而复合型、专业型服装市场发展迅速，增长比例为新增市场的 72%，显示出服装专业市场规划、定位、投资和建设的新趋势。

（4）中国服装专业市场的物业形态分类

中国服装专业市场按照物业形态可划分为：独栋型、联体型、复合型、综合型、集群型。

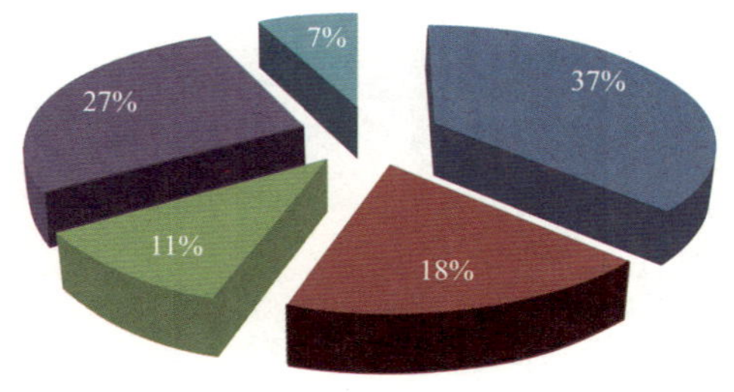

图 6－7　2010 年中国服装市场物业形态分类

①独栋型

作为传统服装专业市场的基本形式，成为服装专业市场的代表，比如，广州白马服装城、北京木樨园天雅服装城等。

②联体型

大多出现在集散型服装市场之中，表现为商城与写字楼或者住宅的整体形式。比如，常熟天虹服装城、中国西南（泸州）商贸城等。

③复合型

主要表现为若干个综合性市场复合为一体。比如，沈阳五爱国际商贸城一、二、三期，义乌国际商贸城一、二、三、四期等。

④综合型

基本表现形式为以服装专业市场为核心，以酒店、写字楼、会展中心等为补充的商贸综合体。比如，昆明螺蛳湾国际商贸城、成都中国西部国际商贸城等。

⑤集群型

随着传统专业市场商圈竞争加剧，一些集群型专业市场开始离开中心城市另辟蹊径，打造新兴商圈。比如，杭州九堡市场商圈、武汉汉口北市场群等，集群型专业市场通过多元化投资商模式，自建商圈、打造商圈，形成新的市场集群。

2010 年以来，随着城市化进程加快以及商业地产不断发展，复合体和综合体正在成为服装专业市场新的表现形式。据“服市汇”网站初步统计，2010 年新开业、新建设、新规划的服装专业市场中，具有复合型、综合型和集群型性质的专业市场占到了 80% 以上。尤其值得注意的是，新型市场综合体的出现，改变了传统的服装专业市场“专业业态”的市场格局，服装品类市场只是商贸综合体的部分之一，大约占到 5% ~10%，而更多的业态则表现为鞋帽、家具、小商品、汽配等相关市场（表现为市场群）以及写字楼、酒店、展览、公寓和物流中心（表现为综合体）等。比如，沈阳五洲国际商贸城、武汉汉口北商品交易市场等。

（5）中国服装专业市场商圈特征分类

中国服装专业市场按照商圈特征可分类为：圈状型、块状型、点状型、条状型。

①圈状型

若干服装专业市场聚集在一起，构成了服装专业市场批发商圈。比如，广州的流花商圈、北京的大红门商圈等。

②块状型

主要是指按照服装的专业化分类，形成产业集群和市场集群的有效结合，构成整体板块。例如，广东普宁衬衣和普宁国际服装城、织里的童装名镇和织里童装城等。

③点状型

服装专业市场以单一市场或商贸城为基础而独立存在。比如，沈阳国际服装城、上海世贸商城等。

④条状型

主要是服装批发一条街类型。基本上是早期自发形成，然后经过历史沉淀形成。例如，福州的中亭街、石狮的布墟街、北京的秀水街、广州的高地街等。

2010 年以来，随着服装专业市场规模化和品牌化建设需要，服装专业市场逐步淡化点状和条状型专业市场，同时块状型市场除非有独特核心竞争力，一般也很难形成服装批发市场氛围，而围绕圈状基础环境开发建设服装类专业市场正在成为新的热点。

5. 中国服装专业市场的品牌建设

服装专业市场品牌建设是一个永恒的主题，通常主要由四个方面构成，即商圈品牌、市场品牌、商户品牌、商品品牌。

良好的服装专业市场品牌需要有品牌的承受载体。比如，义乌中国小商品城、绍兴中国轻纺城、常熟中国服装城等，都是市场主体与品牌主体的统一体，也是推广与收益的统一体。遗憾的是，我们的一些服装市场，如成都荷花池、武汉汉正街市场等，尽管在市场建设初期形成了良好专业市场品牌基础，但由于对专业市场品牌缺乏维护主体，而导致专业市场品牌的流落和泛用，失去了品牌专业市场的核心价值。

中国重点品牌服装专业市场年品牌维护费一览表（估算）

市场	主体	品牌	管理（管委会与公司）	维护费（万元）（估算）
义乌	中国小商品城股份有限公司	义乌国际商贸城	股份制	10000
绍兴	中国轻纺城建设股份有限公司	中国轻纺城	股份制	8000
五爱	五爱集团有限公司	五爱国际商贸城	一体化	2000
盛泽	中国东方丝绸股份有限公司	东方丝绸市场	股份制	4000
常熟	中国常熟招商城集团有限公司	中国服装城	一体化	5000
石狮	石狮服装城发展有限公司	石狮服装城	一体化	3000
白马	广州白马服装市场有限公司	白马服装城	股份制	1000
大红门	北京大红门服装市场	大红门服装城	一体化	2000

“商圈运营、投资开发、管理服务、品牌维护”一体化管理是打造品牌商圈的基本保障，否则就如同在“麻袋上绣花”，商圈失去了品牌价值，市场也就失去了核心竞争力。正是由于品牌专业市场的形成，推动了专业市场的连锁投资和经营。比如，海宁皮革城到辽宁建设佟二堡—海宁皮革城等。而品牌专业市场的形成也促进了商户借助专业市场的“品牌渠道”打造自己的“渠道品牌”，比如北京天雅大厦作为品牌专业市场带领商户进入俄罗斯市场，协助商户打造出新的“渠道品牌”。同时，品牌专业市场在孵化品牌商家的过程中也孵化了品牌商品，比如虎门富民服装市场就协助商家孵化出了“以纯”等服装品牌。

2010年以来，服装商圈和服装专业市场的共同品牌建设正伴随着商业地产的快速发展而成为潮流。比如，广州流花商圈在市场转型和提升中，首先提出了将“流花”品牌的整体规划和建设与区域规划、产业转型、网贸模式和资本运营结合，为专业市场和商圈的品牌整合建设创造了新的商业模式。

（二）中国服装专业市场运行分析

据“服市汇网”不完全统计，2010年，我国拥有各类服装专业市场约1000家，综合市场总面积23103万平方米，其中，服装类或以服装为核心的专业市场经营面积6325万平方米，同比增长14％，市场店铺总数110.38万个，同比增长13.9％，市场经营商户总数超过100万户，同比增长11.1%，市场成交额1.61万亿元，同比增长40%，服装专业市场总体经营水平好于2009年，各项指标增幅超过12%。在服装专业市场中，单纯的服装专业批发市场建设速度开始趋缓，招商出现一定程度的困难，而主题类和复合类服装商贸综合体呈现快速发展趋势。

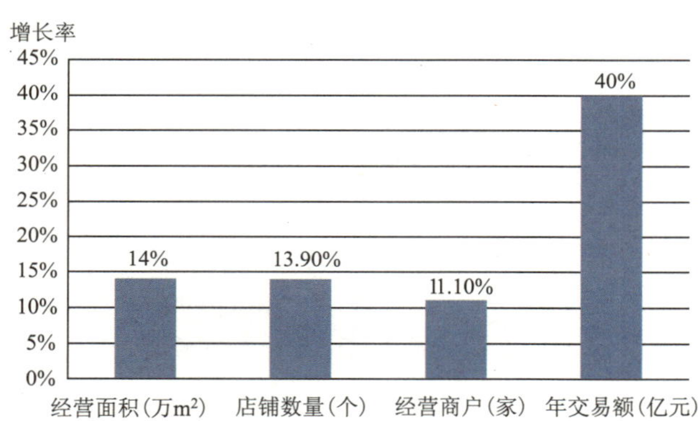

图6－8　2010年中国服装专业市场运行情况

1．2010年中国服装专业市场运行数据

（1）东部地区市场竞争力进一步提升，中西部市场发展迅速

长期以来，我国东部“五省一市”一直是主要的服装专业市场集聚区。2010年，随着服装专业市场竞争力和垄断地位的不断巩固和加强，服装专业市场的转型与提升速度明显加快，网络型、展会型、物流型、创意型市场正成为服装专业市场转型和提升的主流。据“服市汇网”不完全统计，2010年，东部沿海“五省一市”的服装专业市场总数达到约524个，占全国服装专业市场总数的52%，服装专业市场总经营面积4660万平方米，同比增长16.5％，占比达到73.67%，市场成交总额达到1.02万亿元，同比增长22.02%，占比达到63.35％。

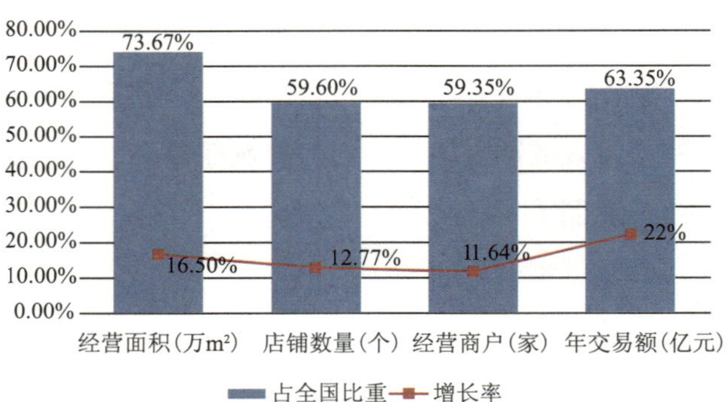

图6－9　2010年东部沿海“五省一市”服装专业市场运行情况

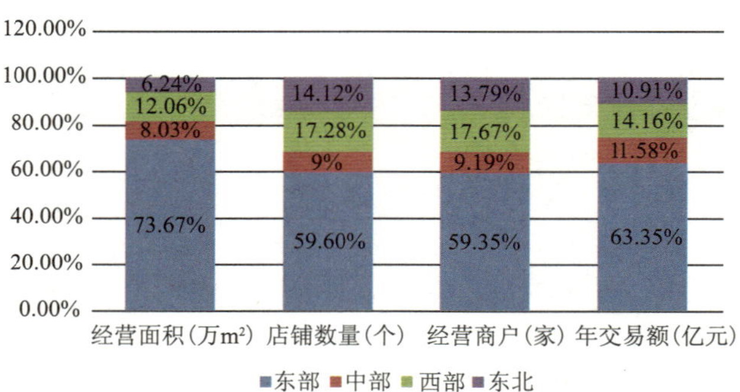

图6－10　我国服装专业市场地区分布情况

如此相比，中西部服装专业市场发展也开始加速。随着服装产业的转移，服装专业市场也开始向中西部连锁和投资。西柳中国商贸城、佟二堡—海宁皮革城、乌鲁木齐童装城、沈阳奥特莱斯等新兴市场开始涌现。据统计，到2010年，中西部服装类市场总面积达到1322万平方米，同比增长8.36%，占全国服装专业市场总经营面积的20.9%。

（2）市场租售比例差异较大，市场招商难度增加

随着东部地区市场竞争加剧，中西部市场运营难度增加。广州白马、虎门富民等服装市场租金与其他地区市场租金相差几倍或几十倍，即便是同一商圈、同类型市场，也会因为服务和品牌差异，租金相差甚远，比如北京天雅大厦、上海新七浦市场等也比相近市场租金高出很多。与此同时，由于大量服装专业市场同质化建设和非专业招商，导致招商难或者经营一两年就关门的现象。比如无锡新世界国际纺织服装城、沈阳国际纺织服装城等。事实证明，服装专业市场的核心竞争力是品牌和服务，随着“买方市场”的来临，服装专业市场“皇帝女儿不愁嫁”、“一铺难求”的时代已经一去不复返了。

2．2010 年中国服装专业市场运行特点

与 2009 年相比，2010 年中国服装专业市场的运营呈现如下特点：

（1）东南沿海“五省一市”依然是主流

长期以来，中国东南沿海的广东、福建、浙江、江苏、山东和上海“五省一市”无论市场规模、市场数量，还是市场交易额，都占据了中国服装专业市场的 50% 以上。这些服装专业市场大多是“一级批发”，成为中国服装专业市场的风向标。尤其是产业集群和市场集群之间的互动，进一步推动了服装专业市场的形成和发展，构成了类似广东的虎门、福建的石狮、江苏的常熟、浙江的濮院、山东的即墨等产地型服装专业市场商圈。

（2）中心城市逐步形成多级商圈

2010 年以来，随着网络、时尚、创意、品牌等新经济对服装产业的影响加剧，集散型服装专业市场得到快速发展。如北京大红门商圈开始重视时尚创意，杭州四季青商圈开始拓展电子商务，上海七浦路商圈开始推广品牌孵化等，为中心城市发展服装专业市场提供了新的经验和模式。尤其是随着中心城市服装专业市场多级商圈的形成，比如，北京的大红门、动物园、雅宝路；杭州的四季青、九堡；武汉的汉正街、汉口北；广州的流花、东站、番禺等，构成了多级商圈在市场竞争中求得发展的新景象。

（3）二、三线城市开始布局启动

2010 年以来，随着中国城市化发展，二、三线城市商业地产和专业市场也得到了同步扩张，除了昆明、合肥、郑州这样的二线城市的服装专业市场得到快速发展之外，平湖、普宁、泸州、廊坊、沭阳等三、四线地级城市的服装专业市场也雨后春笋般涌现。这些专业市场大多以商贸城或产业新城的方式进行复合型投资，无论是商业地产推动了专业市场的发展，还是专业市场带动了城市建设，服装专业市场正在成为壮大产业集群的重要力量。值得注意的是，这些地区建设的服装专业市场面临招商和运营压力，发展之余，更需要保持清醒头脑，使专业市场真正成为二、三线城市区域化、城市化建设的新生力量。

（4）商贸综合体构成市场新形态

2010 年以来，服装专业市场的建设呈现出一种新迹象：在新建服装专业市场中，单体服装专业市场越来越少，取而代之的是或以服装为主题、或以服装为补充的商贸综合体。比如沈阳五洲国际商贸城、广州国际商品展贸城等，不仅包含服装市场，也包括了百货、家居、电器、建材等，还包括了酒店、写字楼、会展、物流等。商贸综合体的出现是品牌商圈趋于“红海”竞争过程中“自建商圈”的一种行为，为商业地产开发和招商提供了全面保障。

（5）服装专业市场“跨界”、“混搭”趋势明显

2010 年以来，服装专业市场表现出“四大”“跨界”，一是专业市场与电子商务的跨界，比如 80% 以上的服装专业市场开展了电子商务或网站；

二是专业市场与购物旅游的跨界，比如义乌、海宁市场等成为国家4A级购物旅游区；三是专业市场与资本连锁的跨界，比如人和地一大道等；四是专业市场与博览会展的跨界，比如华南城国际商品综合博览会等。同时呈现出“四大”新“混搭”。一是专业市场与零售商城的混搭，比如成都尚都服装市场等；二是专业市场与奥特莱斯、尾货的混搭，比如北京方仕商贸城等；三是专业市场与创意设计的混搭，比如杭州中纺中心等；四是专业市场与现代物流的混搭，比如义乌国际商贸城等。服装专业市场“跨界”和“混搭”为服装专业市场的多元化发展和多渠道衍生创造了新空间。

（6）服装产业与市场“双转移”步伐加快

2010年以来，中国服装产业转移步伐明显加快，郑州的女裤、成都的女装逐步在全国市场兴起，与此同时，安徽、河南、湖南、重庆、湖北、河北也开始成为东南沿海服装产业转移的首选。中西部服装工业园的兴建和服装专业市场的建设，实现了中国服装产业的“双转移”，即在转移产业的同时，也转移了市场。值得注意的是，2010年以来，随着服装专业市场品牌商圈国际化采购功能的提升，“逆向转移”成为一种新趋势。比如，越南、巴基斯坦的商品向义乌市场转移、武汉的汉派服装向广州的流花商圈转移等。事实证明，未来专业市场的聚集展示功能进一步加强，中国服装专业市场国际化采购功能将进一步提升。

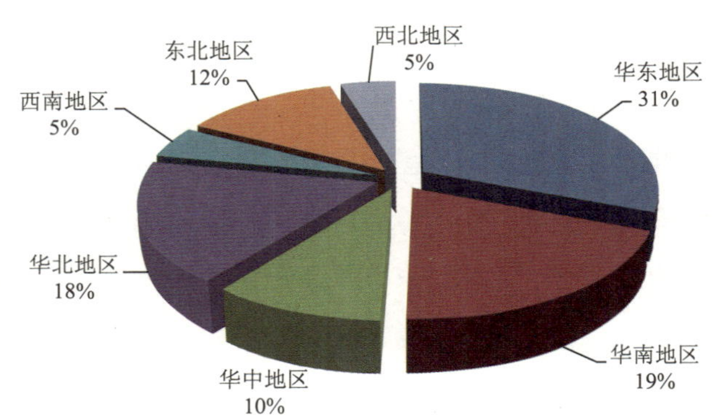

图6－11 我国服装专业市场地区分布情况

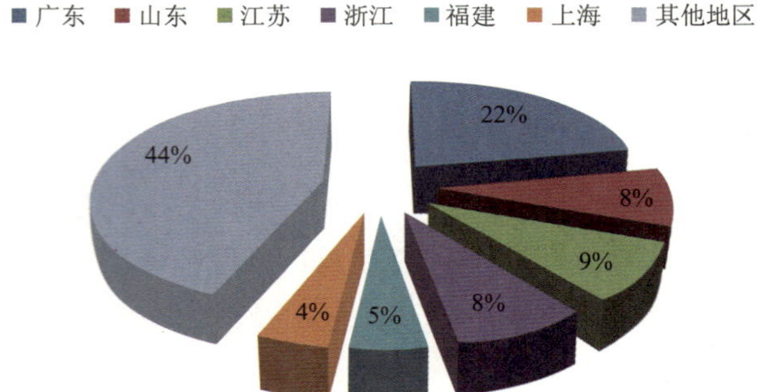

图6－12 第一级服装专业市场比例分布情况

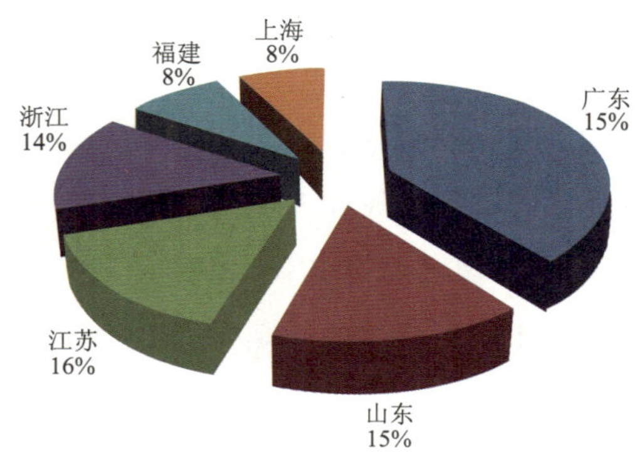

6－13 东南沿海地区“五省一市”服装市场之间比例分布情况

（三）中国服装专业市场区域布局情况

1. 中国服装专业市场按照区域分布情况

2. 中国服装专业市场按照辐射范围分布情况

第一级服装专业市场区域：以产地型市场为主导，山东、江苏、浙江、福建、广东、上海“五省一市”，市场占比为56％。

第二级服装专业市场区域：以集散型市场为主导，辽宁、北京、天津、河北、河南、湖北、湖南、四川、重庆、江西、安徽，市场占比28％。

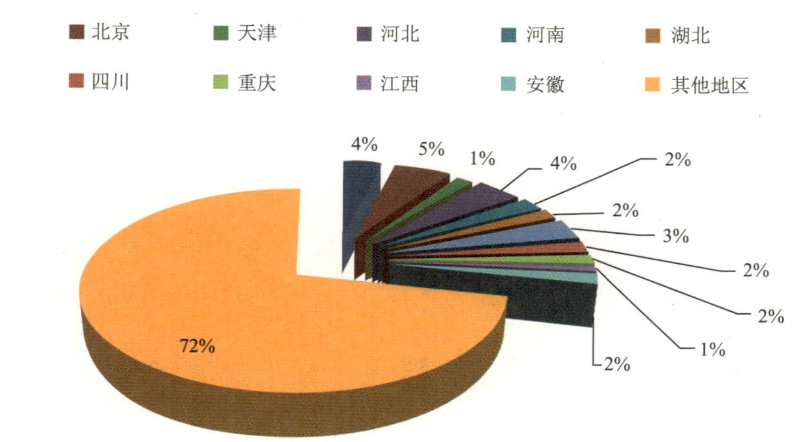

图 6－14　第二级服装专业市场比例分布情况

第三级服装专业市场区域：以黑龙江、吉林、山西、陕西、内蒙古、甘肃、新疆。

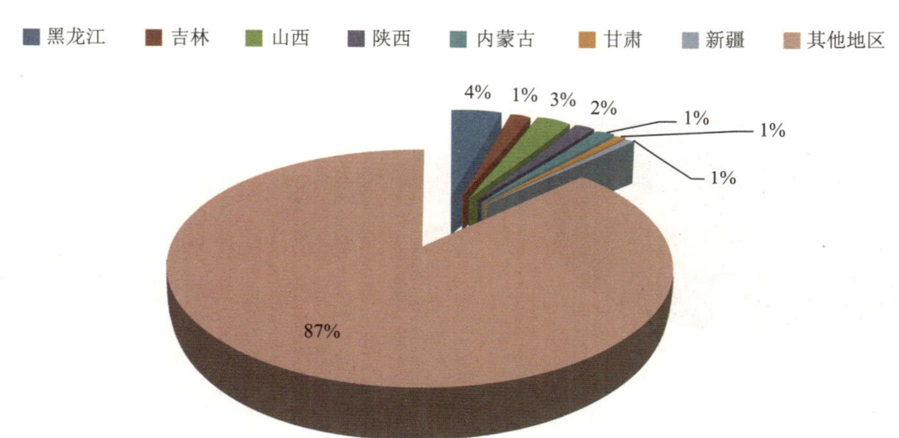

图 6－15　第三级服装专业市场比例分布情况

第四级服装专业市场区域：宁夏、青海、西藏、广西、云南、贵州、海南。

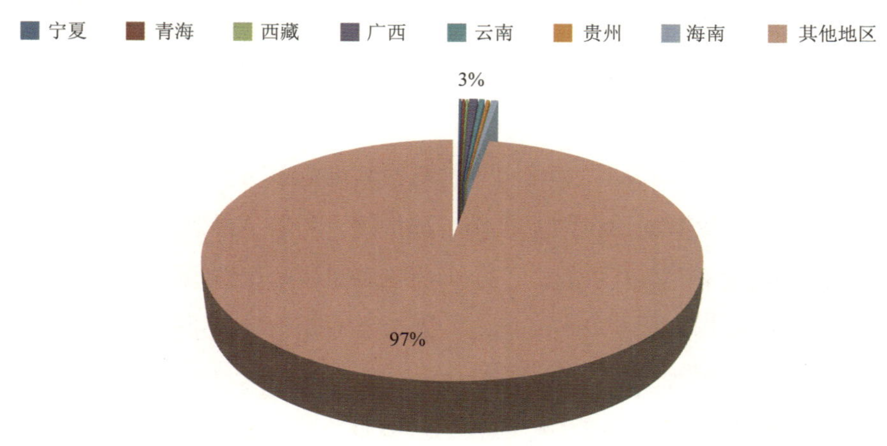

图 6－16　第四级服装专业市场比例分布情况

2010年，中国服装专业市场数量前十位的排名为：

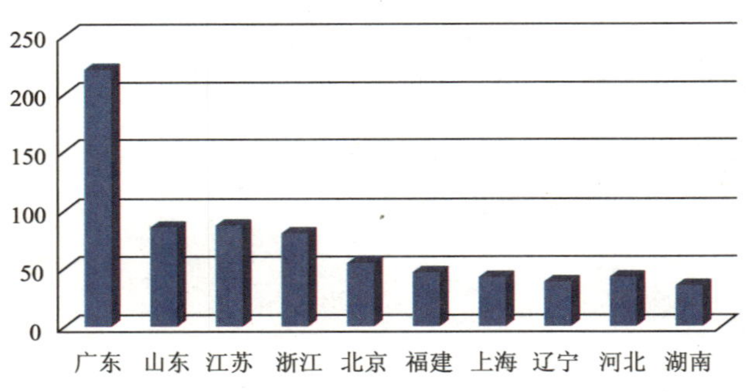

图6－17 服装专业市场数量前十省份

3. 按照行政区划分中国服装专业市场

（1）华东地区

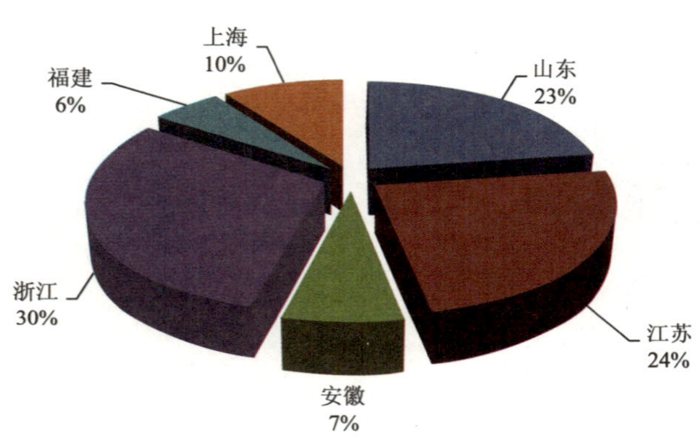

图6－18 华东地区服装专业市场分布情况

华东地区是中国经济最繁荣的区域之一，尤其江、浙、沪等地，不仅地理位置优越，而且消费文化有基础，成为中国服装专业市场的重要基地。

上海作为中国最大商业中心城市，经过20年历练，服装专业市场已呈现出一种“高端”形态，尤其是上海世贸商城作为新兴服装市场的功能业态，正在成为新一代服装市场模式创新和品牌孵化引领者。沪上最大的七浦路服装专业市场正在随着上海“时尚中心”建设步伐的推进而悄然发生变化。

浙江的服装专业市场是中国服装专业市场的集中代表，也是一派繁荣，拥有四季青服装市场等15家专业服装市场。突出的性价比极大增强了市场吸引力和辐射力，吸引来自全国各省市的客商慕名来此交易。近年来，随着杭州四季青服装市场的发展，尤其是以中纺中心服装城为代表的新一代专业市场的出现和创意、设计产业的发展，杭州女装批发市场有了新发展。

与此同时，浙江义乌在大力发展小商品和国际化采购中心的同时，加快发力服装专业市场，新近规划建设的70万平方米的服装专业市场将进一步瓜分中国服装专业市场批发份额。绍兴柯桥的服装专业市场也开始大规模起步，构建布料、服装、创意、会展等新的产业链。此外，浙江濮院的羊毛衫、大朗羊毛衫、海宁皮革城、桐乡皮革城等一批新兴服装专业市场正在分享浙江服装专业市场的批发蛋糕。值得注意的是，宁波另辟蹊径，希望通过展会、OEM和电子商务等新兴模式进军服装专业市场。

江苏的常熟中国服装城正在成为中国服装产业链最完整的地区之一。常熟的中国男装中心、中国裤装中心、中国女装中心、中国外贸内销中心等新主题业态的分类为常熟成为中国服装专业市场的主题细分市场奠定了基础。常熟正在围绕服装产业和产业链构建具有会展、品牌、创意、网络的新城市中心。此外，江苏经济发达，基础设施完善，产业密集，时尚品位高雅等都为专业市场的成功提供了有力保障。江苏服装专业市场中还有一批后起之秀，比如高邮的中国纺织服装城、中国沭阳国际服装南北汇等，但这些专业市场的定位和效果有待市场检验。

福建的服装专业市场近年来发展迅速，福建石狮服装城的成功搬迁和扩大，为石狮服装市场的发展搭建了新型平台，尤其是石狮服装城的二期建设完工和海峡两岸纺织服装博览会的举办，巩固了石狮服装专业市场在中国服装市场中的地位。

山东素有“大纺织、小服装”之称，虽然在全国服装业中能叫得响的名牌并不是很多，但即墨市服装批发市场、淄川服装城等专业市场却不可小觑。济南的泺口服装城则是山东的服装中心。山东海阳国际针织毛衫城可谓后起之秀，欲打造成面向全世界的以针织毛衫生产、推广、销售为重点的，以展示、推介、采购和物流为主的，具有完善配套服务功能的专业市场。另外，山东招远金都皮革城、青岛国际服装城、滨州中博国际商贸城、蓬莱博展国际商贸城等综合商贸城的面积都达到了100多万平方米，正在成为新的服装专业市场竞争地。

（2）华南地区

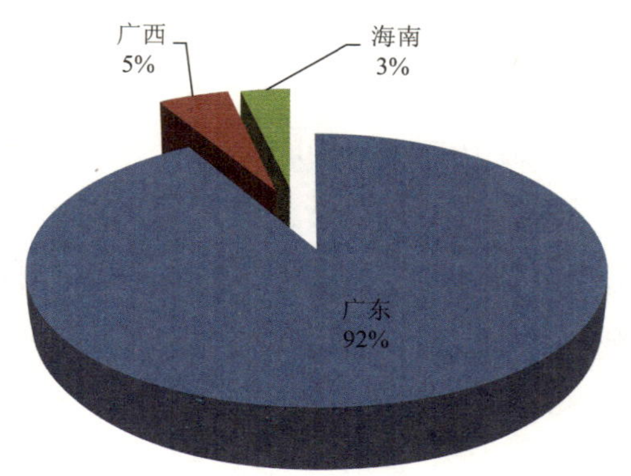

图6－19　华南地区服装专业市场分布情况

华南地区坐拥珠江三角洲，其地理环境、自然资源及政策的优势，使得华南地区的服装专业市场经济地位令其他区域难以望及。

广州是国内服装重要供应地、国外服装加工基地，已成为全国乃至世界服装流通基地，并形成四大“支流”：流花—矿泉区块、十三行区块、沙河区块和番禺区块。前者覆盖广州白马服装批发市场、黑马服装批发市场、流花服装批发市场、红棉步步高时装广场、天马大厦服装广场、越秀区天龙服装总汇、广州服装汇展中心、莱莉阁时装批发商场、广州市越秀区新星服装批发商场；后者覆盖沙河第一成衣批发市场、天宝成衣批发市场等。同时，广州服装专业市场围绕广州火车站的迁移，广州国际商品展贸中心、广州世贸服装城、广州天汇城等一批新建服装专业市场正在崛起，而广州世贸服装城、广州中华汇等也正在成为流花商圈的新奇葩。广州T. I. T服装创意中心等更是展示了广州服装专业市场创新的新趋势。

深圳服装专业市场也出现了新的发展势头，围绕东门、海燕等服装市场，深圳时尚女装正在成为一个新的亮点，同时深圳华南城正在复制华南城模式，分别在昆明、咸阳、徐州、铁岭等地区建设连锁型专业市场综合体，成为专业市场创新模式的典范。

华南服装重镇虎门，地处穗、深、珠和粤、港、澳经济走廊交汇点。虎门创造出了一批具有一定知名度的品牌服装专业市场，聚集着富民、黄河、龙泉、新时代及金百利等专业市场，并形成了颇具规模的产业集群。同时，普宁围绕衬衣、服装等产业打造的中国普宁国际服装城也正在成为新亮点。

（3）华北地区

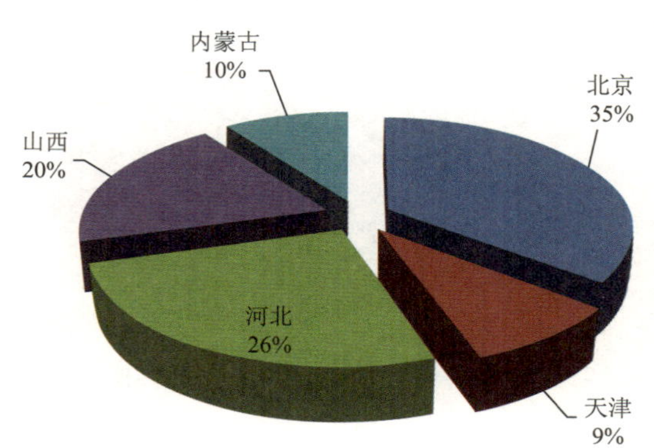

图6－20　华北地区服装专业市场分布情况

北京的服装专业市场客户相对集中、市场规模大、成交额高，在全国具有相当高的知名度。华北地区最大的服装集散市场木樨园（大红门），其中的百荣、天雅等专业市场以品牌服装交易为主，加快了时尚创意建设步伐，并开始以强大的能量辐射整个华北、东北乃至全国。与此同时，20世纪80年代就形成的动物园商圈发展迅速，造就了一批较具规模的专业化服装批发市场。其中，广州白马参与北京天和国际服装商城建设和管理，给动物园商圈带来新亮点，北京雅宝路服装市场成为国内少有的几家专门针对国外市场的重要基地。

华北地区服装专业市场比较有影响的还有河北的石家庄的南三条、白沟、辛集等市场，而廊坊、涿州等地区也开始发力。此外，天津的大胡同服装市场也逐步开始回升，京津国际商贸港正在成为天津发展服装专业市场的重要标志。

总之，华北地区服装专业市场以北京为圆心，利用其特有的辐射功能，结合当地的产业集群和交通优势，加上政府部门大力扶持，在全国专业市场中具有不可替代的地位。

（4）华中地区

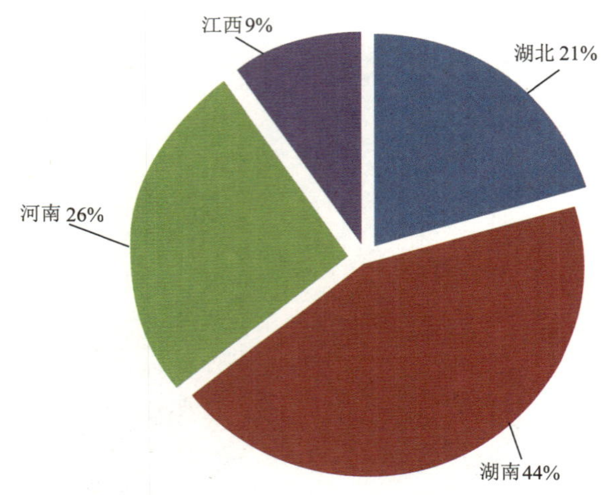

图6－21　华中地区服装专业市场分布情况

华中地区位于中国腹地，改革开放后在中国率先恢复发展个体私营经济。在20世纪80年代凭借其优越的地理优势，发挥着引南接北，承东启西的流通功能，曾经创造出辉煌的商业史。

享有“中国第一街”、“城市500年的商业之根”等盛名的汉正街，其市场营业面积共2.56平方公里，经销产品包括服装、饰品、拉链等28大类商品，3000多家服装企业和1000多个品牌，产品以低档为主，但也有一些企业创品牌，走中档路线。由于同类产品过度集中，品牌又缺乏鲜明的个性风格和独具特色的文化理念，最终使曾占据武汉70%份额的“汉派”服装市场，逐步被外地品牌所替代。

如今的汉正街打出“二次创业”的口号，又陆续新增了地一大道、品牌服饰城等6个专业市场，经营方式从以往的单纯销售拓展到为客户提供营销代理、大型展卖场、商务资讯咨询、电子商务等现代商贸活动所需的全方位服务。武汉的汉正街辐射我国中西部地区，以这些地区的二级批发进货为主，但汉正街的火灾隐患、混乱的布局和管理不到位导致汉正街将逐步沦丧而面临新抉择。同时，汉口北服装市场也开始逐步兴起，围绕汉正街而建设的工业园、物流基地等也相继出现，武汉服装专业市场必将会迎来新变化。

郑州作为华中地区的重要服装专业市场，近年来发展迅速，结合郑州女裤和站前二七商圈的建设，郑州银基商贸城、郑州地一大道、郑州世贸、郑州锦荣商贸城等服装专业市场开始发力，并且大有引领中部服装之势。

华中地区的行业明星还有湖南株洲芦淞服装专业市场等。白马大厦、智超广场、华丽批发市场、中国城、芦东市场等一批专业市场也开始发力。借助政府的支持和炎帝服饰文化节，逐步提升芦淞服装市场和产业的全面发展。

合肥服装专业市场近年来发展迅速，安徽服饰一条街正在成为合肥服装专业市场振兴和发展的平台，随着安徽白马、合肥四季青等服装专业市场的形成，合肥服装专业市场正在成为华中地区服装专业市场的新商圈。

（5）西南地区

西南地区服装专业市场发展迅速。重庆开始规划服装专业市场商圈，重庆朝天门服装市场位于重庆渝中区东南端长江和嘉陵江交汇处，交通运输便利，年销售额接近110亿元，直接消费人群过亿，成为周边地区消费的“晴雨表”。观音桥服装批发城的改造建设以及盛隆大厦、天奕广场等也开始崛起。

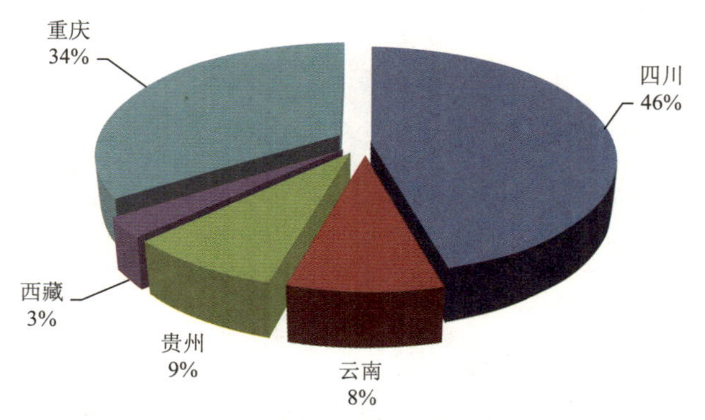

图 6－22　西南地区服装专业市场分布情况

成都作为西南服装中心，服装市场集中在青年路步行街春熙路。主要服装市场是成都尚都服饰广场、经营休闲装的明都大厦、经营时装的九龙广场、经营正装的万紫商城等以及传统的荷花池商圈中的金荷花、中国西部商贸城等，均在重新布局成都的服装市场。

昆明作为东盟商贸中心的桥头堡，火车站旁边的螺蛳湾各期及其附近的双龙商场、云南纺织品交易广场不断提升，尤其是螺蛳湾国际商贸城、昆明华南城的建设，进一步提升了昆明作为中国西南商贸物流中心的地位。此外，贵阳的服装市场主要在市西路，重要市场有澳马商场、男人大世界、女人大世界、恒丰商场、顺通商场等。

（6）东北地区

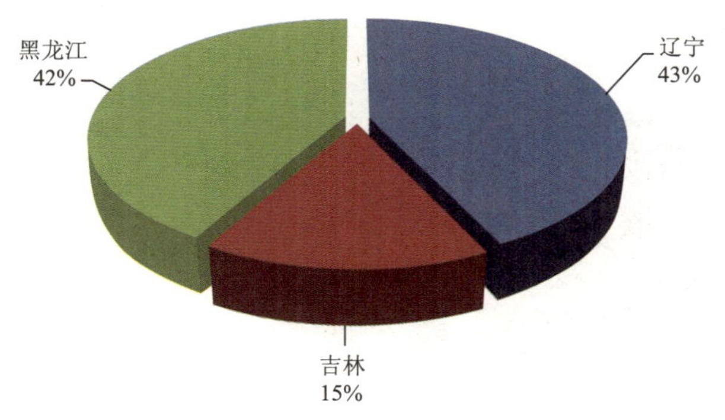

图 6－23　东北地区服装专业市场分布情况

东北地区的中心是沈阳，以沈阳五爱市场服装城为代表的服装市场近几年发展缓慢，以往辐射东三省、河北、内蒙古东部地区，远到俄罗斯、中亚、东欧的一些国家，日平均客流量 20 万人次以上。但近年来，由于受到体制和政策方面的制约，五爱市场的服装明显处于落后的境地，市场老化现象十分突出，辐射范围正在逐步缩小，新建设的五爱美博时尚品牌中心、五联商业广场等由于多重因素尚未投入使用。不过，沈阳地一大道、沈阳国际服装城、沈阳南塔商圈、沈阳五洲商贸城等新兴市场的形成，正在不断完善沈阳服装专业市场的新布局。

近年来，西柳服装专业市场有了很大提升，西柳女裤逐步成为新的区域品牌。随着政府高度重视及西柳中国服装城的建设和开业，西柳服装专业市场正在成为东北新的服装产业基地和批发商贸中心。而辽宁佟二堡—海宁皮革城的开业则预示着以海宁皮革城为代表的中国服装专业市场北移、连锁的趋势开始形成。

吉林省长春市的黑水路市场规模也不小，远东商贸城、黑水路市场等服装专业市场生意兴隆。虽然目前经营档次不高，管理水平也相对低下，长春服装专业市场明显缺乏政府引导和政策指导，但是服装专业市场经营和销售能力还是十分旺盛的。尤其是长春市新光复路市场建立，正在打破传统的服装市场格局。

哈尔滨服装专业市场目前正在为东北服装专业市场的一个新亮点，不论管理及品牌运作方面都略胜一筹。红博世纪广场近年来发展迅速，逐步成为东北服装专业市场的新领军，有发展潜力。

（7）西北地区

西北地区服装专业市场的代表为西安，其中，西安的康复路和长乐路最为突出。康复路的多彩西部广场较老，长乐路的华东品牌交易广场是后起之秀。随着西安多家服装专业市场的改造升级，新的商贸综合体正在崛起。而西北地区兰州的西部品牌广场已开始引领兰州服装专业市场的新发展。

值得注意的是，新疆的服装专业市场近年来发展迅速，尽管几年前乌鲁木齐德汇市场大火事件影

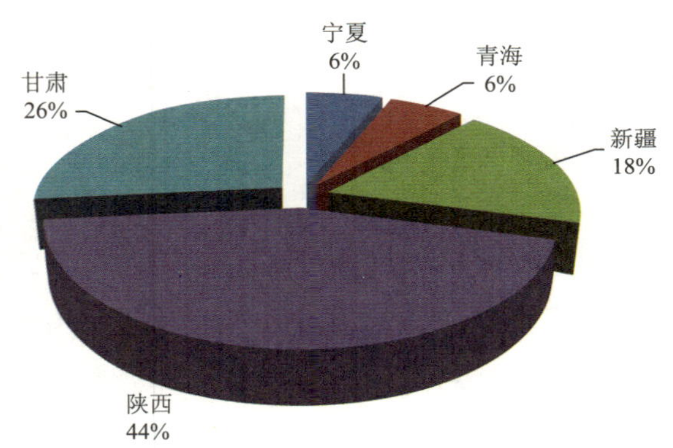

图 6－24　西北地区服装专业市场分布情况

响到新疆服装市场的发展，但随着站前路、小西门等专业市场的发展，尤其是国家支持新疆快速发展对口支援的政策，新疆服装专业市场的发展必然迎来新一轮机遇。

总之，2010 年以来，中国服装专业市场的布局变化不大，部分新建专业市场正在不断完善和调整市场新格局。但从一些新建专业市场的运营效果看，依然需要经过时间的检验，尤其是要突出模式创新和品牌运营。

二、2010 年中国服装专业市场产业综合经营数据分析

(一) 2010 年中国专业服装市场经营情况

服装专业市场商铺发展变化趋势：10～20 平方米的小型商铺数量总体减少，相比之下，30～80 平方米的大店，甚至 100～200 平方米的展示店数量开始增加。

1. 2010 年中国服装专业市场交易总额

2010 年中国服装专业市场交易总额约为 1 万亿元，比 2009 年中国服装专业市场交易总额 8000 亿元，增长约 20%。2010 年中国服装专业市场交易额的增长中，市场产业附加值增长开始显现。市场产业附加值主要包括会展、品牌、网络、创意、物流等，占到整个市场交易额的约 10%。未来，随着服装专业市场总部进入“服务化”和“网络化”时代，市场产业附加值会逐步增大，大多数专业市场管理者开始脱离传统开发商的范畴，蜕变为服装专业市场运营商。

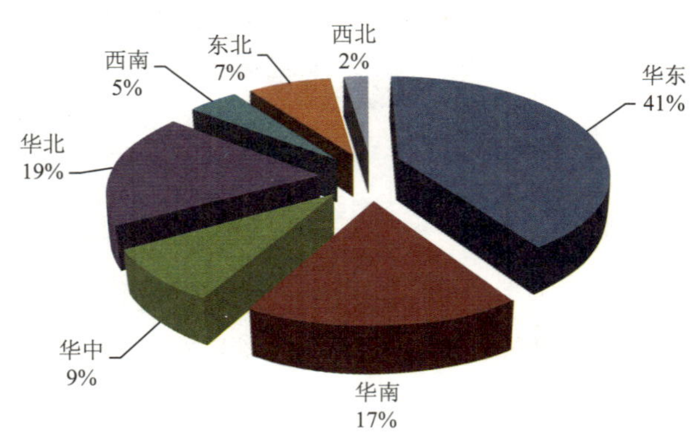

图 6－25　2010 年中国服装专业市场交易总额比例图

2. 2010 年中国服装专业市场商铺数量

2010 年中国服装专业市场商铺数量达到近 120 万个，与 2009 年约 100 万个商铺数量相比，增长 20%。相比专业市场的总面积增长，市场摊位的空置率也开始出现。新增专业市场的商铺中，空置率大约占到 20%～30%之多。一些脱离传统商圈而新建的服装专业市场问题尤为突出。如何提升专业市场品牌形象、商铺价值和利用率，成为商铺租售的核心。

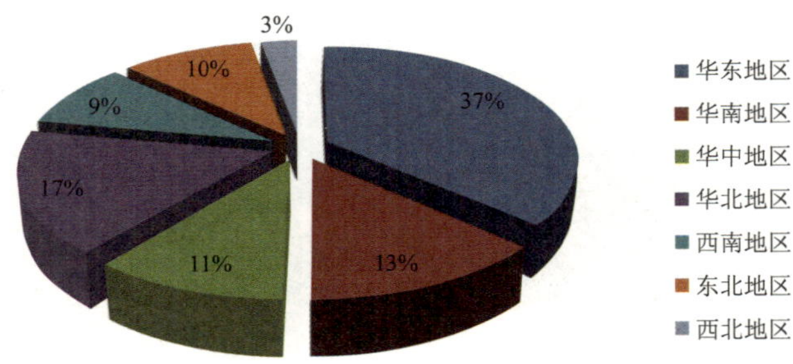

图 6－26　2010 年中国服装专业市场商铺数量比例图

(二) 2010 年中国重点服装专业市场建设情况

2010 年以来，中国重点服装专业市场建设依然火热。新建、新兴和在建市场已经占到了总市场

的55%，比2009年中国重点服装专业市场建设增长18%左右。其中，新建、新兴和在建市场主要表现为商贸综合体和主题类服装市场，尤其是随着2010年中国二、三线城市商业地产的快速发展，在新兴城市和新兴区域建设复合型专业市场成为一种新的趋势。

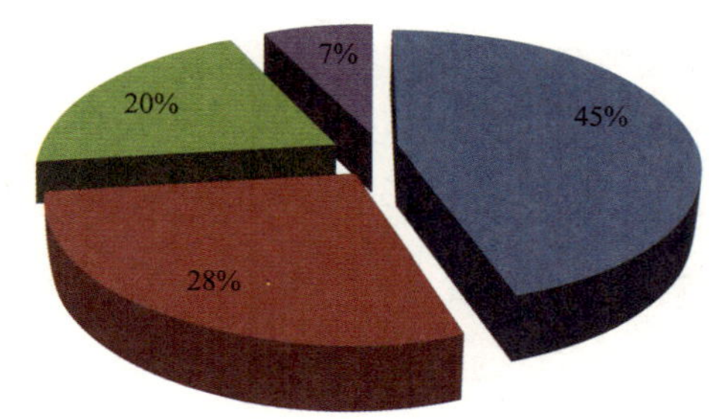

图6-27　2010年中国重点服装专业市场建设情况比例图

（三）2010年中国重点服装专业市场分类

2010年，中国服装专业市场逐步进入细分化时代，混装型逐步减少，主题型、专业型服装专业市场数量增加，比2009年增加10%。

2010年以来，主题类服装专业市场比重快速增加，海宁皮革城、濮院国际羊毛衫城、织里童装城、新塘牛仔服装城等专业市场无不打上“主题”的烙印。随着服装专业市场激烈的竞争，主题细分、精准定位正在改变传统服装商圈的格局。

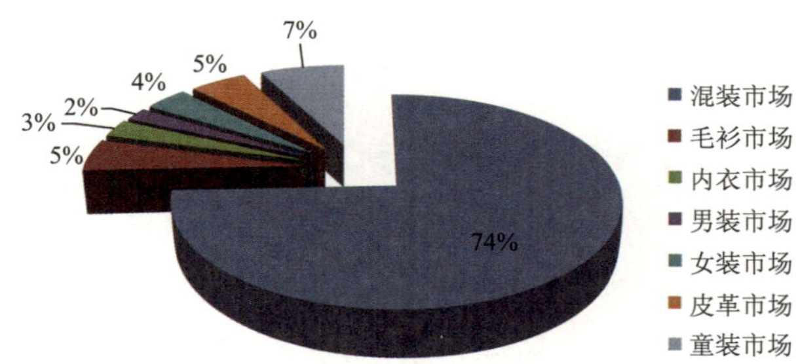

图6-28　2010年中国重点服装专业市场分类比例图

与此同时，网络型（淘宝1688）、创意性（广州T. I. T）、展会型（深圳华南城）、展贸型（广州国际服装交易汇）等平台正在成为服装专业市场的创新形式，比重逐步增加。

三、2011年我国服装专业市场趋势与对策分析

（一）2011年中国服装专业市场面临的机遇和挑战

1. 机遇

中国服装专业市场经历了30年发展，取得了丰富经验和资源积累。2010年以来，中国服装专业市场伴随着中国经济的快速发展，也迎来了诸多新的机遇。

机遇一：城市化推进、资本化运营将继续推动商业地产的发展，尤其是二、三线城市的发展将带动服装专业市场的进一步连锁扩张。

机遇二：国家扩大内需、调整产业结构、振兴民族品牌的战略将成为服装专业市场发展的强大动力。

机遇三：国家支持战略性新兴产业的发展战略，将进一步推动新一代信息技术和电子商务在服装专业市场中的应用和发展。

机遇四：服装市场产业开始形成，产业链的细分和全产业链的形成将进一步促进服装专业市场的模式创新。

机遇五：网络、创意、展会、时尚将成为未来服装产业聚集和产业选择的重要依据和基础。

机遇六：以高铁、城铁、轻轨为代表的现代快速交通体系加快了服装专业市场之间互动、整合、购并步伐。

2. 挑战

2011年是中国经济面对新挑战的一年，尤其要面对金融危机、贸易保护主义以及人民币汇率和国内调整产业结构、转变经济增长方式的影响。

挑战一：国际经济形势、贸易保护、人民币汇率上升以及国际资本的波动给中国服装专业市场发展带来新挑战。

挑战二：国家抑制通货膨胀以及控制房地产投资和劳动力成本的上升以及投资风险的加剧，使中

国专业市场的快速发展面临新的课题。

挑战三：区域内、商圈内专业市场同构、同质现象和被边缘化比较严重，传统服装专业市场规模过剩、模式老化，专业市场招商、经营之间的竞争压力日益严重，服装专业市场结构性调整和产业性提升成为新的课题。

挑战四：中国服装专业市场经过多年的演变，依然面临零售商城、主题直营、现代物流、电子商务、创意设计等新领域和新知识检验以及“创造新经验、创新新体制、创建新模式、创意新文化”的要求和考验。

挑战五：随着国家转变经济增长方式以及发展低碳经济、生态经济的政策，土地、生态、市场、渠道等资源制约将越来越严重，中国服装专业市场的集约化发展将迎来创新性挑战。

挑战六：随着中国服装专业市场的快速发展和整体转型，创业、创新、创造、创意人才十分短缺，培养新一代服装专业市场的运营商、职业经理人、专业策划师、新一代代理商、经销商等已经成为中国服装专业市场健康发展的关键。

（二）2011 年中国服装专业市场实现新突破的实施要点

2011 年，中国服装专业市场将为实现跨越式发展和弯道式超越而努力。国际化、城市化、网络化、时尚化成为 2011 年中国服装专业市场的新主题。把脉中国服装专业市场的趋势和未来，需要进一步了解专业市场的发展趋势，理解专业市场变化规律，破解专业市场招商运营中的难题。

1. 实现专业运营

服装专业市场的核心是专业。不仅要表现为业态和品种的专业化交易，还体现在精准定位和专业化服务，更要呈现资本和连锁的专业化运营。“三位一体”才能确保中国服装专业市场的成功招商和有效运营。

2. 坚持模式创新

服装专业市场的成败是运营。“集成化招商”和“品牌化运营”是未来服装专业市场能否成功的关键。那种“一卖了之，一拍定之”的做法正在被市场所诟病。服装批发市场的黄金时代已经过去，专业化、集成化、网络化、数字化服装专业市场必然进入虚实结合的电子商务的新领域。不断的模式创新才是决定服装专业市场成败的新抉择。

3. 实施人才支撑

服装专业市场的灵魂是人才。长期以来，服装专业市场的人才大多是“经验操手”。但随着服装专业市场网络型、创意性、品牌化发展，需要更高端、更综合、更专业的专家顾问和职业经理，才能把握服装专业市场的精准定位和资源性管理，确保专业市场投资、开发、运营和管理的连续性和有效性。

4. 构建网络体系

服装专业市场的命脉是网络。网络化具有双重含义：其一是服装专业市场渠道、资源、管理的网络化；其二是服装专业市场交易、物流、推广的网络化。

（三）2011 年中国服装专业市场的发展趋势

1. 结构多元化，开拓新兴市场模式

2011 年，服装专业市场复合型商业模式的系统创新将成为主流。资源整合能力和系统控制能力将成为推动中国服装市场转型和创新的基础和动力。2011 年服装专业市场要通过结构性调整，拓展新商业模式。目前，新商业模式层出不穷：一是从平面转向立体（郑州世贸服装市场——郑州世贸商城）；二是从网下转向网上（北京天雅大厦——北京天雅 365）；三是从网上转向网下（凡客诚

品——凡客诚品体验店）；四是从地上转向地下（武汉汉正街——武汉人和地一大道）；五是从中心转向边缘（杭州四季青服装市场——九堡服装大世界）；六是从批发转向批零（山东即墨服装市场——山东即墨大厦）；七是从商贸转向商务（富民服装批发市场——富民服装商务中心）；八是从商城转向物流（深圳华南城——铁岭东北物流城）；九是从专业转向主题（广州红棉服装市场——广州红棉服装韩国城）；十是从其他转向服装（重庆观音桥农贸市场“变脸”成服装专业市场）。

2．交易网络化，构建电子商务体系

近年来，互联网技术和知识经济使得服装专业市场实体交易变得越来越轻。电子商务与专业市场之间的比拼已经成为不争的事实，而电子商务对于商品市场、采购方式、交易手段、商业文明等综合领域的影响更形成了对传统市场的围攻之势。越来越多的人开始把购买和体验进行了有机的分离，即“网上搜索、网下体验、网上购买”。2011 年将是实体专业市场与网贸专业市场结合互动的开始，共同迎接网络经济、体验经济时代的来临。

3．建设规模化，发挥复合功能优势

2011 年，中国服装专业市场的投资规模将越来越大。据不完全统计，中国服装专业市场数量从 2003 年的 400 多家猛增到 2010 年的千家以上，总经营面积从 1000 多万平方米增长到近 2 亿平方米。而单体经营面积更是从以往的 3 万～5 万平方米，增加到 10 万甚至 20 万～50 万平方米。同时，以服装为主题的百万平方米的服装商贸城将比比皆是，并且出现了或以服装为主题或以服装为补充，经营面积达几百万平方米的市场商贸综合体和产业新城。2011 年中国服装专业市场的发展格局仍将以服装专业市场为核心、以鞋帽市场、家纺市场、小商品市场等为补充，以建材市场、家居市场、汽配市场等为商圈；以写字楼、会展中心、创意中心、物流中心等为配套的商贸综合体，进一步完善了服装专业市场复合功能。

4．扩张连锁化，扩大投资辐射能力

打造中国服装民族品牌需要建设支撑民族品牌的平台，而建设类似“白马服装城”、“海宁皮革城”、“华南城”等品牌连锁型服装专业市场将成为未来服装品牌建设的重要环节。2011 年，越来越多的服装专业市场将开始尝试成为“品牌服装专业市场运营商”。品牌服装专业市场连锁式开发，不仅保证了品牌化专业市场的招商影响力，同时通过连锁式管理，确保了市场开发的规范性和科学性，为成功招商和集成化运营奠定良好基础，更为降低服装专业市场的投资风险、实现资本化运营提供了保障。

5．招商集成化，确保建设运营协调

以往专业市场以“集群”方式展开竞争，难以体现市场本身的特性和优势，2010 年，服装专业市场将逐步以“链群”的形式形成“垂直”互动，彼此之间处于共同的产业链中，不再简单地表现为面对面的竞争。即专业市场的表现不再是简单的市场外延，而是以“链”的形式，展现“供应链、价值链”的内涵，实现从“竞争”走向“竞合”的协调发展。服装专业市场对服装品牌商、代理商直接与专业市场运营商进行点对点式对接，建立“集成电路板式”招商模式，即在市场开发建设之前就展开商家集成，而不是单纯地依靠小型代理商拼凑，极大地推动了服装专业市场定向、定位、定点、定制式招商，确保了服装专业市场投资、开发、建设、招商、运营的系统化管理。

6．定位主题化，着手精准细分市场

以往服装专业市场大多进行专业化分工。2011

年，中国服装专业市场开始从“专业分工”到“主题分类”。从大的格局看，商圈表现为服装、鞋帽、家纺等；从小的格局看，市场表现为男装、女装、童装等；而未来服装专业市场的细分直接导致专业市场的规划、定位、招商、管理的体系改变。按照主题功能进行分类，即形成了展会型、创意型、网络型专业市场。可见，中国服装专业市场的主题分类将成为新宠。

7. 运营品牌化，优化资源渠道价值

专业市场不再是单纯的地产开发商，而是比肩成为专业市场运营商，构建服装专业市场的“品牌渠道”。2011 年，服装专业市场将实现从“品牌渠道”到“渠道品牌”的转变。比如广州白马、上海世贸、北京天雅等，不再局限于单纯的品牌市场建设，而是带动商家参与和共享。同时，一些商家也认识到专业市场的平台作用和品牌价值，开始整合专业市场的“品牌渠道”资源，打造“渠道品牌”。专业市场“品牌渠道”助推了一批服装品牌运营商“渠道品牌”的形成和发展。借助专业市场“品牌渠道”打造代理商“渠道品牌”，将成为专业市场与代理商新的“共赢”目标。

8. 管理专业化，趋向整合分工合作

传统意义上的服装专业市场已经供过于求，开发商和投资商随便投资市场就可以赚钱的时代一去不复返了。2011 年，服装专业市场开发商必须首先成为市场集成运营商。“建市场，找商家，大招商”的时代正在被“集成式运营”的招商方式所取代，即专业市场投资建设首先要形成一定的商业模式和市场品牌，然后进行商业资源和客户资源整合，再进行品牌商城的打造和培育，最后开展大规模的复制和扩张。从“市场开发商”到“集成运营商”，不仅只是市场经营方式的转变，更是一个新型专业市场招商运营时代的开始。

9. 采购国际化，建立国际采购平台

以往，中国服装业是一条以制造产业为纽带的“推”型产业链。恰是服装市场链式产业的形成和作用，不仅改变了以制造产业为核心的格局，也借助市场力量有效地整合了各个领域和行业资源，并协同“网贸市场、电子商务、博览会展、现代物流、短流程终端”等新商业模式进入服装专业市场领域，使网络化数字贸易采购链开始逆向整合服装市场逐步成为行业主体。2011 年，中国服装业将逐步形成一条以市场产业为核心的“拉”型链式产业。一个彼此融合、互通互联的服装产业“全产业链”时代正在到来。同时，随着中国国际化地位的提升，服装专业市场国际化采购的功能也开始显现，义乌国际商贸城、上海世贸商城等国际化平台建设将成为中国专业市场的国际化建设树立新的典范。

10. 投资资本化，依靠投资资本操作

长期以来，我们一直是市场围绕产业转，掩盖了专业市场作为独立平台和渠道的产业价值和投资价值。作为商贸流通领域的重要组成部分，服装专业市场与服装产业集群开始集中进入市场引领产业阶段，服装专业市场已经成为独立的产业——服装市场产业。服装专业市场的发展开始从关注市场本身到开始注重市场产业的价值。因此，2011 年，服装专业市场开始进入到资本化运营时代。从白马服装市场的越秀基金到义乌中国小商品城的资本运营，从中国轻纺城的股权并购到海宁皮革城的成功上市，无不昭示着资本的力量、投资的能量将成为新一轮中国服装专业市场开发建设的强大动力。

作者简介

胡宝钢

中国服装协会市场专家委员会委员。

中国纺织服装专业市场联盟专家顾问、中国著名市场产业研究专家、北京中盟创意管理顾问有限公司董事长、沈阳网贸港集成科技有限公司董事长、服市汇（www. f4h. cn）CEO、网贸港（www. wangmaogang. com）CEO。

发表《专业市场产业与产业链》、《老牌专业市场究竟如何转型》、《新建专业市场究竟如何定位》、《中国服装专业市场：产业化逆向整合》等文章近百篇。参与编写了《中国服装市场采购地图》、《中国纺织服装专业市场建设及管理规范标准》等行业专业书籍。

中国服装行业资本创新初探

刘文献

一、中国服装行业资本市场发展回顾

（一）资本意识的觉醒

2007年是服装企业新一轮上市热潮的开端之年。以2007年为界，之前登陆资本市场有李宁、雅戈尔、七匹狼、红豆股份、杉杉股份、鄂尔多斯。2004年李宁与七匹狼就分别在香港联合交易所和深圳中小板上市。

2007年牛市井喷，服装企业也开始呈现竞相登场的格局。2007年5月百丽在香港交易所挂牌上市，7月安踏在香港上市，8月报喜鸟登陆深交所中小板，10月中国动向在香港进行首次IPO、波司登登陆港交所。2007年之后，美邦服饰、探路者、特步、匹克、利郎等相继于2008年、2009年上市。2010年，希努尔、凯撒股份、搜于特正式加盟资本市场，据悉，2011年已有超过20家品牌服装企业候场。

表7-1　2010年以来服装类新股发行合计募资统计

简称	发行日期	发行量（万股）	发行价（元）	募集资金（万元）
际华集团	2010.08.04	115700	4	404950
搜于特	2010.11.03	2000	75	150000
华斯股份	2010.10.20	2850	22	62700
希努尔	2010.09.27	5000	27	133000
凯撒股份	2010.05.26	2700	22	59400

数家服装企业上市后，利用融资优势快速扩张，产能与销售同步飞速增长，市场份额与品牌知名度大大提升，给相同、相关行业企业带来巨大的震撼，纷纷重新审视资本市场。服装企业以前大多只考虑维持企业正常运营资金是否充裕，现在开始从两个方面理解资金的意义：一是大规模发展、国际并购与竞争等需要的庞大资金量；二是在资金之外，资本市场影响力、信誉度给予企业撬动业绩成倍增长的附加值。一场服装业界的“金融启蒙运动”正在展开，除了IPO、借壳上市之外，引入私募资金、风险投资都被纳入服装企业的视野。

截至2010年7月，在我国A股市场上市的纺织服装行业上市公司共计98家。其中，纺织类（含棉、毛、麻、丝纺织及综合类）上市公司46家，服装类（含服装、制帽、皮革等）23家，化纤类23家，轻纺机械类6家。沪深两市总市值25.23万亿元，98家纺织行业上市公司的总市值3930.18亿元，未来，品牌服装上市企业的比例有进一步加大的趋势。

表7-2　目前主要的上市服装品牌企业以及上市地点

上市地点	上市公司
内地	七匹狼　雅戈尔　红豆股份　杉杉股份　鄂尔多斯　报喜鸟　美邦服饰　探路者　江苏三友　希努尔　凯撒股份　搜于特
香港地区	安踏　特步　361度　匹克　利郎　中国动向　波司登　李宁　长兴国际
美国	麦考林

（二）资本助力产业发展

资本的大量进入，使得中国服装产业发生了显著的改变。上市和拟上市企业首先通过股份制改造实现了资本构架与管理构架的变革，将传统的家族企业、民营企业转变为严格的股份公司企业，引入现代管理制度与激励机制，给企业发展提供了强大的“内功”系统支持并站上国际竞争的平台。

近几年，上市服装企业利用资金优势，采用外延式扩张法将中国服装品牌迅速布局于国内一、二、三四线城市，波司登等企业还将触角伸至国外，中国自主品牌服装的影响力日趋增强，产业规模呈几何级数增长，话语权与议价权同步提升。同时，快速扩张之下，供应链以及企业信息化建设得到空前重视，上市服装企业在募集资金投向上，相当比例的资金用于建设企业信息化管理系统，以保障销售网络质量，企业营销网络发展迅猛。

上市的服装企业还成功运用募集资金延展品牌资源优势，开拓出多元发展路径，七匹狼形成以红、绿、蓝标和童装、女装、圣沃斯为主的产品体系，各系列共同使用七匹狼品牌，并从红狼中衍生出高端紫标、从绿狼中衍生出来低端米标。美邦服饰形成 MB、MC（成人装、童装）、网络品牌 AMPM 三大主力品牌，报喜鸟形成报喜鸟、宝鸟和圣捷罗三大品牌；希努尔旗下核心品牌“希努尔”、新品牌“美尔顿”、礼服品牌“新郎”……

此外，部分优质的服装品牌企业融资后将目光转移到对产业链的控制上，完善产业链，强化原料供应、生产与销售环节的协同力，从上游端把控好产品品质。例如雅戈尔在拥有强大的服装制造基地的基础上，进入了棉花种植、汉麻种植领域，形成了原料种植、纺织、成衣设计制造完整的产业链。“生产制造”环节虽然一直被冠以低附加值的名衔，但事实证明，这一环节具备连金融危机都难以撼动的货真价实的价值，并能够为品牌企业提供有力的基础性支持。

（三）资本化运作新阶段的来临

资本将在未来的服装行业内继续展示其能量。拥有良好的资本运作能力的公司将采用多重资本手段扩大优势。在市场进一步细分情况下，服装品牌企业通过不断的品牌整合及收购，将出现大型服装集团，行业步入品牌集团化。其中，IPO、再融资、并购、吸引国际资本等手段将被交替使用，互助互补。品牌服装类上市公司数量激增，先行者迅速占位。

百丽一直被视为资本化运作的典范，先引入 PE（私募股权投资），拥有充足的资金后快速扩充门店，截至 2006 年底，百丽国际在内地新增鞋类零售店 1095 家，总数达到 2776 家，奠定了中国最大的女装鞋零售商的地位。继而在香港 IPO，拉开资本扩张序幕，之后百丽短时间内进行一系列收购并购，2007 年 10 月，百丽国际通过其全资子公司 Full Brand 以 6 亿元港币收购了奥斯企业（香港）有限公司及奥斯国际（香港）有限公司的全部股本权益。通过收购百丽完善了中高档时尚女鞋的品牌组合。同年 11 月，百丽全资附属公司新百丽与江苏森达集团订立一连串协议，以 16 亿元的代价收购森达若干资产、业务及公司权益。通过对森达的并购，百丽完善了中档鞋类市场的品牌布局，新增了国内知名男鞋品牌森达和女鞋品牌百思图，同时新增了国际知名品牌 Clarks 的代理分销权。2008 年初，百丽完成对美丽宝国际的收购，拥有了中高档品牌真美诗及 Mirabell，同时获得国际知名品牌 Caterpillar，Merrell，Sebago 等品牌于国内的独家代理分销权。几年间完善了公司产品结构，成功增强了产品在高档鞋业细分市场的覆盖。2010 年百丽以超过 150 亿美元的总市值晋升香港恒生指数成分股，从 2004 年到 2009 年短短五年间，公司鞋类业务收入增长超过 12 倍，净利润增长超过 32 倍。

此外，国内资本与国外资源的对接也将持续，从雅戈尔收购新马集团完成服装业内最大并购开始，服装企业相继关注海外市场，特别是经历过金融危机，海外淘金机会增多，国内品牌企业借势纷纷考察海外市场，低价收购一些具有相对优势的品牌进行资源整合，保留先进的管理和设计团队以及终端渠道，缩短国内自主品牌迈入国际品牌的时间。

二、中国服装行业资本市场年度概况分析

（一）综述

截至 2010 年 12 月 31 日，纺织服装行业 2010 年首发与增发募集资金合计 212.4 亿元，其中 IPO 募资 131.63 亿元，公开增发募集资金 44.44 亿元，定向增发 32.53 亿元，配股融资 3.8 亿元。纺织服装板块全年共有 12 家新上市公司，其中 3 家品牌服装企业。另外，服装类电子商务公司麦考林 10 月在纳斯达克上市，成为中国首家 B2C 上市公司。

目前，品牌类公司市值已占到服装行业总市值的 40%；2010 年前三季度，品牌类公司收入同比增长 38%，净利润同比增长 23%；服装零售上市公司总体运行良好，大部分公司的毛利率和净利率水平不断提升，尤其是服装类上市公司，报喜鸟、美邦服饰等整体盈利水平提升加快。品牌服装运营商的盈利水平大幅超过上游企业，不少企业的毛利率达到 40% 以上，根据申万服装行业 2009 年、2010 年前三季度行业盈利数据对比，行业销售毛利率水平 14.86%，同比提高 1.66%，收入增 24.28%，营业利润同比增长 30.46%，盈利能力改善明显，创下近 3 年来最好水平。

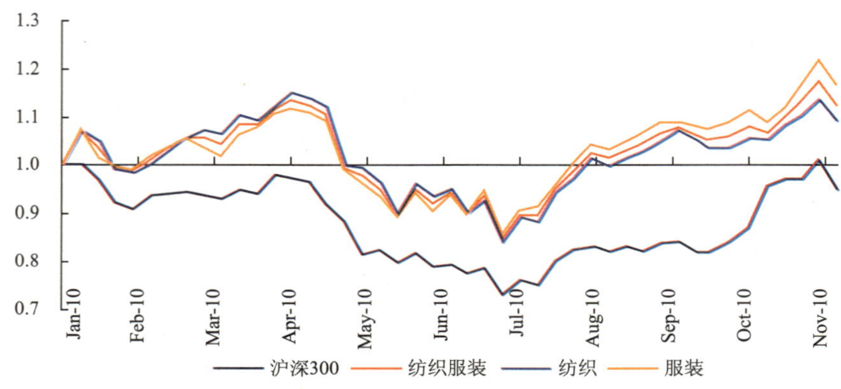

图 7－1　2010 年初至 2010 年 10 月纺织服装板块股价走势

资料来源：WIND 申万研究

服装上市企业的多元化投资格局仍维持着热度，目前主要有股权投资、地产投资和新能源投资三大方向，部分上市企业地产与金融收益甚至开始超过主业。雅戈尔的地产业务已经成为主业之一，2009 年雅戈尔主营收入中，纺织服装业务 690502.04 万元，净利润 44496.04 万元，而房地产业务收入 519545.03 万元，净利润 119134.30 万元，地产净利润优势突出。红豆股份的地产业务也在 2010 年大幅贡献营收，华茂股份参股券商获利丰厚，雅戈尔的金融投资虽热度不减，但由于股市不振，资产遭遇缩水。杉杉股份在锂电池业务上深耕数年，2010 年助杉杉股份创下业绩新高，2010 年前三季度，公司锂电池材料业务贡献净利润 6232 万元，同比增长高达 147%。

（二）各行业扫描

1. 男装

根据 Frost & Sullivan 2010 对男装市场的调查显

示，预计国内男装市场规模2010年可达3454亿元人民币，2011年可达3993亿元，行业增长为15%。目前在内地和香港上市的男装公司2010年共有店铺约8684。如果维持2010年的开店速度，2011年共有店铺10084间。无论是从开店速度还是从店铺总数计算，男装企业目前市场渗透率低，男装迈入品牌发展期，发展空间巨大。目前男装市场规模总值是体育用品市场的2倍，而店铺数仅是运动市场店铺数目的15%左右。其中，七匹狼等已经趋于成熟期的男装品牌开始深耕单店效益，注重内生化增长。

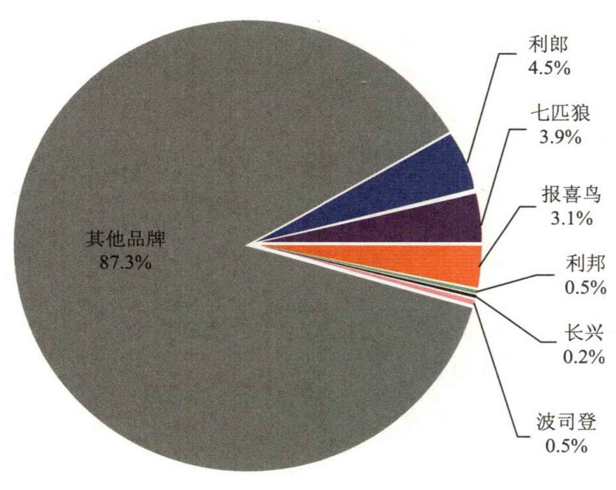

图7－2　国内男装品牌市场份额

资料来源：招商证券

2. 女装

目前我国女装实现的年销售收入超过1000亿元，其中，销售收入超过10亿元的女装品牌还不超过10家。国内女装分布于高中低各大档次，部分一线品牌开始走多品牌路线，由单一品牌向多品牌转变，发掘子品牌的盈利点。

女装的高端市场被国外品牌占据，其他市场中国外品牌的占比也较高。根据中华全国商业信息中心统计数据显示，在中国女装市场居前十位的品牌中，前五名全部为国外女装品牌，依次为艾格、ONLY、ESPRIT、艾格周末（艾格的二线品牌）、VEROMODA。国内女装已经尝试高端路线，逐渐瞄准单价在3000～5000元甚至5000元以上价格定位的女装品牌开发，如白领等。

2010年，国外女装品牌还加快了在中国市场的扩张速度，纷纷在北京、上海等一线城市开店，女装市场竞争日益激烈。

3. 童装

目前，全国每年童装销售量为8亿～25亿件，专家预测还将以19.5%的速度增长，到2010年达30多亿件，市场价值在1500亿以上，2008～2013年中国童装市场规模仍将保持年均复合增长率10.8%的增长速度，预计到2013年中国童装市场规模可以达到920亿元。

麦当劳、阿迪达斯、耐克等大品牌都在中国市场推出了童装品牌。国内娃哈哈集团首次进军童装业，在全国开了800多家专卖店。国内运动品牌也在跃跃欲试，李宁与派克兰帝正式签约，共同推出李宁童装品牌LiningKids，安踏将推出安踏KIDS品牌，361度将上市融资的一部分资金用于启动童装业务，特步与美国迪斯尼签订了合作协议，借助迪斯尼进入儿童鞋服市场，已在国内开出了数百家迪斯尼儿童专卖店。

（三）特征

大型服装品牌企业通过融资扩容、资源整合、品牌创新迅速提高竞争力，抢占市场份额，行业分化正在加剧，行业80%的利润在向20%的优势企业集中。

2009～2010年度中国纺织服装企业竞争力500强的测评数据显示，各行业竞争力10强的利润率得到大幅提升。具体从分行业来看，服装行业10强企业的平均利润率最高，达10.46%。行业集中度进一步提升。

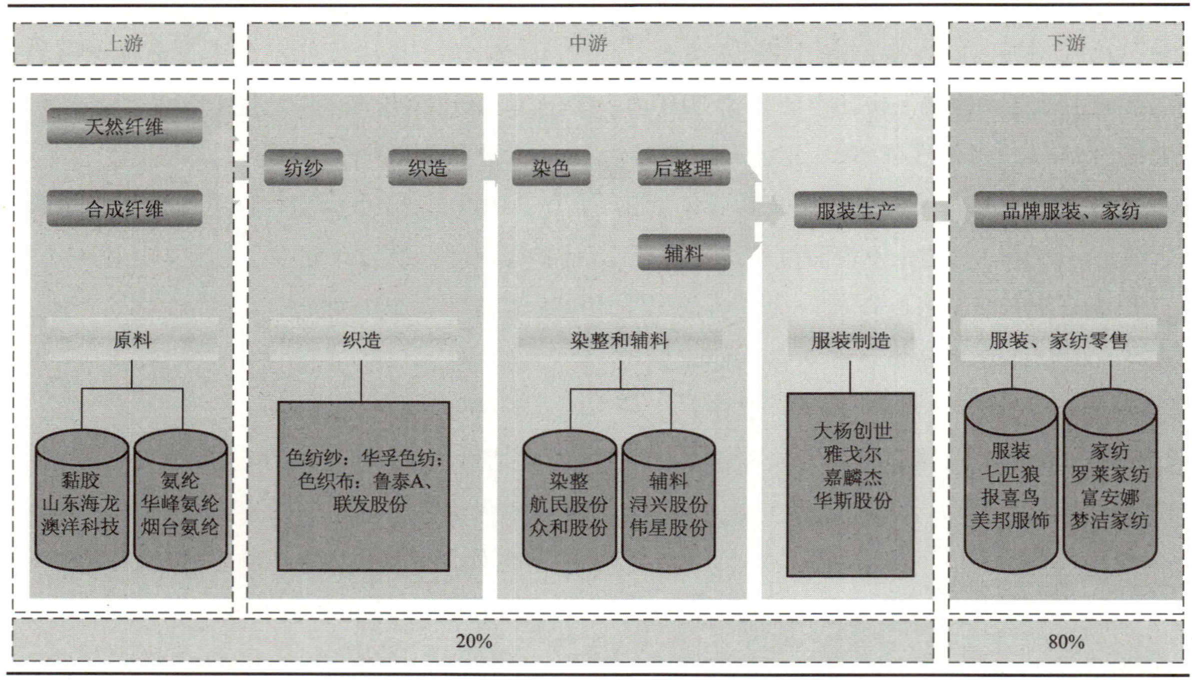

图7-3　纺织服装产业链各环节及相关上市公司

资料来源：申万研究

三、中国服装行业资本创新路径解析

（一）上市动因分析

1. 融资需求

服装企业里大多是民营企业，银行贷款等融资方式受到约束较多且金额有限，而上市融资具备无可比拟的优越性，不用负债，无须归还以及偿还利息，利用市盈率可以在短时间内募集到支撑企业扩张发展的巨额资金，并能持续通过配股、增发、短融券等再融资方式补充资金来源，提速运营公司战略项目的同时分散了企业经营风险。尤其是近年来，数据显示，行业利润大幅向高端和终端优势企业集中，服装品牌企业的竞争演变为极端的优势终端资源的竞争。一方面比拼终端数量与质量，一方面还较劲着扩张速度，时间上落于人后，往往就陷入被动。然而，扩张需求之下，中国地产业黄金十年在近几年集中爆发，房价、租金一路飙高，人工等各种生产要素成本成倍增长，扩张之路急需强大的资金量支持。

2. 隐形资源

上市除了获得融资便利之外，还有一系列无形资源强烈吸引着纺织服装民营企业，一旦成功上市，将享受到地方政府各项优惠政策，对企业也会越来越重视，通过无形资源获得有形资源的机会越来越多，公司高管身价倍增，其整体的社会地位也将提升，在与外界沟通洽谈，进行商务谈判时必然增加谈判砝码，跨界合作的机会也会增多。

3. 品牌影响力

上市让服装民营企业转变为公众公司，建立信息披露机制，展示在公众与资本平台上，对企业来说是免费的宣传机会，数千万股民每日关注公司动态，媒体轮番跟踪报道，券商、咨询机构不时调研、发布投资报告。这使得品牌传播效应急剧放大，企业品牌得到有效传播，甚至比媒介广告更具价值。

4. 示范效应

频繁地关注同业、效仿盈利模式是传统服装品牌企业的一大特征，比如上市时间，上市地点的选择等，同一区域有趋同的趋势。前期上市的服装品牌企业快速享受到资本运作的成果对未上市企业冲击很大，更加坚定了他们通过上市同样获得高增长机会的决心。比如百丽上市后在品牌女鞋市场的占有率达到25%、仅旗下百丽品牌目前在约200个城市运营约1400家店铺，给国内同行带来显著的示范效应。报喜鸟、七匹狼等品牌服装企业上市后以数亿元布局终端获得产能产销双赢局面的示范效应都让后来者趋之若鹜。

5. 国际竞争需要

国际品牌近年也在加快扩张速度，并开始抢占中国市场，在品牌运营和设计管理能力等方面，国内自主服装品牌本身起点低，如再在资金上与国际品牌拉大差距，在国内主战场的竞争都会变得艰难。此外，企业上市进入资本市场后，获得国际资本关注的机会也会增多，有利于提升中国自主服装品牌的国际竞争力。

表7-2 服装企业上市前后两年主要财务数据对比（内地A股） 单位：百万元

	总资产			营业收入			净利润		
内地A股	前	后	增幅	前	后	增加	前	后	增幅
七匹狼	194	345	78%	184	246	34%	25	29	16%
报喜鸟	299	777	160%	345	468	36%	42	83	98%
美邦服饰	1858	4577	146%	3156	4474	42%	364	587	61%
探路者	164	533	225%	212	294	39%	26	44	69%

表7-3 服装企业上市前后两年主要财务数据对比（香港主板） 单位：百万元

	总资产			营业收入			净利润		
香港主板	前	后	增幅	前	后	增加	前	后	增幅
李宁	768	1481	93%	1276	1878	47%	94	133	41%
安踏	856	4631	441%	1250	3182	155%	147	538	266%
中国动向	851	6223	631%	859	1711	99%	306	734	140%
波司登	3155	7901	150%	5633	5279	-6%	614	1117	82%
特步	904	3278	263%	1365	2867	110%	222	508	129%
361度	1152	4089	255%	1317	3447	162%	179	632	253%
匹克	1434	3400	137%	2042	3095	52%	376	628	67%
利郎	861	2014	134%	1136	1560	37%	154	303	97%

（二）资本发展路径（案例）

在新一轮增长周期，服装企业规模与结果呈现全新的格局，金融市场联动性增强，资本市场发展路径目前主要有并购、融资、上市三大类型。

1. 并购

跨国并购在中国服装业内正处于积极尝试期，并不具备规模，各种案例特征各异。雅戈尔1.2亿元并购新马集团，一举拿下品牌以及设计管理团队。李宁公司收购LOTTO品牌在中国地区20年品牌代理权；波司登公司表示计划收购法国及意大利服装品牌来扩大品牌组合。这场资本的海外运动表面上风光无限，实则风险暗涌。以最具代表性的雅戈尔并购案为例，初期就发生了“水土不服”，收购一年后受金融危机冲击，新马业绩受到影响，拖累服装业务盈利能力，新马服装2008年的净利润仅为4320.95万元人民币（约690万美元），距离收购时候的盈利预测1200万美元（收购时预计每年能为雅戈尔增加3.6亿美元的销售收入，产生1200万美元的净利润）差距较大。其后公司及时关闭新马在香港的工厂，转移至宁波、重庆，降低生产成本并不断地整合资源，逐渐走上良性盈利的轨道。

2. 融资

在大消费概念的带动之下，风投也开始青睐传统品牌服企，歌力思2009年获得全球私人股权投资公司凯雷投资集团1.5亿元人民币的投资，并结成战略合作伙伴关系，投资由凯雷集团旗下专注于投资成长型企业的凯雷亚洲增长基金提供，将帮助歌力思进行设计创新、品牌塑造、市场推广等。除了资本，凯雷投资还带来其他资源，为歌力思介绍国际顾问，为公司作咨询培训。同样在2009年年底，女装品牌威丝曼也得到著名PE（Private Equity私募股权）九鼎投资5000万元的投资。入股威丝曼后，威丝曼股权将实现多元化，九鼎投资在品牌提升、渠道扩张、上市推动和融资支持等多方面提供支持，威丝曼利用这笔资金用于渠道扩张计划，扩展销售点，继续提升盈利水平，并委托了广发证券作为承销商基本完成上市前期工作，静候IPO上市。

3. 上市

目前国内服装企业上市主要是通过独立IPO和借壳上市两种方式进行，上市地点的选择可以是内地A股、香港主板和境外市场。2010年，希努尔、凯撒股份、搜于特成功登陆内地资本市场。希努尔首次公开发行股票募集资金总额为13.3亿元人民币，扣除各项发行费用，募集资金净额为12.69494亿元，其中5.95458亿元拟投资于营销网络及信息化项目和设计研发中心项目，其余6.74036亿元为超额募集资金。借壳上市则有之前浪莎成功上市的案例，浪莎通过收购＊ST长控获得的市值收益已经超过15亿元人民币，因为其实际的收购代价只有1亿多元，包括股权转让款7000万元以及置换进上市公司的资产。借壳上市具备审核条件相对宽松、上市时间较短的优势。审核上会更关注借壳后壳公司的业绩改善情况，对借壳公司的规范化和历史沿革问题关注得相对较少。未来可能仍会有服装企业效仿此法，以借壳方式登陆资本市场。根据证监会的最新信息，2011年将要进一步规范、引导借壳上市活动，统筹协调退市机制和ST制度改革。

除了首发之外，上市公司还积极通过再融资不断获取实现公司长远战略规划的资金支持，借力于资本市场，实现产能扩张、技术创新、营销网络建设、产业信息化、调整财务结构。2009年，纺织服装板块共募集资金51.2亿元。其中星期六、罗莱家纺、富安娜、探路者四家公司IPO上市，共募集资金29.36亿元；云维股份、报喜鸟等五家公司实施增发（公开或非公开）募集资金21.84亿元；瑞贝卡发行公司债募集资金3亿元。2010年1～8月，纺织服装板块共募集资金43.53亿元。其中联发股份、梦洁家纺、嘉欣丝绸、凯撒股份四家公司IPO上市，共募集资金31.62亿元；新乡化纤、新野纺织、众和股份实施增发（公开或非公开）募集资金11.91亿元；杉杉股份发行公司募集资金6亿元。

四、中国服装行业资本市场发展趋势分析

（一）机会和挑战

资本为中国服装企业短时间迅速成长、扩张、

获利提供了便捷条件和有力支持，终端扩张让中国服装企业快速分享了国民收入提升带来的消费增长，行业细分化又开掘出新的具备高成长价值的盈利空间，但资本追求快速获利和最大化收益的同时，难免激进，容易导致一些成长期的服装品牌企业根基未稳就大跨步前行，不利于远期稳定增长。

从最近几年服装上市企业终端扩张情况看，急于终端扩张的局势之下，单店店效未被重视。以美邦服饰为例，2010 年公司加盟渠道扩张比 2009 年有所增加，公司 2010 年公司店铺的扩张速度在 25% ~30% 之间，其中绝大部分新开店铺为 MB 品牌的新开加盟店。2010 年新开店铺将成为公司 2011 年销售增长的重要推动力量。公司目前拥有店铺 3600 ~ 3700 家左右，但其单店收入是 GAP、POLO、H&M、ZARA 等公司的 1/2 、1/4、1/5、1/6；而其毛利率水平除了高于 GAP 之外，也均低于其他可比公司。单店不振的情况下大肆扩张将大幅提高了公司运营成本，影响资金运转速度。一旦各项要素成本上涨给企业带来严峻考验。

风投入驻也对参与的服装品牌企业提出更高要求，如何磨合优劣势实现和平共处，维持企业稳定且实现双赢局面，如何将发展目标与路径一致化，如何将各职能、职责相互匹配好都是企业面临的挑战。

此外，由于地产、股权投资等多元化经营项目的高利润诱惑（大幅度超过服装业务利润率），已经成为上市企业一大敛财工具，企业容易受到利益的驱使，在成功上市融资后，抛弃或者弱化服装主业，去追求利润更大的投资，造成极端的逐利现象，从而阻碍服装产业的发展，但如果多元化发展的服装企业能够利用好高收益业务带来的利润反哺服装主业，将有利于公司高速成长。

（二）趋势预测

1. 企业品牌价值凸显

有调查显示，中国消费者更倾向选择具有品牌知名度的产品。中国消费者比世界各地其他国家的消费者更愿意购买昂贵的品牌产品。超过 45% 的中国消费者认为品牌的质量更好，约 30% 的中国消费者认为高价产品等于好质量。

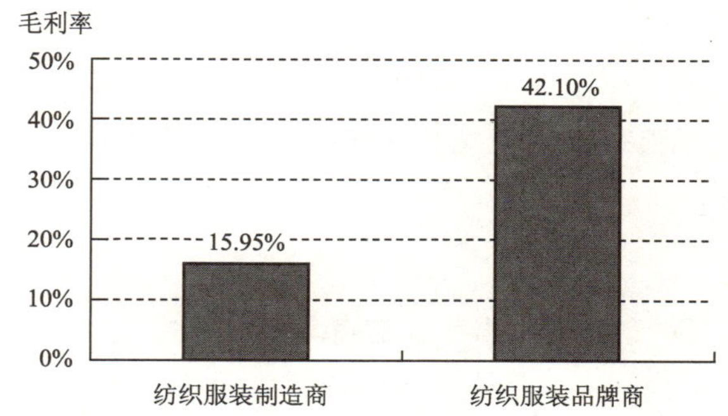

图 7 -4　纺织服装上市企业 2009 年平均毛利率

资料来源：东兴证券

拥有自主知名品牌的企业毛利率水平高于一般企业，在成本上涨的背景下，品牌企业也表现出更强的提价能力和成本转嫁能力，中国品牌企业正在显示其高成长性。券商也普遍认为目前国内纺织服装消费正处于注重品牌、追求产品附加值的阶段。未来品牌服装在纺织服装行业内的比重将进一步加大，投资也会向品牌倾斜。

2. 电子商务成投资热点

2010 年以来，资本一大趋势就是开始逐鹿中国的电子商务，包括在电子商务中占有较大份额的服装业务。著名的网购平台淘宝网年会数据显示：日交易额峰值 19.5 亿 + 在线商品量 8 亿 + 每分钟 4.8 万件商品成交 = 为社会创造了 182.3 万个直接就业机会。市场调查公司尼尔森（Nielsen）在 55 个国家进行的一次调查表明，在网民们希望购买的产品之中，服装名列第二。

国际著名的 VC 老虎基金仅在服装类电商网站就投资了 VANCL 和乐淘网。麦考林经过数轮融资 2010 年也成功上市，三轮融资使得麦考林共获得约 12227 万美元融资额，业绩一路看涨。其中，麦考林的主要投资者包括风险投资公司红杉资本。

2008年，红杉资本出资近8000万美元收购麦考林，麦考林招股说明书显示，上市前红杉资本持有约2.53亿普通股，持股比例占总股本的75.9%。2010年1月7日，国内高端网络服装品牌Masa Maso（玛萨·玛索）也宣布已经完成首轮近千万美元的融资，投资人也为红杉资本中国基金。电子商务在中国的高速增长未来将吸引更多的国内外资本关注。

3. 产业资本携手金融资本

尽管股市已经较长时间在低位盘整，但各大服装上市企业仍重视产业资本与金融资本的联动，2010年前三季度雅戈尔的投资收益为6.85亿元，同比下滑了31.65%，但公司整体扩张势头不减，先后以8960万元参与东力传动增发，2.53亿认购福田汽车股份，7亿元参与宁波银行定增，12亿元参与徐工机械定增，5.79亿元参与中国国航定增，又斥资14.49亿元分别认购上海汽车、凌云股份、金种子酒三家公司股权。七匹狼投资兴业银行也赚下几十亿元。当初七匹狼投资兴业银行的成本仅为3元/股左右，最高时持股1亿7000多万股，兴业银行目前价位在26元左右，期间利润可见一斑。股权投资引发了服装业界效仿热潮，不少企业已介入其中。未来这一趋势有扩大化的迹象。未来产业资本如何与金融资本结合发力，开创新的价值空间是业界关注的话题。

4. 市场监管逐步完善

2010年年中，江苏三友被揭隐瞒管理层收购长达6年、遭到深交所公开谴责。江苏三友实际控制人南通市纺织工业联社在2004年将公司股份转让9名自然人，此股权转让行为已经在2006年5月19日完成，而直至2010年3月27日才披露。其后公司举行公开致歉会，表示今后严格按照相关法律法规的要求，规范运作，进一步强化董事、监事和高管人员履行勤勉尽职义务的意识，并真实、准确、完整、及时地履行信息披露义务。天山纺织资产重组事件也将内幕交易置于公众视野。2010年中银绒业、维科精华、深纺织A、三毛派神、杉杉股份、红豆股份、孚日股份等21家上市公司都完成了资产重组，美邦服饰、凯撒股份、报喜鸟、华芳纺织、嘉欣丝绸等15家公司的资产重组也在进行。2011年，相关部门将继续推动《证券投资基金法》、《期货法》、《上市公司监督管理条例》等法律法规的修订、制定。未来证券市场对上市公司交易、信息披露的监督将更为严格透明。

作者简介

刘文献

中国服装协会市场专家委员会委员。

北京特许经营权交易所董事长，北京富莱晨思特许经营商业投资基金创始合伙人，任北师大（珠海）国际特许经营学院创始院长，商务部《特许经营监督与促进》课题组组长，北京大学PE投资基金联盟常务副理事长等职。

是中国特许经营事业的主要推动者。创办了中国第一个特许经营网、第一本特许经营杂志，编写第一部《中国特许经营大全》，召开第一个全球特许经营峰会，创办世界第一所特许经营学院，打造全球首个特许经营权专业交易服务平台——北京特许经营权交易所，使特许经营在中国成为一门学科。

2010 年中国服装电子商务发展初探

周洪美

一、中国服装电子商务发展历程

电子商务一般分为三种模式：B2B（Business to Business，企业对企业）、B2C（Business to Custom，企业对个人）和 C2C（Custom to Custom，个人对个人），其中 B2B 模式一般单次交易规模较大，主要交易过程是通过线下来完成，互联网主要起到了一个信息平台的作用，并不是典型意义上的电子商务。因此，本报告的分析对象主要为 B2C 和 C2C 模式。

服装和电子商务，一个是典型的传统产业，一个是新兴产业，但两者具有天然的契合点。服装是具有双重消费体验的特殊商品，其不仅可以满足基本的消费需求，还是消费者表现个性的一种方式，网络可以最大限度地满足消费者的个性需求。同时许多品牌服装的主要顾客是年轻人，尤以年轻白领居多，这部分人绝大部分都是网民，因此电子商务可以最直接地把产品和顾客联系在一起。服装电子商务，这个“鼠标 + 水泥”的组合，也得到了高速发展。

服装电子商务大致上可以划分成以下几个阶段。

第一阶段为 2003 年以前，中国电子商务处于起步阶段，网购还是一种小众的网络行为，服装也不是网上的主流商品。服装企业对电子商务也是浅尝辄止，期间建立了一批 B2B 平台网站如阿里巴巴、中国服装网等，成为服装企业试水电子商务的优先选择。

第二阶段为市场培育阶段，时间段为 2003 ~ 2005 年。2003 年爆发的“非典”疫情对网购是一个巨大的刺激，电子商务环境回暖，而淘宝的成立更是中国网购发展过程中一个里程碑事件。淘宝的免费开店政策以及支付宝的推出极大地刺激了中国网上卖家和消费者的热情，网购进入 C2C 主导阶段，近百万的个人卖家成为网上出售商品的主体，而服装也成为网购交易中发展最快的商品。2005 年中国互联网络信息中心发布的 C2C 市场调查报告的数据显示，服装在当时已经成为卖家和买家人数最多的商品。

第三阶段为 2006 ~ 2008 年，典型特征为服装垂直电子商务的兴起。以 PPG 强势进入男士衬衫直销市场为标志，掀起了一股服装垂直电子商务网站的热潮。虽然由于种种原因 PPG 最终折戟沉沙，但随后建立的凡客（Vancl）、玛萨·玛索等类似网站的成功说明 PPG 的失败并非模式的失败。这种模式的典型表现为轻资产的快公司，它们一般并没有生产部门，而侧重于产品的推广和影响，通过大规模的广告投入快速占领市场。

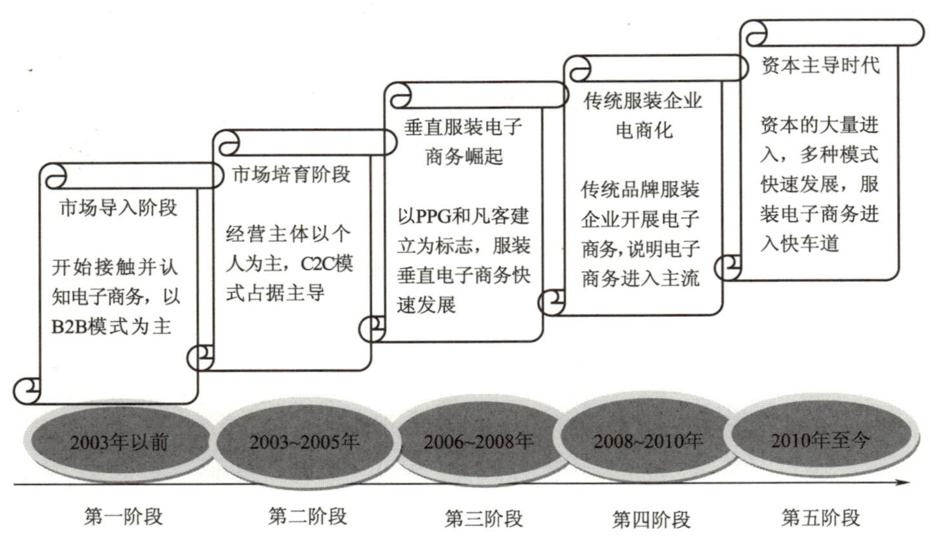

图8－1　服装电子商务发展阶段划分简图

第四阶段为2008～2010年，为品牌服装企业开展电子商务阶段。受金融危机影响，许多服装企业希望通过电子商务来开拓内贸市场，加上电子商务发展已经具备相当规模，传统品牌服装企业也开始重视电子商务渠道。在此阶段许多传统品牌服装企业如李宁、七匹狼等开始通过多种形式开展电子商务，并取得不俗的业绩。传统品牌服装企业依托第三方电子商务平台如淘宝网和QQ商城等，以自营店或授权店的方式试水电子商务，并尝试与官网以及其他B2C网站相结合开展多渠道的电子商务销售。2010年11月11日在淘宝网开展的光棍节活动中，博洋家纺和杰克琼斯日交易额均超过2000万人民币，当天另有11个品牌打破千万记录，上百个品牌当日销售额超过100万。

第五阶段为2010年开始至今，典型表现为资本开始大举进入服装电子商务领域。2010年底，麦网成功登陆美国纳斯达克市场，国内其他知名服装类电子商务网站如凡客、好乐买、乐淘等网站也获得了数千万美元级别的风险投资，一些依托淘宝成长起来的淘品牌如七格格、裂帛等公司也获得了不菲的风险投资数额，一方面说明资本对服装电子商务的未来看好，另外一方面资本的大量涌入也必将对服装电子商务的发展速度和运营形式产生巨大的影响。

二、2010服装电子商务市场概况

根据CNNIC发布的调查数据，截至2010年12月底，我国网民数量达到4.57亿，占到了全部总人口的34.3%。互联网应用的普及和深化大大促进了电子商务尤其是网上零售的发展。据正望咨询的测算结果，2010年大约1.85亿消费者在网上购买了4980亿元的商品，占到了我国社会商品零售总额的3.2%。预计2011年我国网购规模将达到8900亿元。

服装已经成为互联网上最受欢迎的商品。正望咨询调查结果显示，2010年进行网购的消费者中有77.4%的消费者在网上购买过服装，据此测算服装网购消费者将达到1.4亿人，远远领先于其他商品类别网上消费者的数量。服装网购的市场规模也超越数码/电器类产品，成为网上交易额最大的商品类别。正望咨询的调查结果显示，2010年我国服装网购的市场规模为1620亿元，占到了全部网购规模的32.5%。预计2011年我国服装网购规模将达到2900亿元。

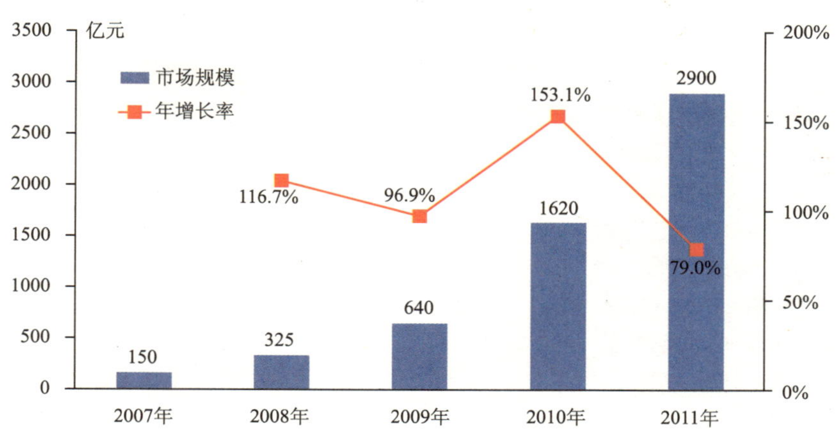

图 8－2　我国服装网购规模和增长率

资料来源：正望咨询《中国网购消费者调查报告 2011》

淘宝是中国最大的网购平台，在服装网购市场的优势更加突出。正望咨询对中国网购最发达的 30 个城市调查结果显示，以交易额计算，淘宝网占据了 84.6% 的市场份额，拍拍/QQ 商城的市场份额为 4.3%，凡客以 2.7% 的市场份额位居第三。与一年前相比，淘宝网的市场份额下降了 1.7 个百分点，而凡客的市场份额上升了 1.2 个百分点。

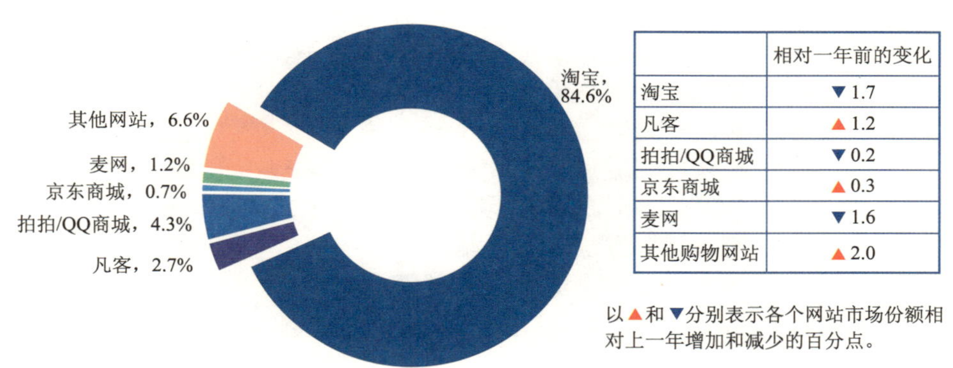

	相对一年前的变化
淘宝	▼1.7
凡客	▲1.2
拍拍/QQ商城	▼0.2
京东商城	▲0.3
麦网	▼1.6
其他购物网站	▲2.0

以▲和▼分别表示各个网站市场份额相对上一年增加和减少的百分点。

图 8－3　各个网站在服装网购市场的份额

资料来源：正望咨询《中国网购消费者调查报告 2011》

淘宝网占据了全部服装网购的 84.6%，对整个服装网购市场有较强的代表性。以淘宝网的服装成交统计数据对服装网购市场的结构进行分析表明，服装消费的主体为女性。据淘宝数据魔方的统计结果，2010 年服装网购中女装成交额远远高于男装，占到了全部服装网购成交额的 39.8%，男装仅为 14.8%。女鞋的表现也优于男鞋，鞋类（男鞋、女鞋和运动鞋）合计占到了全部服装网购金额的 19.8%。

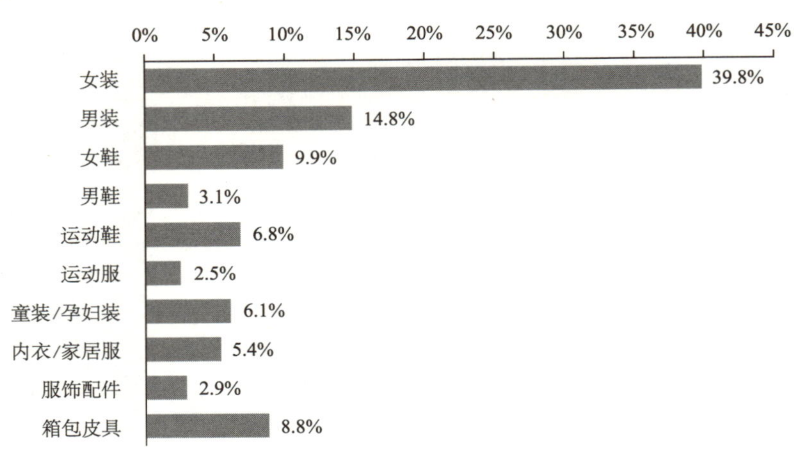

图 8－4　服装网购中不同类别服装占比

资料来源：淘宝数据魔方，正望咨询整理

从年同比增长率来看，男鞋增长率最高，为186.3%，女装、男装和男鞋的年增长率也均在140%以上。童装/孕妇装和内衣/家居服的增长率也超过100%，运动鞋和运动服的增长率相对较慢。

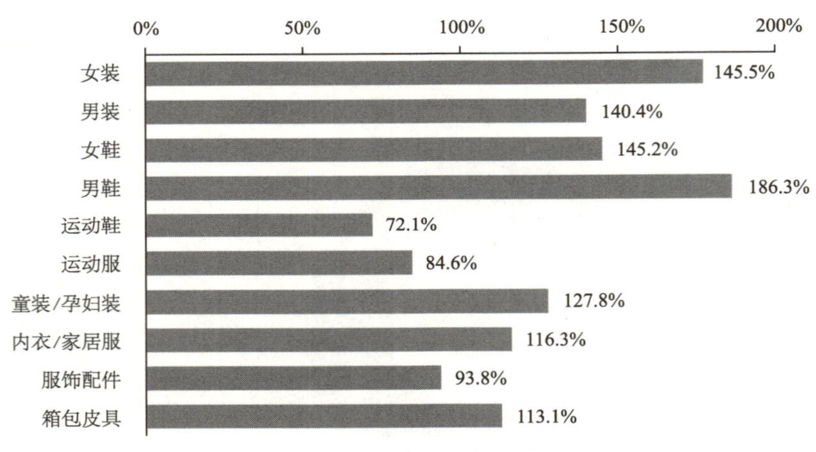

图 8－5　不同服装细类网购交易额的年增长率

资料来源：淘宝数据魔方，正望咨询整理

三、网上服装消费行为研究

服装电子商务的规模已经发展到了相当的水平，但相对于服装消费整体而言，服装网上销售的占比不足 10%，但在有过服装网购经历的消费者中，网购发挥着越来越重要的作用。正望咨询调查结果显示，在服装网购消费者中，服装网购金额占到了全部服装消费额的28%，其中网络消费占比超过 20% 的消费者数量接近六成。

一般而言，服装网上消费行为还只是线下消费行为的补充模式。调查显示，有半数的消费者表示只有网下购买不方便时才选择网上购买，另外有 45.7% 的消费者表示网上购买的服装档次相对较低，不过也有 42.5% 的消费者表示网上购买服装很注重品牌。消费者整体上对服装网购持乐观态度，有 70.4% 的消费者表示将会更多地选择网上购买的方式。

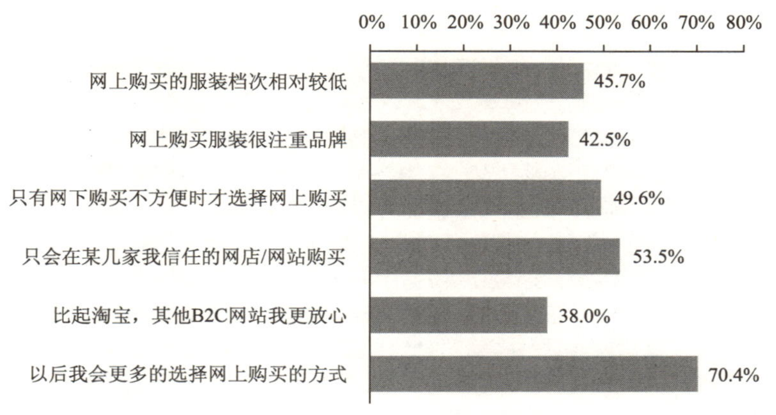

图8-6 消费者对服装网购的态度

资料来源：正望咨询《中国网购消费者调查报告2011》

虽然女装和女鞋的网上交易额远高于男装和男鞋，但从商品成交单价来看，男装和男鞋的单价要高于女装和女鞋。商品平均单价最高的商品类别为男鞋、运动鞋和男装，均是偏男性化的商品。此外商品单价还表现出明显的季节化特征，一般而言第四季度的商品单价远远高于前三个季度，这与冬装的平均价格较高有关。

表8-1 网上购买服装的平均单价

	2010Q1（元）	2010Q2（元）	2010Q3（元）	2010Q4（元）	2010年总体（元）
男装	52.3	40.9	62.5	147.9	128.6
女装	34.6	24.9	46.3	109.8	99.5
男鞋	39.3	37.6	77.3	147.6	140.6
女鞋	67.0	96.6	95.0	126.3	95.6
运动鞋	114.7	128.6	127.1	128.1	133.9
运动服	24.9	22.9	42.1	97.5	99.4
内衣/家居服	12.3	10.4	14.5	22.0	20.3
童装/孕妇装	11.1	8.9	12.2	18.6	17.8
服饰配件	9.2	7.8	15.5	17.3	13.4
箱包皮具	31.0	40.2	53.3	78.5	91.1

数据来源：淘宝数据魔方，正望咨询整理

从成交额看，服装网购的季节特征也非常明显。第四季度是服装网购最重要的时间段，贡献了全年交易额的44.6%。不同类别产品受季节因素的影响略有不同，运动鞋、运动服以及箱包皮具类产品受季节因素的影响要小得多。

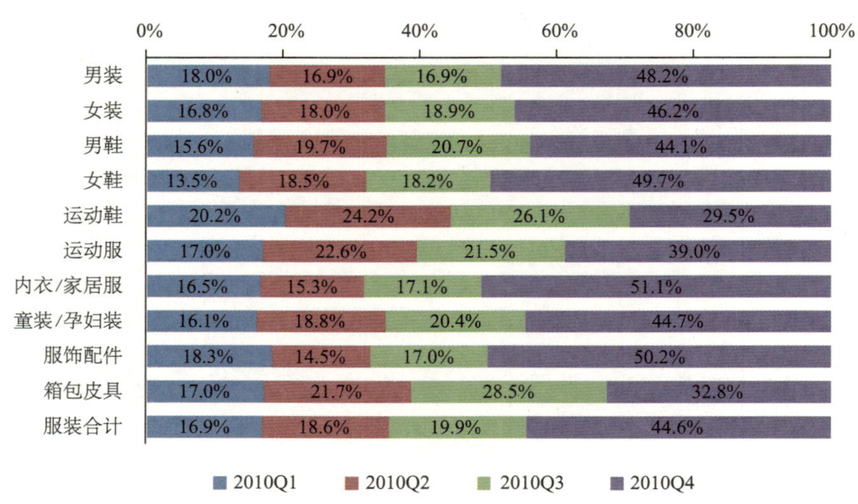

图 8－7 各个季度服装网购交易额占全年交易额的比例

资料来源：淘宝数据魔方，正望咨询整理

从服装网购消费者数量来看，女性要远超过男性。在以女装和女鞋为代表的女性商品的消费者中，女性买家占比超过七成，而在男装、男鞋、运动鞋和运动服等男性为主体的商品类别中，女性买家的比例也超过了四成。其他服装类别的网购消费者中女性占比也在七成左右。

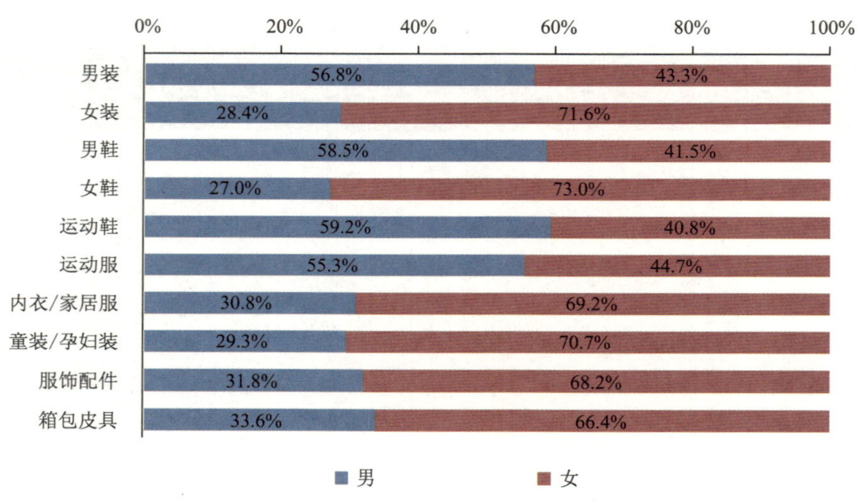

图 8－8 服装网购消费者的性别分布

资料来源：淘宝数据魔方，正望咨询整理

四、服装电子商务的地区分布

从不同省市卖家的交易额看，浙江的卖家卖掉的服装占到了全部服装网购交易额的 1/5，广东和上海分居二、三位，前三个省市的卖家占据了近一半的网购交易额。总体上看，卖家主要集中在东部经济相对较发达的省市，前十名的省市中仅有湖南、湖北和四川三个中西部省份，这与东部省市更接近服装产地有关。卖家的地区集中度较高，前五个省市占据了 2/3 的交易额，前十个省市占据了 86. 7% 的交易额。

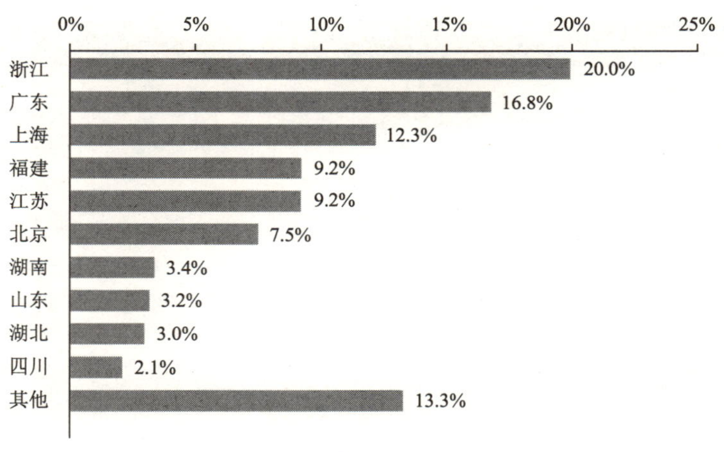

图 8-9　按卖家所在省市计算的交易额占比

资料来源：淘宝数据魔方，正望咨询整理

从不同省市买家交易额角度看，浙江仍然是最大的网上服装消费省份，不过其占比仅为 12.1%，低于卖家所占比例。江苏和广东位居二、三位。与卖家相比，买家的集中度要低得多，排名前五的省市贡献了 44.7% 的交易额，排名前十的省市贡献了约 2/3 的交易额。

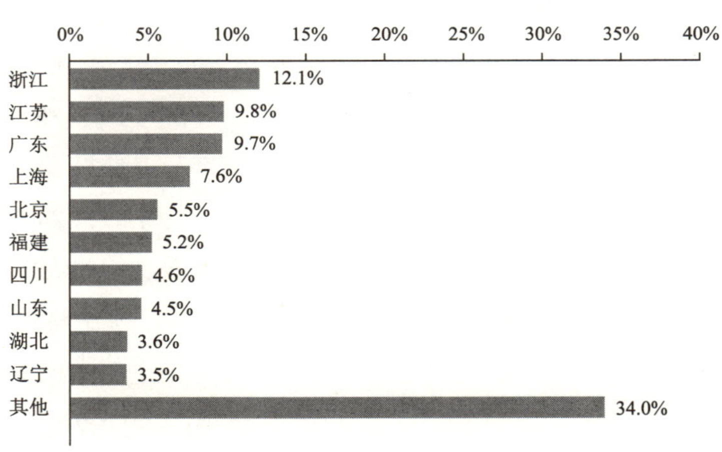

图 8-10　按买家所在省市计算的交易额占比

资料来源：淘宝数据魔方，正望咨询整理

借用入超和出超的概念，可以看出网上服装交易的地区流向。入超指该地区消费者购买值与该地区卖家销售额的净差值，而出超值为该地区卖家销售额与该地区的消费者购买值净差值。经过计算发现，仅有六个省市实现了净出超，浙江以 127.8 亿元的出超值排名第一，广东和上海位居二、三位。而入超值最高的省份为四川，其次为辽宁和陕西。总的来看，服装电子商务的流向把商品从东部省市卖向中西部地区。这一方面是由于东部省市接近服装产地，具备一定的价格优势，另外一方面则是服装时尚从东部向中西部的输出。

表 8-2 服装网购入超和出超省市排名

排名	省市	入超值（亿元）	省市	出超值（亿元）
1	四川	39.8	浙江	127.8
2	辽宁	34.0	广东	115.8
3	陕西	24.7	上海	75.7
4	云南	23.4	福建	65.9
5	黑龙江	22.9	北京	32.4
6	河南	22.3	湖南	2.9
7	山西	22.0		
8	山东	21.6		
9	贵州	18.4		
10	广西	18.2		

数据来源：淘宝数据魔方，正望咨询测算

五、2010 年服装电子商务特点

2010 年是服装电子商务快速发展的一年，呈现出一些新的特点。

一是传统品牌服装企业加速了电子商务的步伐。目前仅淘宝上就有超过 5000 家传统服装企业通过不同形式开展网上直销，而且企业还在尝试不同的电子商务模式来实现网上多平台的经营，同时也在寻求更多的方法来解决网上和网下渠道利益冲突问题，传统品牌企业电商化将是一个不可逆转的趋势。

二是电子商务平台纷纷发力服装电子商务。淘宝商城、QQ 商城等第三方电子商务平台均把服装作为重点行业进行招商推广，而以数码家电产品为主的京东商城、以图书为主的当当网也开始发力服装网购。凡客原来只是销售自己品牌的服装，也在 2010 年推出了“V + 商城”来销售其他品牌的服装。因为服装是网上购买人数最多、销售额最高的商品，电子商务网站引入服装，一方面能够为业绩增长提供新的动力，另外一方面也可以与原来销售的商品产生协同效应，通过产品的多元化实现范围经济。

三是资本对服装电子商务的青睐。2010 年 10 月 26 日，中国服饰电子商务企业麦考林在纳斯达克正式挂牌交易，标志着我国首家 B2C 电子商务企业成功上市，麦考林跃升为“中国 B2C 第一股”。其他服装电子商务网站也受到了风险投资的青睐，如凡客诚品获得了 1 亿美元的融资，梦芭莎在短短一年内分别获得 2000 万美元和 6000 万美元两轮融资。此外，一些依托淘宝成长起来的个人卖家建立的淘品牌，如七格格、裂帛等也受到了资本的追捧。资本的进入将对服装电子商务的经营方式产生巨大影响，风险投资非常看重发展速度，高投入、快发展的互联网经营模式将会被更多地注入这些网站中。

服装电子商务在未来将会保持高速发展，不过随着市场竞争的加剧将会向精细化和精准化经营发展。电子商务渠道会更加多元化，传统服装企业将会采用多种渠道开展电子商务，自建官网将会被更多的服装企业采用。由于互联网能够更好地满足用户个性化的需求，未来针对个性化定制和特定细分市场的服装电子商务将会得到更多的发展。

作者简介

周洪美

中国服装协会市场专家委员会委员。

北京正望咨询有限公司副总裁，高级分析师。

中国人民大学商学院电子商务方向博士，统计学硕士。负责在正望咨询主持年度网上购物市场研究项目、搜索引擎用户市场研究项目以及其他电子商务相关研究项目，对电子商务和搜索引擎有较深入研究。

中国服装商业模式探讨

李凯洛

一、中国服装商业模式发展概述

商业模式（Business Model）的概念产生于20世纪50年代，但直到90年代后期才开始流行起来。通俗来讲，商业模式其实就是一个企业在经营过程中的基本套路，即一个企业通过什么途径或方式来赚钱。商业模式解决的是企业战略中“怎么做”的问题，不同的商业模式所秉持的消费者诉求和核心能力完全不同。全球迄今为止诞生了约36种可列为标准的商业盈利模式，其中不乏专门针对于服装品牌的——例如像LV、GIORGIO ARMANI等国际大牌的“通过客户持续购买和客户忠诚而盈利”的模式；像UNLQLO、GAP的“通过获取最大市场份额和塑造大众品牌而盈利”的模式。国内像福建品牌的“通过深入市场广扩渠道而盈利”的模式等。一个好的商业模式最终总能够体现为获得资本市场和产品市场认同的独特企业价值。

在新经济时代，商业模式是推动市场转型和创新的基础和动力，新商业模式的植入为中国服装市场的产业转型开辟了新的领域和空间。经过多年的演变，国际上各种商业模式和商业业态均已进入中国服装行业，并在实际运行中产生了较为稳定的商业模式和商业形态，这是行业商业发展开始走向成熟的重要基础。新商业时代伴随新消费主义到来，中国服装商业模式在竞争态势、流通渠道模式、零售店铺模式、营销方式、商业趋势五大方面呈现出新的态势，中国时尚产业呈现出新的局面：

- 中国服装商业出现海外并购、多品牌战略、品牌重塑、轻资产、产业资本化、万店计划、商业电子化等七大竞争态势。
- 中国服装商业主要有百货商场、专业市场、商业街、大型超市、购物中心、酒店机场、多媒体平台等七大流通渠道。
- 中国服装商业零售店铺模式不断创新，其中综合大店SPA模式、生活方式体验馆模式、服装超市便利店模式、多品牌集合店模式、设计师品牌集成店模式、买手精选概念店模式、单品专门店模式等成为服装产业主流的七大零售店铺模式，而楼宇店、社区店、公寓店、游击店等非主流店铺模式也正在成为新的商业趋势。
- 中国服装商业营销方式呈现多样化，注意力营销、电影营销、新媒体营销、五感营销、互动营销等新营销方式的出现和成长促进了中国服装商业思维的变革，也为我们带来巨大的商业想象空间。
- 中国服装商业发展日趋多元化。宅经济VS微端市场，低碳经济VS乐活商业，新节俭主义VS新奢华主义，后标签时代VS小趋势，跨界合作VS联名经营，快时尚VS慢生活等新商业趋势的出现为服装商业的发展带来新的机会，并将持续引爆新的商业势能。

二、中国服装商业模式之竞争态势分析

经过改革开放30年的快速发展，中国服装业正在走向成熟。与此同时，市场竞争也向着深层次、高端化发展。仅靠传统的商业模式，已经很难在残酷的竞争中掌握先机。一些成熟型企业尝试通过海外并购、多品牌战略、品牌重塑、万店计划、产业资本化等手段实现扩张，一些新兴的企业则通

过轻资产模式或采用电子商务等新型商业渠道实现跨越式发展。

（一）海外并购

海外并购是对外直接投资的一个重要方式，是指一国企业通过取得另一国企业的全部或部分资产（或股份），对其经营管理实施一定的或完全控制的行为。

中国对外直接投资起步较晚，多数企业海外并购处于起步和探索阶段，相对于国内并购而言，海外并购面临着更多文化、管理以及政治方面的问题，其并购过程更加复杂。2008 年开始的金融危机，为中国企业在海外实施战略提供了非常有吸引力的并购价格和难得的机遇。从央企到民企，从科技、石化、汽车到家电零售、皮革服装，中国企业海外收购正进入由多点开花向规模发展的加速期。

以往，在全球供应链中，少有中国供应商参与其间，中国企业收购海外品牌几乎是可想而不可及的事情。但在长期承接国际产业转移的过程中，像服装业这类传统产业，逐步积聚形成了一定的后发优势，再加上席卷全球的金融风暴，使包括跨国巨头在内的诸多国际品牌陷入财务危机、经营危机。这给中国企业跨国并购、迅速实现产业升级带来了难得的机遇。从并购 Pierre Cardin（皮尔·卡丹）、Christian Lacroix（克里斯汀·拉克鲁瓦）到 Aquascutum（雅格狮丹），一些有实力的企业开始在国际层面参与供应链构建，通过并购等方式实现国际化战略。

海外并购能够更好地提升我国优势产业的国际竞争力，实现企业的快速提升。但海外并购绝不仅仅是为了抄底，也没那么容易。收购 Prada 遇阻的事实提醒我们，并购决非签合同付钱这么简单。如果真想通过收购实现扩张与发展，不但要认真评估收购的风险，更重要的是要考虑好收购后的经营策略。

在实施海外并购中，企业既要积极参与全球资源配置，又要学会控制风险，客观把握优势和劣势，应当注意几个关键点：实施海外并购的基本出发点符合企业的发展战略；优势互补是海外并购的利益追求；整合是整个并购过程中的核心内容，也是决定企业并购成败的关键；规范运作是海外并购的基本方式；学会控制并购中的风险，要对自身能力有客观的评估，同时对可能发生的风险有足够的认识。

从现实来讲，并购对于企业和行业的好处是显而易见的，创造眼球经济、联通国际市场、吸引人才加盟等等。但是，在实施并购时需要注意的一个关键问题是，企业到底想通过并购获得什么？是品牌？技术？还是人才？市场？只有掌握了核心实质，用长远的眼光审视品牌的发展，在创新模式、运营管理、资源整合上下工夫，才能获得更长远的发展。

（二）多品牌战略

近年来，随着中国消费市场日趋成熟、国内外品牌竞争的加剧，服装企业的发展策略正从前几年“跑马圈地”式的外延式扩张逐步向“精耕细作”的内涵式增长转变。其中一个最突出的体现就是多品牌战略。多品牌策略是企业根据各目标市场分别使用不同品牌的品牌决策策略，多品牌战略能较好地定位和区分不同细分市场，强调各品牌产品的特点，吸引不同的消费群体，从而拥有较多的细分市场。

在多品牌道路上，杉杉集团从 20 世纪 90 年代末期即开始尝试，国内其他众多有实力的品牌服装企业近年来也相继跟上。随着市场竞争的加剧，强势品牌的多品牌运作已成为趋势。就服装企业而言，可供选择的品牌战略实际上有四种：单一产品品牌战略、综合品牌战略、多品牌战略和混合战略。一般而言，公司在创品牌的初期都会选择单一的品牌战略，当这一品牌建立起了相当的知名度和信誉后，就会选择综合品牌战略，如果这个综合品牌无法涵盖某个新市场，这时就会考虑选择多品牌战略。

多品牌战略的推行方式一般有以下三种：一是创建新品牌，这是使用频率最高的一种方式。新品牌的优势是可塑性强，品牌定位、品牌风格等方面的制订比较灵活；劣势是品牌知名度低，品牌推广成本较高，成长过程十分漫长。二是合资优势品牌，通过资本运作或相互合作等方式将一个或多个与企业原有品牌实力相当、行业知名度相对较高的品牌收归门下，并通过原有品牌与合资品牌之间的优势互补，使双方的品牌竞争力同时得到提升。三是收编劣势品牌。企业通过资本运作将一些劣势品牌进行收编，然后赋予其新的血液和新的生命力，重新创造价值。

"获得更高的市场利润"是企业多品牌的初级设想，但"提升企业的社会价值与品牌价值，获得更高的资本信誉度"更是企业想追求的。品牌经营与产品加工经营最大的区别之一，即体现在品牌的无形价值与无形资产之中。品牌在市场中拥有一个良好发展前景及具有充分购买力的消费群体，对于企业而言将成为一笔无形的社会价值。一般大型多品牌化经营的集团公司都已经成功上市，经营多个品牌也能够使之在交易市场中将无形的品牌资本转变为资产价值，乃至通过市场表现形式，使企业与品牌获得资本市场的收益。

（三）品牌重塑

品牌重塑又称为品牌再造，是指在已有品牌的基础上，从品牌战略的高度对品牌进行重新调研、重新评估和重新定位，通过品牌创新，最终获得品牌持久竞争力的一系列过程。品牌重塑是企业适应重大环境变化，并在变化中寻求、保持和提升企业竞争力的必然选择。

最近十年来，服装企业通过换标进行品牌重塑早已不是什么新鲜事。2008 年全球金融危机之前，中国服装企业就曾迎来一次换标高峰。后金融危机时代，一些企业经过两年多的调整，期待进入新发展轨道，于是换标现象又逐渐多了起来。2010 年，李宁高调宣布品牌重塑战略，除发布全新的品牌标识和口号之外，更对品牌目标人群、产品定位、品牌内涵及开发体系等做了相应调整，希望以焕然一新的品牌形象抢占消费者的心智资源，扩大李宁品牌的国际影响力。事实上，李宁公司的品牌重塑并不是单个案例，未来品牌重塑将会成为中国企业拓展国内外市场的主旋律。

企业需要品牌重塑往往基于以下几种原因：一是品牌老化，跟不上消费者的需求；二是企业进入新市场，谋求更大发展空间；三是企业业务多元化发展，必须对品牌进行重塑；四是企业重组与并购，寻找新优势。那么，如何使一个品牌起死回生，并焕发出新的生命光彩？对于国内众多希望重塑品牌的企业而言，在重塑企业或产品品牌时，需要注意以下三个方面：

1. 找到品牌重塑的关键出发点

品牌重塑的目的不是为了推翻原有的品牌，而是对原有品牌的提升和维护，通过品牌重塑改变已经落后的品牌形象，树立适合时代要求的、崭新的品牌形象，不断提升品牌价值。

2. 品牌重塑的过程应当是由量变到质变的过程

企业并不是只有在困境时才需要对品牌进行重塑，在日常经营中就应当时刻观察市场的变化，并适时地对品牌的内涵、定位进行调整。

3. 建立快速市场反应能力

现在是产品同质化严重的时代，而消费者在选择上却有个性化和多元化的要求，这就需要我们的品牌和企业要具备快速的市场反应能力，在个性化、差异化需求上下工夫，满足时下消费者的需求，获得更大的品牌效益和发展空间。

（四）轻资产

轻资产运营，指企业保留轻资产运营环节而放弃需要耗费大量资金而附加值低的重资产经营环节，或者企业通过某种方式利用自身的轻资产运营环节获取重资产运营环节。轻资产运营模式由耐克创始人菲尔·奈特在1980年代率先推出，这种模式将产品制造和零售分销业务外包，自身则集中于设计开发和市场推广等业务，市场推广主要采用产品明星代言和广告的方式。

以轻资产模式扩张，往往可以获得更强的盈利能力、更快的速度与更持续的增长力。轻资产公司运营一般通过两种方式：一是将重资产业务外包或转让出去；二是收购其他企业的一部分股权，本企业输出品牌，输出治理，利用有限的资金，盘活被收购企业的重资产。轻资产运营的核心理念是用最少的资金去撬动最大的资源，赚取最多的利润。放眼世界，已有不少企业通过轻资产运营来减少自身投入，集中自身资源于产业链利润最高的环节，以提高企业的盈利能力。

服装业是一个轻资产运作相对成熟的产业。在过去的十多年中，国内服装行业的轻资产公司其实已经走过了三代。以外包产销职能为特点的第一代轻资产运作，是将生产外包给成衣制造商，在渠道上吸引加盟商，自己掌握高附加值的设计环节，并且大力推广品牌形象，其代表企业是美特斯·邦威。以外包资金投入为特点的第二代轻资产运作，选择了通过强化管控能力来轻资产化的方法，用管理和信息系统把外包生产和销售职能变成了“外包资金投入”，其代表企业是海澜之家。以凡客为代表的第三代轻资产公司则瞄准了精准供应链，首先采用自建方式，将渠道完全压缩在互联网以及呼叫中心这些低成本方式上，其后外包生产环节，并通过对需求信息的实时掌控和一定程度的按需生产，有效地释放了供应链的库存压力，带动整个供应链实现轻型化。

轻资产这种经营模式，在国际上并不新鲜。耐克公司就是利用产业链两端高附加值环节（设计研发和品牌管理）的“轻资产”模式占领了专业体育用品市场的领导者地位。在国际知名休闲服零售商中，H&M、GAP、Limited、Polo RalphLauren、UNIQLO几乎60%的零售商采取生产外包形式。在中国服装行业中，美特斯·邦威、李宁、森马等都逐步走在轻资产运营的道路上。但是，这些企业目前所做的主要是生产、产品层面的标准控制和质量管理，与戴尔、耐克等国际大品牌相比较，它们对品牌层面的研发设计、品牌传播以及销售渠道创新尚少。

用有限资产，获取最大收益，是所有企业追求的最高境界。轻资产运营的出现，是资本全球化和产业生态的快速演进。在经济迅猛发展的当下，“变轻”不仅仅是一种选择，也是一种必然。通过产业供应链的有效整合，企业可以变轻变快，敏锐地捕捉市场需求的变化并快速响应，获得宝贵的市场先机。

（五）产业资本化

产业资本化是一个从几年前就开始热议的话题，也称为“产融结合”，是指企业发展到一定阶段，其产业与金融业的内在融合。在国内则集中表现为“产业资本化”，即实业企业通过参股、持股、控股或人事参与等方式参与到金融业或者高金融属性行业中。比如杉杉集团主业服装所得利润一度排在创投和锂电池业务之后，而雅戈尔服装主业收入之外的房地产业务收入已排到第二。据报道，温州一带很多服装制造企业在当年发家致富的主业上大多停止投资，而把主要精力和资本投向来钱快却风险巨大的房地产和股权交易市场，以及其他金融领域。于是，人们惊呼：产业资本化来了。

产业资本化在国外是一个早已长期存在的现象。随着中国服装市场逐步成熟，各种风险投资也开始强势介入这个传统行业。与风投频频向服装业抛出橄榄枝相对应，近年来国内涌现出七匹狼、报喜鸟、美特斯·邦威等一大批借助资本市场崛起的服装企业，而目前正在积极筹备上市的企业也不在少数。从某种意义上说，借助资本的力量让自己强大起来，是广大中国服装企业和品牌发展到一定阶段的有效途径。

服装产业市场与资本市场的日益融合，正在迅速改变着行业竞争格局和竞争方式。资本带给企业更大的空间，同时，也带来了不同的游戏规则。在“适者生存”的法则下，行业、企业的自然淘汰速度加快，企业间两极分化现象也正在加剧。资本给中国服装企业和品牌发展所带来的改变，资金的投入可能还是次要的，更重要的是先进的思想、现代的管理理念与管理方法、生产能力，是对品牌发展的一种系统式推动力。

随着中国服装业对资本的理解和在资本市场上经验的日臻成熟，资本将成为推动企业发展的新能量，在未来企业乃至产业发展过程中起到的作用也将会越来越大。但高收益与高风险是对形影不离的双胞胎，资本的介入令商业渠道的创新演变更加规模化与复杂化，资本市场上的差池要比产品市场更容易引起灭顶之灾。无论是上市也好，获得风投也好，外部资本永远都是企业发展的外部因素，真正起决定作用的依然来自企业内部，只有和科学的企业发展战略相结合，资本才会成为能量。

（六）万店计划

国际品牌 ZARA、H&M、C&A、UNIQLO 等，纷纷以全新姿态大举进入中国市场，门店数量不断刷新。与国际品牌积极开拓中国新兴消费市场相对应的是，在这一轮新圈地运动中，中国本土品牌似乎并未落后，有相当一部分本土品牌早已根植于中国二、三、四线城市甚至农村市场，并在几年前就开始喊出千店万店计划。可以说，在国外品牌准备发展千店计划的时候，国内的品牌已经开始挺进万店时代。

到 2010 年上半年为止，安踏已经实现零售店 7000 家的突破，由 2009 年年底的 6591 家增至 7052 家，净增 461 家。而跟随在安踏之后的，还有利郎、特步、匹克、贵人鸟等，这些品牌都宣称将在 2010 年突破 7000 家零售店。按照这样的速度发展，三年内中国势必出现一批终端规模达万店级别的服装品牌。

万店计划兴起的最根本原因，是巨大而又深藏潜力的中国市场，以及中国庞大的经济型消费阶层。随着中国一线市场容量的饱和，数量庞大的中国二、三、四线城市成为欲争夺中国市场的品牌下一步进军的重点，中国城市化进程为品牌的市场拓展和渠道下沉提供了广阔的平台。

目前，国内服装品牌的扩张冲动，大多出于市场布局的需要。在三、四线市场逐渐成熟，购买力持续提高的情况下，品牌商大规模“布点”是非常必要的。只要销售有保障、有客源，自身资金、人才储备有积累的品牌就可以进行规模扩张。当然，也有很多品牌的扩张“服务”于上市的需要，它们会在短期内扩充零售终端，因为上市需要品牌有庞大的终端网络。

“万店计划”虽诱人，但也并非全是好处。“万店时代”所折射的并不仅仅是市场容量的扩大，以及品牌实力的增强，更多还表现在市场整合的提速，以及经营风险的放大。“跑马圈地”后，市场容纳的极限、代理商与品牌商的分歧拷问着服装品牌这波终端扩张热潮。短期内大规模的终端扩展，一定会为企业带来更多成本负担，给品牌带来更多的管理、经营层面的挑战。不成功的扩张还将对品牌长期发展产生负面效应。万店计划除了考验品牌力、渠道力、资本力之外，产品力、传播力等也是不可忽视的因素。未来，在大规模扩张之后，竞争将日趋白热化，市场还会进一步整合，这是每个忙于“万店计划”的企业必须有的思想准备。

（七）商业电子化

2009年是中国网购市场大发展的一年。据不完全统计数据显示，2009年网络购物用户规模1.08亿人，服装网络购物市场交易规模达308.7亿元，同比增长81.5%。预计未来3年增长逐渐趋于稳定。快速成长的服饰时尚类产品，已成为网购的第一大类商品。

如果说几年前还在讨论电子商务能否成为未来服装商业发展趋势的话，那么，现如今，随着市场环境、基础设备、用户认知的成熟以及政策上的大力推动，商业电子化趋势日趋明朗，在整个服装零售市场中的地位也逐步提升，越来越多的服装企业寻找着最切实的电子商务手段实现自身的经营模式转型，越来越多的传统服装企业加入了电子商务大军，商业电子化已成不可阻挡之势。

据统计，线上销售的商品种类中，销售排名第一的是服装、鞋帽，已经超过图书、家居百货、充值卡等，这说明服装已经成为电子商务销售的新增长点。目前，商业电子化模式以更低的运营成本、更快的反应速度、更广阔的销售区域覆盖面冲击着传统品牌的营销思维，一方面企业通过电子商务的模式触网，让网络营销的效果更为直观和直接；另一方面基于电子商务，品牌与消费者之间的沟通更为直接，特别是与年轻消费族群的沟通。正是基于网络媒介对传播与销售的整合，越来越多的传统服装企业纷纷加速“触网”，加入了商业电子化大军，如雅戈尔、李宁、美特斯·邦威等，商业电子化逐步成为传统服装零售之外的重要销售模式。

商业电子化是一种新型模式，它在一定程度上改变甚至颠覆了企业原有的业务运作流程。网络杂志、社区网站等电子化营销方式具有提供精准定向、智能优化、减少浪费的优势，较之传统媒体营销，更加强调体验性、沟通性、差异性。在商业电子化时代，体验可能比售卖更重要，关注度及美誉度可能比购买力更重要。技术壁垒已经不再是妨碍传统服装行业进入电子商务的障碍，而营销方式才是服装电子商务取得成功的关键因素。

商业电子化的出现和成长促进了营销方式和商业思维的变革，也带来巨大的商业想象空间。随着各种电子新媒体与传统企业的跨界联合、交叉碰撞，从简单的物理嫁接到发生化学反应，新的商业思想及新的商业运作模式将不断孕育和涌现，进而形成新的创新变革潮流。

三、流通渠道扫描

近几年中国服装业的发展与成熟以及消费领域日新月异的变化，不断引发服装商业流通渠道的深层变革。一方面，传统的流通渠道，比如批发市场和百货商场，谋求升级转型；另一方面，像连锁超市、专卖店、购物中心、机场酒店、多媒体平台等新型流通渠道的发展如火如荼，形成服装流通渠道的新格局。

（一）批发市场

服装批发市场一直以来都是我国服装重要的商业流通渠道之一，被喻为产业晴雨表。市场兴，产业旺；产业旺，市场兴。可以说，中国服装业的繁荣，批发市场功不可没。但有关统计数据显示，近年来我国服装批发业呈整体萎缩的局面。有人甚至提出“批发无用论”，对服装批发业的未来前景表示了担忧，指出：在当前买方市场条件下，零售商取代批发商、制造商，成为商品流通领域的主导力量，取得了较快发展，而批发商则受到来自制造商和零售商的双重挤压，日渐萎缩，特别是电子商务和直销等销售模式的兴起，进一步将批发商排斥在供应链之外。

不可否认的是，近些年来，新型商品销售模式迅速发展，对服装批发市场形成了强劲的冲击，使得服装批发市场经营者和管理者面临严峻挑战。然而，也应当客观地看到，原有的批发市场格局正在发生一些变化，新型体系逐步形成。在未来相当长的时期内，服装批发市场仍将是重要的服装分销渠道。

目前服装批发市场的发展呈现出四个特征：服装批发市场吸引了越来越多的直接消费者，这部分消费者主要为城市工薪阶层、学生、外来务工人员和流动人口；从前简陋的“大棚式”服装批发市场竞相改造，有的经过改造后在硬件上甚至不亚于百货商场；发展规模快速化，许多批发市场从原来的地摊式经营逐渐转化为规模化、专业化经营；少数服装批发市场逐渐走上了品牌化的经营道路。

从未来的趋势看，服装批发市场必须通过信息化建设快速实现升级换代，通过模式创新，使其具有物流、服务、咨询、品牌塑造、流行趋势发布等多种现代化功能，才能适应未来行业发展与人们消费需求的新变化，获得新的发展空间。

（二）百货商场

经过半个多世纪的风风雨雨，中国的百货业已初步形成多种流通渠道、多种经济成分、多种经营形式的商业流通格局。当前，国家在大力提倡扩大内需，扩大消费，城市化进程日益加快，越来越庞大的消费人群向城市集聚，这为零售业带来了上升空间。2009 年以来，中国百货业取得迅猛发展，多数百货企业的利润在增长，市场规模也在不断扩大。大型百货商店仍是目前服装服饰类商品销售的主要渠道。

但随着消费者的消费心态和消费者结构发生变化，零售业竞争也越来越激烈。传统的百货业面临以下几个方面的挑战：

1. 同行业挑战

同一商圈，同一行业过度集聚，造成“规模相同、环境相同、价格相同、服务相同、商品相同、顾客相同”等局面。

2. 异种业态的挑战

超市、便利店、专业与专卖店、货仓、购物中心、电话销售、电视销售、直销、邮购商店和连锁商店等等，这些业态的发展造成百货商场客流大量流失。

3. 交通拥堵及停车难方面的挑战

老百货商场一般选址在城市中心区或繁华地段，如今由于交通拥堵现象严重，造成顾客进出困难，停车场难寻，最终造成百货商场客流量大幅下降。

4. 市场细分化的挑战

为了避免正面冲突，很多商业业态纷纷另辟蹊径，进行市场细分，开展差异化经营。而百货商场却没有进行市场细分。

中国百货业要实现可持续发展，必须进行转型。事实上，传统的大众百货也正在往现代百货的多模式化演进。百货公司（Department Store）、折扣店（Outlets）、时装店（Shopping Mall、Clothing Shop）、流行时尚百货（Fashion Store）、社区生活百货（Living Center）、大众百货（Popular Shop）等新型的百货模式逐渐呈现在人们面前。可以断言，传统的百货商场，只有摒弃以“销售商品”为核心的传统经营理念，确立“引领生活潮流”的现代经营理念，才能在未来发展中把握先机，赢得更大的生存空间。

（三）品牌专卖店

服装品牌专卖店是目前国际品牌普遍追求的一种服装销售方式，它可以为顾客提供富有情调、和谐，更加舒适、幽雅、随意的购物环境，而且能给品牌系列产品提供一个完整的展示空间，满足了不同层次消费者的需求。目前国内绝大多数服装品牌都是采用直营店或加盟店，或两者相结合的运作方式。一些实力雄厚的大品牌往往喜欢采用直营的方式，中小品牌则偏重于选择加盟的方式来实现快速扩张。在店面形式上，目前主要有店中店和单独店面两种表现形式。

随着产业的不断进步以及消费形态的快速演进，服装专卖店零售业态内部也处在变化和发展之中。目前出现了一种新的趋势，国内一些品牌企业在上海、北京等一线城市设立大面积的旗舰店，其品牌的宣传意义甚至已经大于销售意义。在旗舰店的基础上，又逐步发展出体验式生活馆。这类店改变了传统的专卖店货品单一、卖场狭窄、服务不到位的问题。旗舰店和生活馆以面积大为特点，一般都是占据商业旺地，只有实力雄厚的大品牌才能支撑。对于中小品牌或个性化品牌而言，不仅开大店难以承受，即使在商业旺地开小型店，也由于店铺租金高而难以实现。于是，各种远离大城市商业中心的专卖店，比如社区店、楼中店、公寓店、游击店等形态应运而生。

（四）服装超市与折扣店

服装超市一般是指规模大、成本低、毛利低，消费者自我服务为主的商店。就商品类别来说，服装超市同百货店一样，种类齐全，品种繁多。服装超市最吸引顾客的是价格低廉，因为中低收入的顾客总是希望以较少的钱买更多的东西。服装超市过去只经营标准化程度高，购买频率高，适于自选的品种，如衬衫、针织内衣、T恤、家居服等。随着市场竞争加剧，超市已不满足于此，为了占领市场，超市纷纷拓宽服装的产品线。目前服装超市能否成为主销渠道尚难定论，但其的确已成为服装市场上一道新的风景线。

品牌折扣店在国外早已是一种流行的零售业态，价格低廉的名牌尾货是这些折扣店最大的优势。随着中国经济的持续增长，人们越来越看重品牌的力量。近两年，国内不少大城市开始出现品牌折扣店，且以特许加盟店的形式火爆扩张。据了解，折扣店的经营面积一般为1000平方米，经营品种在800～1000种之间。折扣店又分品牌折扣店和非品牌折扣店：品牌折扣店一般经营著名的国际品牌，非品牌折扣店类似于现在的大卖场，以经营日常用品为主。两者的共通之处在于，商品价格比零售业态相对要低，能够吸引对价格比较敏感的消费者。近年来，国内服装商业地产投资持续升温的大环境以及中国城市化进程的加快，二、三线城市规模不断升级，多方面的市场需求给了品牌折扣店空前的发展机遇。

（五）购物中心

购物中心（Shopping Center/Shopping Mall）一般是指多种零售店铺、服务设施集中在一个建筑物内或一个区域内，向消费者提供综合性服务的商业综合体。购物中心大致分社区购物中心、市区购物中心和城郊购物中心三类。

在国内，购物中心真正诞生于20世纪90年代。近几年，随着商业地产的投资建设进入高潮，各类购物中心的发展也是风起云涌。消费者在购物中心滞留时间与其他零售形态有较大的差别。在社区便利店一般为10分钟，在小型超市为30分钟，在百货公司为60分钟，而在购物中心则达到120分钟左右。这是因为在便利店、超市甚至百货公司，消费者都是在买东西，而购物中心则提供了购物、休闲、娱乐等多种互动型业态组合功能。

随着我国人民消费水平的不断提高，购物中心模式也在发生较快的改变。未来的购物中心，将突破单一的封闭式建筑模式，向具有开放式建筑格局的方向发展。此外，发展具有特色主题的中小型购物中心也将是未来的一个方向。

（六）酒店机场

机场是城市的窗口和门户，大型城市的机场年旅客流量都在千万以上，并且往来旅客是“含金量”非常高的顾客群。因此，新兴的机场渠道对于定位较为高端的服装品牌来说无疑是最好的展示窗口。除了形象树立，机场店铺的另一个角色——零售角色也正在被挖掘。在一些机场的服装品牌专卖店中，那些市场占有率高、知名度大的品牌有着非常好的销售业绩。

机场渠道被称为贵族通道，一般而言，进场费用高，并非适合所有品牌入驻，较适合高端品牌。机场渠道之所以昂贵的原因是其拥有其他渠道不可比拟的优质顾客群体和对资源的垄断优势。目前，机场渠道的盈利方式已经从以销售折扣收入为主向销售利润和服务收入并重转变。

和机场渠道相似，星级酒店进驻品牌也多为高端品牌、个性品牌或高级定制品牌。只是近两年星级酒店售卖假名牌的现象时有发生，这对酒店内销售服装是一个不小的打击。不过，星级酒店仍不失为高端品牌一个理想的销售渠道和品牌形象窗口。

（七）多媒体平台

生活习惯或生活方式的变化，特别是互联网技术的发展，导致电脑购物、手机购物快速增加，将来数字电视也很可能发展成为一个重要的购物平台。目前，通过上述多媒体购物量最大的是食品，其次是服饰。多媒体平台购物的方便性、时尚性、新颖性正在颠覆传统的消费模式，成为不可小视的服装流通渠道。

多媒体平台作为流通渠道，对现代电子科技和信息科技的依赖性非常大。但是，由于多媒体平台购物的相关法律法规及管理措施的滞后，导致监管缺乏或监管不完善，对消费者还存在一定风险和不确定性。不过随着科技的发展，多媒体平台的销售份额肯定会快速增加，给其他零售渠道带来冲击。

四、零售店铺模式创新

当今的中国服装业是一个终端为王的时代。零售终端的竞争日趋激烈同时也更加精彩，新型的零售店铺模式层出不穷。

（一）综合大店 SPA 模式

SPA（Speciality Retailer of Private Label Apparel）直译就是“自有品牌服装专业零售商”。美国品牌 GAP 是第一代 SPA 的代表，第二代是由日本的 UNIQLO（优衣库）成功运用并推广，第三代则是西班牙的 ZARA。SPA 模式借鉴了供应链管理思想，有效地将顾客和供应商联系起来，以满足消费者需求为首要目标，通过革新供货方法和供应链流程，实现对市场的快速反应。

SPA 模式彻底颠覆了休闲服运作的旧有模式。无论是美国的 GAP、西班牙的 ZARA，还是日本的 UNIQLO 等 SPA 模式的代表，其共同的市场表现是：时尚、快速、低价，裂变式的店铺扩张，不再依赖百货店内的寄卖方式，形成独立收银、独立营造卖场氛围，以及注重供应链管理的流通渠道。SPA 模式包含四大模块，即生产体系的扩展、零售网络的发展、信息和物流系统的完善以及对渠道与商品策划的控制。SPA 大店模式的兴起，取决于人们消费观念和消费习惯的改变。在经济低迷时期，人们的生活水平下降，使得 SPA 这一新模式带来的大众平价时尚越来越受到关注。现在看来，后金融危机时期，SPA 大店模式依然有良好的发展前景。

（二）生活方式体验馆模式

生活方式体验馆（Lifestyle Store），是指专门经营某一门类商品或服务，并且具备丰富专业知识的销售人员和适当的售后服务，满足消费者对该类商品选择需求的零售业态，简称“生活馆”。

进入21世纪以后，人们开始关注自己的心灵，在商品的选择上更加贴近生活，务实而低调，于是被称为“生活方式体验馆”的服饰零售模式渐露端倪。生活方式体验馆关注的是品牌产品与消费者之间的互动，满足消费者精神层面的需求，是一种体验式销售和消费模式。

已经进入中国市场的无印良品（MUJI）就是一个标准的，也是日本最大的生活方式体验馆。它的设计理念、美学主张、素材选择等等，已经超越了商品品牌的局限，成为一种生活方式的代名词。“无印”即拒绝贴上一切标签，提倡简单而自然的生活方式；“良品”则凸显出这种生活方式内在的高品质特性——简单并不等于无要求，朴素也可以很优雅。

无印良品倡导的是生活方式，但中国消费者更多地将它看成一个时尚品牌。他们购买无印良品通常是为了寻求一种身份的标识，未必真正领悟简单生活的含义。但无论如何，无印良品的品牌理念和运作模式非常值得国内品牌学习借鉴。随着人们生活品位与消费品位的提高，生活方式体验馆必将成为一种不可忽视的服装零售新模式。

（三）服装超市便利店模式

摒弃不必要的店铺装潢，采用量贩方式，以合理诚信的价格向顾客提供满意的商品是服装超市便利店的显著特点。这种模式的优势和吸引力在于无压力选择的购买方式、强大的产业链条整合能力和快速的配送体系，廉价和质量保障是其消费群体最基本的诉求。

创立于1949年的日本著名休闲品牌UNIQLO，是排名全球服饰零售业前列的日本迅销（FAST RETAILING）集团旗下的实力核心品牌。创始人柳井正受美国大学校园内仓储式销售CD的方式启发，决定尝试以仓储型自助购物方式售卖服饰，开设服装大卖场，为消费者创造自主轻松的购物环境，提供品类齐全的基本款服饰。事实证明，UNIQLO的服装超市便利店模式符合了当时日本国民的消费愿望和需求，这种成功的销售模式也一直延续至今。

在中国较早推行服装超市便利店模式的服装企业是“海澜之家”。从2002年开始，海澜之家采用全国连锁经营、统一形象、超大规模的男装自选购买模式，为目标消费者提供从正装到外延服饰品的一系列完整货品，被称为“男人的衣柜”。产品按品种、号型、规格分类陈列，并且设有一目了然的自选导购图，消费者可以根据自己身高、体型轻松自选购衣。这种“无干扰、自选式”的服装超市便利店模式实现了便捷的全程一站式消费，免除了消费者多店购物的繁琐，也使得海澜之家在短短几年间迅速成为中国男装名牌。

（四）多品牌集合店模式

多品牌集合店，顾名思义是指集合多个时装品牌经营的概念店。

多品牌集成店的共同点是：被集合品牌的所有权（或区域代理权）隶属于同一个市场主体。目前，做多品牌集成店的企业一般都是拥有多个强势品牌的集团公司，如I.T、百丽、耐克、阿迪达斯、Levi's、艾格等。

较早推行多品牌集合店模式的I.T集团成立于1988年，最早由一间销售外国流行品牌的小店Green Peace发展而来，素以款式前卫、多元化和引导潮流而著称。I.T既有自己集团旗下品牌，如b+ab、izzue、5cm等，也有从世界各地网罗来的代理品牌，从国际高级时装到席卷亚洲的日本年轻潮流品牌一应俱全，成为中国香港著名的多品牌集团。而在内地市场上，多品牌集合店更多是同一公司旗下多个品牌的组合，如百丽“M. A. P”集合店就整合了该公司旗下百丽、思加图、Joypeace、TaTa、天美意等鞋类品牌。

品牌集成店铺的经营基础以大型卖场为主，通过对集成品牌的市场营销宣传，减少各个品牌在营销过程中的宣传成本，将更多的资金及资源进行集中化管理，实现最大化节约运营成本的目的。实践证明，品牌集成店的效益十分明显，采用集成店模式，不仅可以让多品牌分担店铺租金压力，降低运营成本，还可以增加客人停留时间以提高成交率。

（五）设计师品牌集成店模式

DC BRAND（Designated and Characteristic Brand），即个性设计师品牌。这一模式起源并盛行于20世纪80年代的日本。这一时期日本消费者对于服饰的要求趋于个性化，设计师品牌和设计师品牌专门店得到市场认可。

一般说来，DC BRAND可细分为三种类型，一种是所有货品均为单个设计师作品的单一设计师专门店；一种是集合了多个设计师作品的设计师集合店；还有一种是店面设计具有反传统特点的“另类”视觉形象店。而无论哪一种，其经营货品及氛围都带有鲜明的设计师个人色彩，个性突出，风格独特。

设计师品牌集成店是个性化时代的自然产物。作为创新的经营模式，设计师品牌集成店以独特的个性化经营理念迎合了现代人的个性化生活。总的来看，设计师品牌集成店的共同特点是店面设计别具匠心，空间陈列及产品展示、氛围营造方面，富于创意及设计感，其经营货品及氛围都带有鲜明的设计师个人色彩，个性突出，风格独特，并突出主题和文化。

（六）买手精选概念店模式

买手精选概念店（Select Shop），是一种由买手整合多种非自创性品牌产品于一店的销售模式。这类店铺的特点是品牌庞杂，但审美品位专一，为一个特定的目标顾客群体服务，平衡产品价格，预测时尚趋势，品鉴力是买手精选概念店的竞争优势。

在20世纪90年代，买手概念精选店在日本作为一种有代表性的零售模式开始显现。最典型也最值得称道的当属日本的BEAMS。成立于1976年的BEAMS，最初是想为日本消费者展示海外具有30年以上历史的知名设计师品牌服装，在其发展过程中，大量网罗日本国内与欧洲等地的设计师作品，加上少部分自行设计的商品，构成了一个典型的非自创性集合品牌。BEAMS与消费者之间的信赖感始终建立在“正确的商品选择”上，商品采购群的流行嗅觉和品位敏锐度，是其长久屹立不倒，甚至益发受到欢迎的重要因素之一。

在中国目前也出现了买手精选概念店，比如HK JOYCE，是通过买手或代理销售高端时尚产品为主的一家买手精选概念店。还有北京的名舍（Ming House），采买来自世界各地的风格冷门品牌，店内艺术气氛浓厚，面积达1300平方米，集时尚休闲会所、时尚秘书工作室与私人着装顾问为一体。

买手精选概念店虽然仍属鲜见，但实际是国外百货企业通行方式。专业买手们根据市场以及当季时尚走向定位，从世界各地淘来不同款式不同风格的服装。买手精选概念店汇聚国内外知名品牌，货品与专卖店款式基本不一样，并且在价格和经营商品方面较之其他销售渠道有很大优势，这对于了解品牌、热衷流行趋势的成熟消费者而言具有独特的吸引力。

（七）单品专门店模式

“单品专门店”，顾名思义就是只经营一种商品的专业店铺。单品专门店专营以“精”取胜，尽可能地提供最齐全的品种，专业化、精品化，并紧跟潮流，以规格齐全品种繁多而成为消费者购买该类商品的首选。

日本 NISSEN 袜子专卖店是一家典型的单品专门店。旗下品牌 Mighty Soxer 是日本最受欢迎甚至风靡欧洲的袜子品牌，店内陈列着琳琅满目的袜子，不管是长袜、短袜、丝袜，还是冬天才有的毛袜，应有尽有。在国内也有类似的店铺产生，2003年上海三足针织品有限公司推出 3. Z. U 足装秀袜子专卖店，开创了中国袜业超市连锁经营先河，到现在，3. Z. U 足装秀袜子专卖店总数已超过 350 家。

单品专门店专注于单类产品诠释，是渠道从拓展到深耕的体现，不但有利于形成立体销售网络，还能对品牌原有的产品系列做出补充，从而能更好地传递品牌形象、演绎出品牌个性。但是，单品专门店作为一种新的终端业态模式，也对企业的生产和研发能力提出更高的要求。

五、营销新时代

当今社会是一个信息丰富甚至泛滥的社会，也是一个新媒体、新平台不断涌现的社会。从总的趋势看，新时代的营销更加注重与消费者的互动，更加重视消费者的深层次感受。

（一）注意力营销

“注意力经济”在时下是个时髦的经济词汇。曾获得诺贝尔经济学奖的赫伯特·西蒙（Herbent Simon）在对经济发展趋势进行预测时指出：“随着信息的发展，有价值的不是信息，而是注意力。”在网络时代，注意力经济的力量愈加突出，谁获得更多的眼球，谁获得更多的关注，谁就有更多的商机。

注意力经济是营造品牌的经济。对于企业尤其是知名品牌来说，要获得公众持续的注意力，就需要持续的创造能力和更新能力。企业只有在产品、销售、服务等各方面不断加强竞争力，提高物流、信息流、资金流等各个领域的管理水平，不断制造新的市场机会，不断提升品牌的公众形象，才可能得到媒介、公众的真正持续的注意，从注意力经济中真正受惠。

（二）电影营销

电影营销（Movie Marketing），主要是指企业利用电影来展开的营销活动。中国企业借助电影做营销的历史由来已久，早在 1997 年《泰坦尼克号》热映时，我们就能看到中国企业赞助的身影。真正具有范例价值的电影营销事件当属冯小刚 2003 年贺岁片《手机》，出品方华谊兄弟从剧本筹划初期就同步介入电影营销洽谈，经过充分磋商和准备，最终摩托罗拉、中国移动、宝马、美通通信、国美电器等企业全情参与，拉开了中国电影营销划时代的一幕。其后，越来越多的企业开始留意电影，并安排相应预算，电影营销意愿大幅提高。

植入、贴片、授权和电影活动是电影营销的四个基本模式。其中，植入式营销比较适合服装企业，服装企业可以将产品或企业信息，通过电影的镜头语言、道具场景、人物台词等手段展示给观众，让观众在不知不觉中留下对产品及品牌的印象，继而达到营销产品的目的。电影营销活动，也是国际品牌经常采用的营销手法，通过明星效应和话题效应，宣传品牌及产品。

（三）新媒体营销

在 web2. 0 带来巨大革新的年代，营销思维也发生巨大改变，互联网已经进入新媒体传播 2. 0 时代，并且出现了网络杂志、博客（微博），以及TAG、SNS、RSS、WIKI等还没有固定中文译名的新兴媒体。

传统的营销（广告以及公关）追求所谓的“覆盖量”（或者叫到达率），体现在报纸杂志上是发行量，在电视广播上是收视（听）率，在网站上是访问量。将广告或者公关文章加载到覆盖量大的媒体上，便可以达到较多的注意。这种传播方式本质上属于宣传模式，其传播路径是单向的，很难探测受众看到广告后有何反应。

而LV与iphone新媒体合作，Burberry联合Facebook推社交网站，Net-a-porter联手ipad发行网络杂志，Nike联合苹果推出Nike Plus社区网站等等，且不论这些品牌与新媒体联手营销的效果如何，有一点至少可以肯定：与传统营销方式相比，网络杂志、社区网站这些新媒体的出现，改变了传统的单向传播和硬性推广。通过它，企业能够与受众实现更多互动，也可以收集到更多的反馈信息。

随着互联网和新媒体的不断进步和发展，手机媒体、手机博客、手机电子商务应用将是下一个充满前途和希望的行业。总的来说，新媒体营销是基于特定产品的概念诉求与问题分析，对消费者进行针对性心理引导的一种营销模式，从本质上来说，它是企业软性渗透的商业策略在新媒体形式上的实现，通常借助媒体表达与舆论传播使消费者认同某种概念、观点和分析思路，从而达到企业品牌宣传、产品销售的目的。

（四）五感营销

五感就是人们日常生活中的五种感觉，即视觉、听觉、嗅觉、味觉、触觉，一件商品或品牌的面世是通过这五种方式被人们所认知和接受的。当我们接触一个新品牌时，最主要会通过视觉和听觉来认识它，触觉、味觉及嗅觉这三项则较易为人所忽略。事实上，嗅觉如今已确实被证明可以促进服装销售。近段研究发现，无论男女老少，所有人都喜欢的气味——接近于母乳的香草型气味。只要闻一下，就会重新唤起童年的记忆。而实验表明，店铺里的女装如果喷上香草香型，销售量比之前翻了一倍。

目前运用五感营销（Five Senses Marketing）十分成功的企业，首推星巴克。星巴克几乎不打广告，它就是利用五感营销来为自己推销，例如店内会播放十分柔和的音乐（听觉），强调除了自己家和办公室外，第三处有归属感的空间就首选星巴克，而这也是为什么会将星巴克定义为“第三空间”的原因。

在体验经济的时代，产品本身固然重要，但由于竞争者众多，往往能受到消费者青睐的是富含体验价值的产品，例如商品交易过程的服务质量或是其感官的体验过程。未来品牌经营的全方位卖点，是让每个品牌都有自己独特的身份认同。而五感营销能够让消费者从传统二维感官空间走入五维多元感官体验，为品牌生命找到更宽广的活力来源。

（五）互动营销

互动营销（Interactive Marketing）是指企业在营销过程中充分利用消费者的意见和建议，用于产品规划和设计，为企业市场运作服务。企业的目的就是尽可能生产消费者需求的产品，但企业只有与消费者进行充分的沟通和理解后，才会有真正适销对路的商品。互动营销的实质就是充分考虑消费者的实际需求，切实实现商品的实用性。互动营销能够促进相互学习、相互启发、彼此改进，尤其是通过“换位思考”带来观察问题的全新视角。

目前的互动营销主要有付费搜索广告、手机短信营销、广告网络营销、博客广告和电子邮件市场营销等，主要借助互联网技术实现营销人员和目标客户之间的互动。互动营销是精准营销模式的核心组成部分，是实现和客户互动的主要手段之一。互动营销强调和客户良性互动，精准营销的互动营销采取各种有效互动形式，紧紧抓住消费者心灵，在顾客心中建立鲜活的品牌形象。

六、商业发展趋势

随着现代经济的发展，人们开始关注更符合自己的生活方式。而一种新生活方式的出现，相应地会产生一种新的商业模式。关注、研究消费者生活方式的变化，有助于把握未来商业发展的大势。

（一）宅经济与微端市场

如今，“宅”作为一种新的生活方式异军突起。“宅人”不仅引领了一种新的生活方式，也引发了新经济现象和新商业模式。“宅经济”导致在线购物风气日盛。优衣库自2002年进入中国市场，困扰其发展的主要问题就是实体门店数量扩张缓慢。而优衣库与淘宝商城合作的B2C模式，通过淘宝商城B2C平台迅速扩大了在中国消费市场上的份额。权威人士分析，“宅经济”具有低成本、高效率以及参与者年轻化等特点，在一段时间内会成为一个相对独立的商业模式并迅速发展。

以往人们强调的渠道为王、终端为王，其实是商家掌握主动权时的判断，而今所谓“微端”的时代，其实是消费者掌握购物主动权的时代。商家必须深度渗入消费者的“微端”，随时发现需求、开发需求、提供服务。把握微端市场，就是要充分满足消费者省时、省钱、省力、省心四个基本需求。不仅处处为他们节约费用着想，还要引导他们建立新的消费习惯，要考虑他们生活的方便性，为他们提高购物生活的效率，最后还要提供安全的支付手段，以及质量和售后服务的保证。

（二）低碳经济与乐活商业

“低碳生活”正在成为一种世界潮流。环保、低碳、负责任的消费观念逐步取代快速消费的消费观。日常生活中，更多人会减少购买服装的频率、选择环保面料、选购环保款式、减少洗涤次数、选择环保洗涤、手洗代替机洗、旧衣翻新、转赠他人、旧物利用、一衣多穿等。在纺织服装领域，各种环保面料、再生面料服装将日益走进我们的生活。

“低碳”概念流行以前，早就有一股小势力人群在实践着健康低碳的生活方式。20世纪末，西方开始流行一种新兴生活形态族群——乐活族。这一族人关心生病的地球，他们吃有机食品和低油、低盐、低脂的健康食品，穿天然材质棉麻衣物，选择自然并且自由的“有机旅行”，自觉保护生态。

在美国每四人中就有一人是“乐活族”，在欧洲则有8000万～9000万人属于“乐活族”（占总人口的35%）。“乐活”生活方式也已开始传入中国。目前虽然还属“小圈子”生活态度，但鉴于“乐活族”普遍具有“年龄层高、学历高、收入高”的特点，其对未来消费市场的深刻影响将难以估量。随着“乐活族”发展壮大，乐活市场应运而生。按照《商业周刊》的说法，仅在美国，如果把所有跟乐活概念挂钩的产业都统计在一起，将出现一个接近4500亿美元的超级消费市场。

（三）新节俭主义与新奢华主义

2008年金融风暴带来的经济衰退，给全球特别是欧美消费者带来较大影响。经济不景气，导致节俭主义（权且称之为新节俭主义）重新盛行。“新节俭主义”是区别于传统节俭主义的一种新的消费观念体系，它是由繁荣后的经济萧条引起的，从我们已经熟悉的平价机票、品牌折扣店，到经济型连锁酒店，都可以看到它的身影。

“新节俭主义”有四个显著的标签：省钱而不省品质，省钱而不省品位，省钱而不省时尚，省钱而不省体面。“新节俭主义”能在中国大行其道，是因为我国虽然保持了经济高速持续增长，但毕竟属于发展中国家，大量低收入人群的存在，加上部分中产阶层呈“M”型社会中间塌陷状态，为其提供了适宜的生长土壤。

在新节俭主义盛行的同时，另一种相反的消费行为也开始崭露头角，那就是新奢华主义。作为世界第三大经济体，我国又存在着一大批富裕阶层，这一阶层人士需要通过奢华消费，满足自尊、自我实现等高层次需要。新节俭主义和新奢华主义，也许是未来一个时期我国服装流行的一道独特风景。

（四）后标签时代与小趋势

在大工业时代，一切都是“大批量生产”。而随着经济发展和社会进步，人们独立性、选择性、多变性和差异性增强，大众化逐渐被颠覆，个性化浪潮来临，代表个性的小众在苏醒。随着个性化小众人群数量的增多，个性化的商业需求开始盛行，后标签主义兴起。T恤上的图案由自己设计；拥有自己名字字母的LV包袋；生意火爆的个性时装设计屋；大获成功的Nike Photo ID营销活动……在后标签时代，越来越多的消费者开始在消费的时候注重个性因素，用自己的方式和品牌进行交流，用各种独特的标签标明自己的与众不同。

强调个性的后标签时代，造就了小趋势的流行。许多人开始拒绝大而全的世界，转向“小圈子”、“小趋势”寻找乐趣。事实上，小趋势是一种只有细心观察才能发现正在成长的群体所呈现的潮流，这些群体有自己的需求，而这是目前众多公司、销售商、决策者所不能满足的。敏锐观察市场，了解小群体的个别需求和渴望，提高个性化思维能力和对市场需求快速反应的能力，在市场营销中将变得更为关键。

（五）跨界合作与联名经营

跨界合作，顾名思义，是指不同领域的合作。比如别克与耐克曾亲密牵手，推出一款平面媒体广告：在一辆非常豪华的别克林荫大道车旁边，作为代言人的泰格·伍兹（Tiger Woods），头上戴着带有耐克标志的太阳帽，身上穿着带有耐克标志的短袖体恤，左手是他的标志性身份象征高尔夫球杆，脸上是友善和亲和的笑容。如果不是图片文字的说明，可能很难分辨出这到底是别克的广告，还是耐克的广告，或者是两家企业联合推出的广告。别克与耐克之间，或者耐克与泰格·伍兹之间，是怎样的合作形式？但无意中，别克与耐克这两个不同的品牌，在很大程度上产生了一个品牌的协同效应。两种不同的品牌，从多个角度诠释了一个目标用户的特征，这种现象可以被称为“跨界（cross-over）”。

进入21世纪以来，跨界合作的案例越来越多，以至于逐渐成为一种现象。之所以这么多品牌热衷于“跨界”，是因为当品牌发展到一定阶段，单一品牌的单一文化符号已经不足以诠释一种生活方式或消费体现，需要两个或多个品牌联合起来进行诠释和再现。当然，这种联合一般都是建立在互补性的基础上。当互补性的品牌联合起来诠释或表达一种生活方式或消费体验时，不但不会因为元素的增加而消减其中一方的表达力，相反，还会更容易产生品牌联想而放大所有品牌的表达力，形成整体的品牌印象，产生更具张力的品牌联想。

联名经营则是在跨界合作的基础上发展起来的，一些著名的国际品牌最早开始了联名经营。H&M曾邀请到Roberto Cavalli、川久保玲、Jimmy Choo、Sonia Rykiel等名家合作设计服饰；2010年秋天Valentino创意总监Maria Grazia Chiui、Pier Paolo Piccioli为Gap设计一系列价格亲民的女装。国内品牌也不甘落后，李宁与国际手感艺术大师Filip Pagowski合作，推出以李宁“20岁生日”为灵感的“20系列”和“星系列”。

进入21世纪，尤其是经济危机之后，艺术和时尚、科技与时尚、演艺与时尚更是前所未有地亲密起来，跨界与联名也越来越普遍、频繁。“联名”为时尚品牌们带来的不只是夺人眼球，更多的是巩固和扩大在市场中的疆域版图。同时，“联名经营”对相互合作的企业而言，在营销能力上提出了很多挑战，企业需要考虑如何通过战略上的修正，在与合作伙伴的互动中，获得资源利用上的协同效应。

（六）快时尚与慢生活

过去两年里，曾经绝对依赖欧美市场的 Zara 和 H&M 等“快时尚”品牌，逐渐把重点向东偏移。H&M2009 年的全球 240 个新店计划中，中国是重点。已经在中国拥有 65 家门店的 Zara 也表示会继续加大在中国市场上的扩张力度。除了 Zara、H&M，美特斯·邦威旗下的 Me & City，以及 Vero Moda、Jack Jones、Esprit 等品牌也纷纷加入进来分食“快时尚”市场。

“快时尚”品牌快速扩张，并屡屡获得惊人的成功，是因为它们把准了这个时代的发展脉搏——快。《中国城市居民时尚指数研究》报告指出，在我国 10 个大中城市的中高收入居民中，39.2% 的人每隔一个月左右便会购买服装，而且当年购买的时装在次年的使用率降至 10% 左右（冬装例外）。从前被人们认为可以长期使用的耐用消费品，现在早已成为了快速变动消费品。H&M 和 Zara 看准了这一点，它们采取的策略是在流行趋势刚刚出现的时候，准确识别并迅速推出相应的服装款式，把最好的创意最快收为己用，满足消费者对时尚的需求。

不过就在人们感叹这世界变化快的时候，“慢生活”却又在我们身边悄然流行。所谓“慢生活”，其本质就是要让人“悠然自得”，在工作和生活中适当地放慢速度，以豁达和欣赏的心态来感受周围的人和事。对于“慢生活”的人们来说，经典、持久、独特才是最想要的。经典和持久，体现在衣着上是指服饰超越季节、超越时间，是永远的流行；独特是指每款衣服都是“绝无仅有”。经典服饰多因采用天然材质的布料生产，顺应环保趋势。而永远适用的服装样式，导致了复古风格的再次形成，迎合了怀旧心理。如今，很多品牌推出了周末（WEEKEND）服饰系列，一些休闲品牌推出了慢运动主题服饰，这些都是适应“慢生活”需要的新生事物。

（七）中国服装商业模式走向

中国服装商业模式在流通渠道模式、零售店铺模式、营销方式、竞争态势、商业趋势五大方面呈现出新的商业态势，中国时尚产业也呈现出新的局面。可以说，中国服装企业商业发展的主要模式及中国服装商业渠道的主要业态已基本成型，中国服装商业也已初具形态。

在新经济时代，商业模式是推动市场转型和创新的基础和动力，新商业模式的植入为中国服装市场的产业转型开辟了新的领域和空间。随着中国由服装大国向服装强国的迈进，以及服装业的产业结构与竞争格局的快速变革，中国服装商业盈利模式正在并且在未来将逐步深化以下五大趋势走向：

由过去的生产制造优势向销售渠道优势转变；

由纵向一体化整合产业链向横向资源整合商业链模式转变；

由资金资本优势向技术资源优势转变；

品牌批发经营模式经过批发——批发品牌——品牌批发——品牌联合——品牌零售等阶段的梯度演进，逐步向品牌联合经营模式转变；

服装电子商务化向服装商务电子化逐步演化。

在新环境下生存的服装企业，其生命线无不维系于盈利模式。与传统的盈利模式不同，未来的盈利模式更加依赖于以下几个因素：一是资本。谁掌握了资本，并懂得资本运作，谁就能站在一个更高的层次来竞争；二是效率，谁的运作能力强，效率高，谁就能获得更大的盈利空间；三是专业化，谁更专业，谁就可能凭借更高的附加值获利；四是创新，谁能通过创新发现蓝海，就能凭借先发优势盈利；五是细致，谁比别人做得更细致，或者提供更细致入微的服务，谁就能赢得消费者。

从某种意义上来说，21 世纪的竞争已经不再是产品与产品之间的竞争，也不是品牌与品牌之间的竞争，而是品牌商业模式之间的竞争。传统的中国服装企业，面对新的产业形势还需及时调整商业模式，只有找到适合自己的商业模式和商业渠道，依靠商业创新实现品牌的产品技术价值和品牌文化价值，中国服装产业才能真正获得国际时尚话语权，健康而可持续地发展。

作者简介

李凯洛

中国服装协会市场专家委员会委员。

比蓝国际产业经济研究所所长、比蓝国际投资顾问有限公司总裁。

中国著名时尚产业经济研究专家，著名区域经济、产业、商业规划战略专家，多年致力于时尚产业经济发展及商业研究工作，出版了《芝麻开门——破译品牌财富密码》、《尚道——李凯洛纵谈时尚经营商业之道》等著作，其研究的商业理论及有关中国服装产业发展的研究成果在国内外学术界、中国政府有关部门和企业界有广泛影响。

第四部分 附 件

2010年中国服装高新技术成果交流推广大会获奖项目

序　号	项目名称	单　位	主要完成人
		应　用　奖	
1	汉（大）麻纤维在纺织服装上的应用	雅戈尔集团股份有限公司 汉麻产业投资控股有限公司	李如成　张国君　张建春　李如刚　高明斋　王清
2	无缝线高效制衣成套技术及其产业化	鲁泰纺织股份有限公司	张建祥　秦达　刘正钦　宋海燕　刘红艳
3	职业装剪裁过程优化与仿真系统的开发研究	际华三五零二职业装有限公司　天津工业大学	张风林　仇满亮　李英琳　王晓云　刘艳华
4	非黏合全毛（麻）衬手工西服	耶莉娅集团	袁文和　徐文龙　郑焕胜　薛令军　张晓梅
5	非捻科技面料（无捻纱织物）的研究与应用	山东泽祥纺织有限公司	马玉成　于振福
6	基于网络的E－MTM男装定制快速生产信息系统	东华大学服装学院	夏明　刘冠彬　蒋丽君　杨子田　齐行祥
7	艺术染整新工艺的集成创新与产业应用	江苏华艺集团	顾鸣　刘素琼　梁惠娥　钱卫东　赵爱华
8	安踏运动服综合评价系统的研究	安踏（中国）有限公司　西安工程大学	李苏　张欣　应柏安　曾国坪　吴龙
		贡　献　奖	
1	3D CAT/CAD/CAM服装快速生成系统	上海和鹰机电科技有限公司	尹智勇　凌军　尚笑梅　钱高
2	高效蒸汽循环系统	绿章（北京）新能源技术有限公司	
3	威士制衣流水线传递系统控制软件	上海威士机械有限公司	顾靖　付彬　刘峰　吴伟冬　狄金刚
4	以RFID为核心技术的服装营销系统	芬欧蓝泰（广州）电子标签有限公司	
5	浙江省服装科技创新服务平台	杭州爱科电脑技术有限公司	徐圆圆　顾新建　朱小行　周建迪　徐家遂
6	金蝶服装行业ERP	金蝶软件（中国）有限公司	
7	人体自动测量数据分析方法及系统	苏州大学	尚笑梅
8	蓝鼎4T拉式补货供应链解决方案	北京蓝鼎世纪管理咨询有限公司	韩永生
9	高效节能系列缝制设备的研究与创新	新杰克缝纫机股份有限公司	邱卫明　王志　徐永明　洪志敏　李创　张传有　李丽　郭卫星　陈学纲
10	AAA衣度服装制版软件系统（AAA Apparel CAD system）	天津衣度时尚科技有限公司	尚健敏　任晶晶　高维　刘建萍　蒋金权
11	基于网络的三维人体测量数据共享技术及其应用	西安工程大学	张欣　朱欣娟　谷林　齐静　应柏安
		促　进　奖	
	大连服装产业公共服务平台	大连服装产业发展促进中心有限公司	

续表

优秀论文奖		
序号	论文题目	作者
1	基于智力开发的婴儿服饰设计研究	叶清珠
2	适应“低碳经济”要求的纺织产业发展策略初探	冯宪
3	国内羽绒服装提升出口竞争力的对策研究	冯宪
4	服装产业经济与创意产业建设的相互结合	梁列峰　聂靖　张龙琳
5	全球化给中国服装设计带来了什么	贾京生
6	女套装量身定制系统开发研究	谢红　彭磊　邹奇芝
7	服装企业信息化实施方案的探讨	黄珍珍　王晓云　张鸿志　刘岩松　尚建敏
8	基于非线性图形的佩兹利纹设计开发及其在服装面料图案中的应用	付岳莹　张聿
9	基于波浪化滤镜的纺织花型图案设计	李英琳　曹立辉
10	文化变迁视野下的畲族古代服饰演变动因探析	闫晶　范雪荣
11	单一网络直销服装企业盈利模式研究	张龙琳　周莉　陈世文
12	我国省域服装产业竞争力分析与评价	蓝广芊　张龙琳　胡少营　陈世文
13	制式服装品牌化是市场发展的必然趋势	侯东昱　刘艳华
14	服装定制裁剪方案优化系统软件的开发研究	王晓云　黄珍珍　张鸿志　仇满亮　张凤林
15	关于自然采光开放型工房实施中央空调改造的设计与实践	李国玲　仇满亮　刘艳华
16	形状记忆材料在智能防护服上的应用与研究	徐晶　周详　徐安琪　顾丽丽　李世鑫
17	纺织服装企业库存的成因及规避策略	王林玉
18	基于号型标准的衬衫袖笼配置可行性分析的方法研究	尚笑梅　钱高
19	探析PU面料在服装设计中的应用	李爱英
20	山东地区男大学生内裤消费行为分析	张中启
21	西部青年女性头部形态与帽子原型的研究	齐静　张欣　应柏安
22	人体颈部形态结构与服装立领数学模型的研究	蒋丽君
23	服装设计与服装材料的相互关系	梁列峰　张龙琳　黄宏佑
24	陕西男大学生A体型中间体尺寸的研究	王磊　孙全
25	成年男子体型分类及识别模型和体型信息尺寸对照规则	杨子田　肖平　夏明
26	真皮自动裁剪机控制系统分析与设计	李胜勇
27	西安地区女大学生左右手数据的对比分析	秦萌
28	关于西安地区大学生服装色彩选择倾向的调查研究	贾唯鹤
29	品牌服装的构建与品牌服装文化研究	刘雪婷
30	国画中的“空白”对服装设计的启示	刘静
31	男大学生手部特征测量分析	刘倩倩
32	浅谈面料肌理和性能对服装设计的影响	孙宇迪
33	陕西籍女大学生体型分布预调查研究	白玉　石晶晶
34	自动裁剪机应用市场展望	《和鹰人》编辑部
35	虚拟真人试衣技术对于服装行业的意义	龙朝阳
36	3D CAT/CAD/CAM服装快速生成系统	凌军　尚笑梅　钱高
37	高效蒸汽循环系统在服装企业的应用	绿章（北京）新能源技术有限公司

续表

序号	论文题目	作者
38	汉（大）麻纤维在纺织服装中的应用	王庆淼　虞佳　郝新敏　高明斋　毕建能
39	无缝线高效制衣成套技术及其产业化	秦达
40	服装缝制整烫仓储流程一体化的集成控制	顾靖　付彬
41	以 RFID 为核心技术的服装营销系统	章军
42	服装科技创新平台技术与模式的创新，推动服装业的“两化”融合	方小卫　顾新建
43	金蝶服装行业 ERP 系统	金蝶软件（中国）有限公司服装行业事业部
44	接触式与非接触式测体所得数据稳定性和相关性分析	尚笑梅　陈洁　王忠义
45	服装企业供应链整合与低成本高效率管理	韩永生　蒋韵
46	职业装剪裁过程优化与仿真系统的开发研究	张风林　李英琳　王晓云　仇满亮　刘艳华
47	非黏合全毛（麻）衬手工西服工艺技术研究	袁文和
48	非捻科技面料（无捻纱织物）的研究与应用	马玉成　于振福
49	杰克实施高效节能与创新工作	邱卫明　郭卫星　李创　张传有
50	搭建行业公共服务平台，促进中小企业发展	大连服装产业发展促进中心有限公司
51	基于网络的 E－MTM 男装定制快速生产信息系统关键技术	夏明　刘冠彬　蒋丽君　杨子田　齐行祥
52	AAA 衣度服装制版软件系统（AAA Apparel CAD system）	尚建敏　任晶晶　刘建萍　高维　蒋金权
53	成衣三维记忆与数码拓印艺术染整工艺简述	顾鸣　刘素琼　梁惠娥　钱卫东
54	服装测量数据本体建模及其应用分析	朱欣娟　张欣

中国服装品牌年度大奖历届大奖名单

品牌中文名称	第一届	第二届	第三届	第四届	第五届	第六届	第七届
风格大奖	白领	思凡	例外	歌力思	江南布衣－JNBY	艺之卉	GXG
品质大奖	报喜鸟	红领	乔顿	创世	九牧王	耶莉娅	美尔雅
策划大奖	杉杉	美特斯·邦威	爱慕	应大	利郎	劲霸	特步
创新大奖	依文	派克兰帝	太平鸟	白领	卡宾	凡客诚品	诺奇
潜力大奖	康博	希努尔	海澜之家	巴拉巴拉	诺丁山	唐狮	Nancy K
营销大奖	美特斯·邦威	海澜之家	白领	雅戈尔	森马	太平鸟	音儿
公众大奖	雅戈尔	七匹狼	波司登	美特斯·邦威	真维斯	鄂尔多斯	安踏
价值大奖	波司登	红豆	七匹狼	报喜鸟	李宁	安踏	爱慕
成就大奖	杉杉	雅戈尔	红豆	波司登	七匹狼	美特斯·邦威	真维斯
推动大奖	杭州市女装发展领导小组	石狮市休闲服装产业发展领导小组	虎门镇女装产业发展领导小组	沙溪镇休闲服装产业发展领导小组	深圳市服装行业协会	大连国际服装节博览会组委会	宁波市服装协会
国际品牌中国表现大奖			Only Ermenegildo Zegna	PORTS	Max Mara	无印良品	MANGO
完美伴侣大奖							流行美
科技进步推动大奖							百胜软件

2010年中国服装行业百强活动

2010年服装行业“产品销售收入”百强企业名单

1 雅戈尔集团股份有限公司
2 红豆集团有限公司
3 海澜集团有限公司
4 波司登股份有限公司
5 杉杉控股有限公司
6 上海美特斯·邦威服饰股份有限公司
7 青岛即发集团控股有限公司
8 新郎希努尔集团股份有限公司
9 山东如意科技集团有限公司
10 浙江森马服饰股份有限公司
11 迪尚集团有限公司
12 青岛红领集团有限公司
13 太平鸟集团有限公司
14 伟星集团有限公司
15 山东南山纺织服饰有限公司
16 鲁泰纺织股份有限公司
17 江苏东渡纺织集团有限公司
18 罗蒙集团股份有限公司
19 庄吉集团
20 巴龙集团有限公司
21 江苏虎豹集团有限公司
22 大杨集团有限责任公司
23 真维斯服饰（中国）有限公司
24 报喜鸟集团有限公司
25 恒柏集团有限公司
26 万事利集团有限公司
27 山东岱银纺织集团股份有限公司
28 宁波狮丹努集团有限公司
29 山东省标志服装股份有限公司
30 法派集团有限公司
31 超越服饰（中国）有限公司
32 山东桑莎制衣集团
33 江苏华瑞国际实业集团有限公司
34 福建七匹狼集团有限公司
35 上海服装（集团）有限公司
36 雅鹿集团股份有限公司
37 山东傲饰集团有限公司
38 湖南金鹰服饰集团有限公司
39 洛兹集团有限公司
40 浙江巴贝领带有限公司
41 九牧王股份有限公司
42 山东仙霞服装有限公司
43 常州华利达服装集团有限公司
44 北京铜牛集团有限公司
45 浙江神鹰集团有限公司
46 淄博兰雁集团有限责任公司
47 宁波培罗成集团有限公司
48 步森集团有限公司
49 福建财茂集团有限公司
50 湖北美尔雅集团有限公司
51 拜丽德集团有限公司
52 际华三五零二职业装有限公司

53 江苏亨威实业集团有限公司
54 北京雪莲集团有限公司
55 石狮市大帝集团有限公司
56 浙江乔治白服饰股份有限公司
57 鸭鸭股份公司
58 江苏 AB 集团股份有限公司
59 博士蛙国际控股有限公司
60 常州老三集团有限公司
61 太子龙控股集团有限公司
62 欧丽亚制衣有限公司
63 浙江华联集团有限公司
64 山东舒朗服装服饰股份有限公司
65 南通海林集团有限公司
66 耶莉娅集团
67 沙龙集团股份有限公司
68 福建柒牌集团有限公司
69 乔顿集团有限公司
70 茉织华实业（集团）有限公司
71 浙江朗莎尔维迪制衣有限公司
72 浙江金三发新纺织集团有限公司
73 江苏三友集团
74 江西回圆服饰有限公司
75 深圳影儿时尚集团有限公司
76 江苏雷诺时装有限公司
77 邯郸市雪驰集团有限公司
78 武汉红人实业集团股份有限公司
79 浙江开尔制衣有限公司
80 深圳华丝企业股份有限公司
81 福建石狮市富贵鸟集团有限公司
82 上海东隆羽绒制品有限公司
83 达利（中国）有限公司
84 汇孚集团有限公司
85 浙江华城实业投资集团有限公司
86 江苏悦达纺织集团有限公司
87 江苏帝奥控股集团股份有限公司
88 深圳玛丝菲尔时装有限公司
89 北京爱慕内衣有限公司
90 福建格林集团有限公司
91 汉帛（中国）有限公司
92 湖南省忘不了服饰有限公司
93 湖南东方时装有限公司
94 虎都（中国）服饰有限公司
95 河北大羽制衣集团有限公司
96 青岛雪达集团有限公司
97 上海斯尔丽服饰有限公司
98 江苏玉人服装有限公司
99 云南奥斯迪实业有限公司
100 国人西服有限公司

2010 年服装行业“利润总额”百强企业名单

1 雅戈尔集团股份有限公司
2 波司登股份有限公司
3 海澜集团有限公司
4 浙江森马服饰股份有限公司
5 红豆集团有限公司
6 上海美特斯邦威服饰股份有限公司
7 鲁泰纺织股份有限公司
8 杉杉控股有限公司
9 新郎希努尔集团股份有限公司
10 山东南山纺织服饰有限公司
11 伟星集团有限公司
12 青岛红领集团有限公司

13 巴龙集团有限公司
14 江苏东渡纺织集团有限公司
15 深圳玛丝菲尔时装有限公司
16 庄吉集团
17 报喜鸟集团有限公司
18 罗蒙集团股份有限公司
19 江苏虎豹集团有限公司
20 九牧王股份有限公司
21 博士蛙国际控股有限公司
22 福建七匹狼集团有限公司
23 青岛即发集团控股有限公司
24 超越服饰（中国）有限公司
25 北京爱慕内衣有限公司
26 太平鸟集团有限公司
27 山东如意科技集团有限公司
28 雅鹿集团股份有限公司
29 大杨集团有限责任公司
30 恒柏集团有限公司
31 山东舒朗服装服饰股份有限公司
32 宁波狮丹努集团有限公司
33 法派集团有限公司
34 安正时尚集团股份有限公司
35 山东省标志服装股份有限公司
36 山东桑莎制衣集团
37 汉帛（中国）有限公司
38 常州华利达服装集团有限公司
39 北京依文服装服饰有限公司
40 安莉芳（中国）服装有限公司
41 太子龙控股集团有限公司
42 湖南金鹰服饰集团有限公司
43 深圳影儿时尚集团有限公司
44 迪尚集团有限公司
45 福建柒牌集团有限公司
46 江苏亨威实业集团有限公司
47 江苏帝奥控股集团股份有限公司
48 步森集团有限公司
49 浙江乔治白服饰股份有限公司
50 山东岱银纺织集团股份有限公司
51 江西回圆服饰有限公司
52 东莞市搜于特服装股份有限公司
53 洛兹集团有限公司
鸭鸭股份公司
54 耶莉娅集团
深圳歌力思服装实业有限公司
55 雷迪波尔时尚服饰有限公司
56 湖南派意特服饰有限公司
57 山西兵娟制衣有限公司
58 虎都（中国）服饰有限公司
59 山东仙霞服装有限公司
60 生活秀集团有限公司
61 浙江印象实业股份有限公司
62 欧丽亚制衣有限公司
63 万事利集团有限公司
64 沙龙集团股份有限公司
65 浙江巴贝领带有限公司
66 江苏雷诺时装有限公司
67 宁波培罗成集团有限公司
68 安徽鸿润（集团）股份有限公司
69 乔顿集团有限公司
70 江苏玉人服装有限公司
71 湖北美尔雅集团有限公司
72 武汉红人实业集团股份有限公司
73 际华三五零二职业装有限公司
74 湖南省忘不了服饰有限公司
75 湖南东方时装有限公司
76 浙江能达利集团有限公司
77 浙江达成凯悦纺织服装有限公司
78 浙江朗莎尔维迪制衣有限公司
江苏三友集团
79 深圳市赢家服饰有限公司

80 深圳华丝企业股份有限公司
81 凯撒（中国）股份有限公司
82 福建格林集团有限公司
83 山东傲饰集团有限公司
84 浙江华城实业投资集团有限公司
85 青岛雪达集团有限公司
86 拜丽德集团有限公司
87 上海斯尔丽服饰有限公司
88 浙江华联集团有限公司
89 重庆市金考拉服饰有限公司
90 吉林省温馨鸟集团有限公司
91 郑州领秀服饰有限公司
92 东莞市小猪班纳服饰有限公司
93 南通海林集团有限公司
94 浙江金三发新纺织集团有限公司
95 珠海威丝曼服饰股份有限公司
96 云南奥斯迪实业有限公司
97 浙江开尔制衣有限公司
98 威兰西（中国）服饰有限公司
99 浙江神鹰集团有限公司
100 陕西伟志集团股份有限公司

2010年服装行业“销售利润率”百强企业名单

1 深圳玛丝菲尔时装有限公司
2 安正时尚集团股份有限公司
3 北京爱慕内衣有限公司
4 深圳歌力思服装实业有限公司
5 雷迪波尔时尚服饰有限公司
6 博士蛙国际控股有限公司
7 金发拉比妇婴童用品股份有限公司
8 维格娜丝时装股份有限公司
9 凯撒（中国）股份有限公司
10 深圳市赢家服饰有限公司
11 安莉芳（中国）服装有限公司
12 浙江森马服饰股份有限公司
13 东莞市搜于特服装股份有限公司
14 广东名鼠股份有限公司
15 山东舒朗服装服饰股份有限公司
16 北京依文服装服饰有限公司
17 鲁泰纺织股份有限公司
18 东莞市小猪班纳服饰有限公司
19 汉帛（中国）有限公司
20 上海黄色小鸭贸易有限公司
21 浙江印象实业股份有限公司
22 山东南山纺织服饰有限公司
23 吉林省温馨鸟集团有限公司
24 福建七匹狼集团有限公司
25 雅戈尔集团股份有限公司
26 安徽武鹰制衣有限公司
27 巴龙集团有限公司
28 超越服饰（中国）有限公司
29 上海美特斯邦威服饰股份有限公司
30 报喜鸟集团有限公司
31 湖南派意特服饰有限公司
32 珠海威丝曼服饰股份有限公司
33 山西兵娟制衣有限公司
34 郑州领秀服饰有限公司
35 雅鹿集团股份有限公司
36 江苏帝奥控股集团股份有限公司
37 深圳影儿时尚集团有限公司
38 生活秀集团有限公司

39 安徽鸿润（集团）股份有限公司
40 新郎希努尔集团股份有限公司
41 庄吉集团
42 太子龙控股集团有限公司
43 江苏东渡纺织集团有限公司
44 江苏虎豹集团有限公司
45 福建柒牌集团有限公司
46 虎都（中国）服饰有限公司
47 浙江能达利集团有限公司
48 上海添香实业有限公司
49 罗蒙集团股份有限公司
50 伟星集团有限公司
南通联发制衣有限公司
51 浙江达成凯悦纺织服装有限公司
浙江万羽针织有限公司
52 江西回圆服饰有限公司
53 青岛红领集团有限公司
54 常州华利达服装集团有限公司
55 江苏玉人服装有限公司
56 法派集团有限公司
57 浙江加佳领带服装有限公司
58 浙江贝克曼服饰股份有限公司
59 凯森蒙集团有限公司
60 上海伊芙心悦服饰有限公司
61 波司登股份有限公司
62 长春际华三五零四职业装有限公司
63 重庆市金考拉服饰有限公司
64 盖奇（中国）织染服饰有限公司
65 耶莉娅集团
66 宁波狮丹努集团有限公司
67 山东省标志服装股份有限公司
68 江苏亨威实业集团有限公司
69 湖南省忘不了服饰有限公司
70 湖南东方时装有限公司
71 山东桑莎制衣集团
72 青岛雪达集团有限公司
73 湖南金鹰服饰集团有限公司
74 浙江乔治白服饰股份有限公司
75 上海斯尔丽服饰有限公司
76 江苏雷诺时装有限公司
77 苏州市青田企业发展有限公司
78 南通泰慕士服装有限公司
79 福建格林集团有限公司
80 鸭鸭股份公司
81 恒柏集团有限公司
82 武汉红人实业集团股份有限公司
83 步森集团有限公司
84 陕西伟志集团股份有限公司
85 沙龙集团股份有限公司
86 际华三五三四制衣有限公司
87 深圳华丝企业股份有限公司
88 欧丽亚制衣有限公司
89 浙江华城实业投资集团有限公司
90 云南奥斯迪实业有限公司
91 乔顿集团有限公司
92 威兰西（中国）服饰有限公司
93 大杨集团有限责任公司
94 南通三润贸易有限公司
95 海魄控股集团有限公司
96 际华三五三六职业装有限公司
97 宜禾股份有限公司
98 江苏三友集团
99 洛兹集团有限公司
100 国人西服有限公司

2010 年行业数据

2010 年 1～11 月纺织工业经济指标完成情况汇总表
（规模以上全行业）

序号	指标名称	单位	1～11 月累计	去年同期累计	同比（%）
1	企业单位数	户	55391		
2	亏损企业数	户	6970	8526	－18.25
3	亏损面	%	12.58		
4	主营业务收入	万元	416780547	325519087	28.04
5	主营业务成本	万元	365885870	287484435	27.27
6	主营业务税金及附加	万元	1848147	1381897	33.74
7	营业费用	万元	7841753	6166598	27.16
8	管理费用	万元	12292517	10064799	22.13
9	财务费用	万元	4408366	4056991	8.66
10	其中：利息支出	万元	3514619	2931863	19.88
11	利润总额	万元	20535621	13280367	54.63
12	亏损企业亏损额	万元	1022510	1441791	－29.08
13	应交增值税	万元	9704070	7311705	32.72
14	资产合计	万元	300870039	254292926	18.32
15	其中：流动资产合计	万元	169022579	136139101	24.15
16	其中：应收账款	万元	32692228	28617090	14.24
17	存货	万元	46347685	36317569	27.62
18	其中：产成品	万元	21017695	19849137	5.89
19	负债合计	万元	172515999	146077867	18.10
20	工业总产值（当年价）	万元	427613442	336781910	26.97
21	新产品产值（当年价）	万元	30109421	21786323	38.20
22	工业销售产值（当年价）	万元	417510336	329195236	26.83
23	出口交货值	万元	77782177	66476525	17.01
24	全部从业人员平均人数	人	11200901	10803803	3.68

2010 年 1 ~11 月服装行业经济指标完成情况汇总表
（规模以上企业）

序 号	指标名称	单 位	1 ~11 月累计	去年同期累计	同比（%）
1	企业单位数	户	19143	17918	6.84
2	亏损企业数	户	3009	3630	-17.11
3	亏损面	%	15.72	20.26	-22.41
4	主营业务收入	万元	111336932	88964586	25.15
5	主营业务成本	万元	95069275	75925839	25.21
6	主营业务税金及附加	万元	511765	368261	38.97
7	营业费用	万元	3644719	2858618	27.50
8	管理费用	万元	4450880	3690461	20.60
9	财务费用	万元	739280	1058481	-30.16
10	其中：利息支出	万元	501983	428695	17.10
11	利润总额	万元	5581559	4109928	35.81
12	亏损企业亏损金额	万元	310956	327691	-5.11
13	应交增值税	万元	2888733	2157479	33.89
14	资产合计	万元	69910011	58124802	20.28
15	其中：流动资产合计	万元	43737971	34575486	26.50
16	其中：应收账款	万元	10006272	8471477	18.12
17	存货	万元	11971901	9333312	28.27
18	其中：产成品	万元	6047717	5632931	7.36
19	负债合计	万元	37632903	31585369	19.15
20	工业总产值（当年价）	万元	116757188	93872916	24.38
21	新产品产值（当年价）	万元	6028519	4687224	28.62
22	工业销售产值（当年价）	万元	113248965	91408562	23.89
23	出口交货值	万元	33438592	29730945	12.47
24	全部从业人员平均人数	人	4512249	4331958	4.16

2010年1~11月服装行业分地区经济指标完成情况（一）
（规模以上企业）

地区	企业数（户）	销售毛利率（%）	销售利润率（%）	销售收入增速（%）	产值增速（%）	出口交货值增速（%）	利润增速（%）	资产负债率（%）	出口占比（%）
合计	17996	14.72	5.03	25.24	24.43	12.50	35.85	53.75	28.56
北京	272	22.51	2.65	15.24	13.52	6.28	28.62	68.40	26.40
天津	263	23.25	4.98	20.25	30.86	20.66	-29.73	72.31	37.33
河北	278	12.49	5.52	25.66	23.81	8.56	19.94	55.79	16.84
山西	14	11.95	5.33	29.02	8.89	0.00	23.23	55.86	0.00
内蒙古	43	7.30	1.97	33.16	23.51	49.55	20.37	56.25	2.07
辽宁	752	11.60	3.29	38.24	37.47	11.62	19.96	43.42	30.20
吉林	66	9.54	4.10	51.90	43.99	32.32	159.29	48.59	29.94
黑龙江	14	6.33	2.73	67.42	43.06	175.42	42.90	34.21	53.21
上海	1015	25.26	8.37	17.36	9.58	6.50	69.08	55.66	31.93
江苏	3434	11.74	4.73	18.30	17.10	12.86	35.72	54.55	26.83
浙江	3254	17.36	6.06	19.15	20.13	12.30	27.07	59.00	42.88
安徽	715	12.52	3.40	66.00	58.93	22.70	71.85	55.59	20.91
福建	1367	16.25	6.85	17.59	20.07	12.70	29.03	41.11	32.56
江西	348	13.85	5.11	53.18	51.18	8.65	72.68	37.38	20.55
山东	1407	14.30	6.14	21.52	23.26	1.07	24.83	48.09	21.50
河南	310	16.74	9.54	62.53	63.88	30.79	59.31	39.15	5.22
湖北	577	15.31	4.00	42.32	40.28	23.24	58.99	56.43	20.45
湖南	140	20.63	4.63	41.33	36.96	-34.20	56.84	42.67	3.06
广东	3449	12.70	2.64	28.98	24.75	16.29	52.11	55.37	32.43
广西	61	20.75	0.80	67.25	67.67	24.23	62.01	48.75	12.54
海南	3	38.15	9.32	-5.62	0.16	-2.73	375.23	42.49	50.61
重庆	64	24.61	7.99	50.54	53.61	1366.36	70.21	47.41	7.75
四川	92	16.77	6.19	49.74	49.21	34.37	92.22	45.34	11.30
贵州	5	14.54	7.41	3.85	-18.71	-25.49	19.55	47.86	8.70
云南	6	19.73	5.03	9.10	10.60	-18.68	-0.14	67.81	16.47
西藏	1	39.25	13.17	-65.56	-70.09	0.00	0.00	3.10	0.00
陕西	31	17.31	5.81	21.24	24.03	-50.53	239.44	62.51	1.73
甘肃	6	12.95	2.79	17.41	-2.38	0.00	-2.95	59.76	0.00
青海	3	1.07	1.38	66.99	21.59	0.00	-35.94	55.72	0.00
宁夏	1	26.77	4.47	35.90	43.02	63.33	52.38	70.19	11.51
新疆	5	11.05	2.49	25.30	-18.31	1144.11	-45.69	73.55	5.51

2010年1~11月服装行业分地区经济指标完成情况（二）
（规模以上企业）

地　区	工业总产值（万元）	销售收入（万元）	利润总额（万元）	工业总产值占比（%）	销售收入占比（%）	利润占比（%）	产销率（%）	亏损面（%）	亏损率（%）
合　计	110482063	105366036	5304623	100.00	100.00	100.00	96.98	16.00	0.28
北　京	912646	964296	25548	1.22	0.92	0.48	96.16	47.79	1.78
天　津	1626926	1631858	81215	2.18	1.55	1.53	100.91	25.86	0.41
河　北	1845089	1835996	101310	2.47	1.74	1.91	95.47	13.31	0.12
山　西	111904	129846	6926	0.15	0.12	0.13	96.60	35.71	0.34
内蒙古	289146	286756	5650	0.39	0.27	0.11	98.23	20.93	0.23
辽　宁	5759017	4425956	145557	7.72	4.20	2.74	93.99	16.22	0.22
吉　林	495377	456061	18687	0.66	0.43	0.35	97.74	12.12	0.22
黑龙江	96311	98830	2694	0.13	0.09	0.05	116.20	28.57	0.39
上　海	4433724	4506616	377214	5.94	4.28	7.11	97.52	33.00	1.00
江　苏	22896552	22270426	1054390	30.70	21.14	19.88	98.04	12.58	0.21
浙　江	14203703	13787131	835203	19.04	13.08	15.74	97.20	18.99	0.34
安　徽	2215216	1926105	65583	2.97	1.83	1.24	97.50	14.83	0.28
福　建	9555373	9265627	634845	12.81	8.79	11.97	96.32	11.34	0.09
江　西	2828470	2745781	140344	3.79	2.61	2.65	95.46	4.31	0.04
山　东	13013204	12465480	765932	17.45	11.83	14.44	97.72	9.67	0.15
河　南	2476613	2421928	231067	3.32	2.30	4.36	98.28	3.55	0.06
湖　北	3575317	3234063	129300	4.79	3.07	2.44	96.42	12.48	0.17
湖　南	1410304	1391190	64436	1.89	1.32	1.21	99.06	6.43	0.02
广　东	20804423	19647276	518884	27.89	18.65	9.78	95.98	16.47	0.34
广　西	331053	316586	2528	0.44	0.30	0.05	98.35	16.39	0.49
海　南	47594	53381	4977	0.06	0.05	0.09	116.30	66.67	0.02
重　庆	355276	298660	23859	0.48	0.28	0.45	86.82	12.50	0.09
四　川	867800	835736	51766	1.16	0.79	0.98	97.97	6.52	0.10
贵　州	23835	30855	2288	0.03	0.03	0.04	94.62	20.00	0.12
云　南	13919	14233	716	0.02	0.01	0.01	101.46	33.33	2.18
西　藏	325	262	35	0.00	0.00	0.00	80.61	0.00	0.00
陕　西	198571	192364	11181	0.27	0.18	0.21	98.02	12.90	0.08
甘　肃	12767	14852	414	0.02	0.01	0.01	94.71	33.33	0.70
青　海	62390	90327	1248	0.08	0.09	0.02	96.35	33.33	0.27
宁　夏	7904	7162	320	0.01	0.01	0.01	88.94	0.00	0.00
新　疆	11313	20398	508	0.02	0.02	0.01	87.24	60.00	0.71

2010年1~12月纺织分行业固定资产投资情况

行　业	实际完成投资（万元）	施工项目数（个）	新开工项目数（个）	竣工项目数（个）	实际完成投资比去年同期增长（%）	施工项目数比去年同期增长（%）	新开工项目数比去年同期增长（%）	竣工项目数比去年同期增长（%）
总　计	40366914	11551	8342	7095	30.13	4.98	7.90	4.60
纺织业	21970786	6260	4462	3902	26.57	4.54	5.21	3.89
棉、化纤纺织及印染精加工	10855709	2925	2130	1785	21.61	2.81	4.00	-0.89
棉、化纤纺织加工	9603497	2629	1922	1618	20.92	3.95	4.29	-0.25
棉、化纤印染精加工	1252212	296	208	167	27.17	-6.33	1.46	-6.70
毛纺织和染整精加工	1262784	307	215	188	47.11	11.23	13.16	13.25
毛条加工	413000	90	65	57	184.48	69.81	85.71	111.11
毛纺织	628732	174	120	104	13.27	-3.33	-4.76	-6.31
毛染整精加工	221052	43	30	27	39.79	0.00	3.45	-3.57
麻纺织	353640	96	70	63	22.36	-1.03	6.06	1.61
丝绢纺织及精加工	816079	373	250	158	12.96	-1.58	-5.66	-29.78
缫丝加工	320242	143	97	82	8.37	-2.05	-1.02	-5.75
绢纺和丝织加工	380862	189	130	54	13.70	5.59	3.17	-47.06
丝印染精加工	114975	41	23	22	25.04	-24.07	-43.90	-38.89
纺织制成品制造	5166235	1376	987	872	41.12	9.47	10.53	16.11
棉及化纤制品制造	1872701	560	401	344	14.39	8.32	4.16	14.29
毛制品制造	231460	75	50	55	70.58	27.12	16.28	77.42
麻制品制造	132620	40	29	27	123.41	21.21	0.00	28.57
丝制品制造	197406	72	49	34	30.11	-8.86	13.95	-5.56
绳、索、缆的制造	146446	61	40	42	-7.12	-27.38	-33.33	-28.81
纺织带和帘子布制造	579363	68	56	40	250.07	13.33	64.71	-11.11
非织造布制造	1027818	275	196	191	48.27	11.34	3.16	23.23
其他纺织制成品制造	978421	225	166	139	48.14	26.40	52.29	34.95
针织品、编织品及其制品制造	3516339	1183	810	836	21.19	4.32	3.98	11.32
棉、化纤针织品及编织品制造	1932000	587	435	408	17.51	-6.83	1.87	-0.73
毛针织品及编织品制造	802097	364	201	280	28.20	32.85	6.35	38.61
丝针织品及编织品制造	178138	72	53	44	-1.73	-18.18	-14.52	-16.98
其他针织品及编织品制造	604104	160	121	104	34.08	12.68	19.80	22.35
纺织服装、鞋、帽制造业	13709032	4586	3402	2829	32.96	5.77	9.92	6.96
纺织服装制造	12666708	4240	3130	2598	33.41	6.13	11.23	8.11
纺织面料鞋的制造	907956	301	234	202	28.00	4.88	-1.27	1.51
制帽	134368	45	38	29	25.58	-16.67	-13.64	-32.56
化学纤维制造业	3902210	495	340	251	42.78	6.68	20.57	-4.92
纤维素纤维原料及纤维制造	1145226	167	120	101	10.29	14.38	13.21	12.22
化纤浆粕制造	196190	51	44	34	-49.19	34.21	69.23	30.77
人造纤维（纤维素纤维）制造	949036	116	76	67	45.51	7.41	-5.00	4.69
合成纤维制造	2756984	328	220	150	62.68	3.14	25.00	-13.79
锦纶纤维制造	331586	48	33	26	81.16	-4.00	10.00	-31.58
涤纶纤维制造	1259268	108	67	48	118.94	11.34	45.65	4.35
腈纶纤维制造	9979	5	4	1	-69.47	-44.44	-55.56	-83.33
维纶纤维制造	241802	32	21	16	2.51	-21.95	31.25	14.29
其他合成纤维制造	914349	135	95	59	36.90	11.57	26.67	-15.71
纺织专用设备制造业	784886	210	138	113	27.05	-2.33	22.12	-4.24

统计范围：500万元及以上固定资产投资项目

2010 年 1 ~12 月纺织服装、鞋、帽制造业分地区固定资产投资情况

地 区	实际完成投资（万元）	施工项目数（个）	新开工项目数（个）	竣工项目数（个）	实际完成投资比去年同期增长（%）	施工项目数比去年同期增长（%）	新开工项目数比去年同期增长（%）	竣工项目数比去年同期增长（%）
合 计	13709032	4586	3402	2829	32.96	5.77	9.92	6.96
北 京	9822	6	3	2	-43.93		200.00	
天 津	145295	20	15	16	241.91	-4.76	-25.00	6.67
河 北	496784	144	103	103	-7.61	-31.10	-42.46	-37.20
山 西	35790	9	7	5	4110.59	350.00	250.00	
内蒙古	32713	10	10	7	-11.73	-37.50	-16.67	-22.22
辽 宁	643536	133	119	109	7.17	-35.44	-37.37	-34.73
吉 林	143273	40	31	34	-35.68	-40.30	-51.56	-33.33
黑龙江	40810	7	7	5	389.68	40.00	40.00	
上 海	21459	11	4	1	4.92	-8.33	-20.00	-66.67
江 苏	1417403	433	325	338	5.85	-23.77	-25.80	-19.14
浙 江	734233	342	163	127	10.77	-6.30	9.40	-14.19
安 徽	1428116	491	365	301	46.46	1.87	8.96	0.67
福 建	823169	258	166	91	30.82	10.26	23.88	16.67
江 西	2159565	550	435	411	104.47	66.16	63.53	72.69
山 东	1467871	406	283	233	13.57	3.84	25.78	20.73
河 南	1382367	510	413	325	45.39	26.55	15.69	8.33
湖 北	809489	306	249	234	50.25	40.37	43.93	51.95
湖 南	483414	267	233	97	39.34	19.20	17.68	70.18
广 东	648854	282	209	167	26.34	20.51	34.84	33.60
广 西	286666	149	136	112	91.18	21.14	24.77	15.46
海 南	0	0	0	0				
重 庆	194272	108	58	53	63.95	-5.26	286.67	-8.62
四 川	161657	62	41	37	-3.39	-13.89	2.50	-24.49
贵 州	5921	8	4	8	176.55	300.00	300.00	
云 南	14028	7	5	2	349.90	40.00	66.67	-50.00
西 藏	3116	1	1	0				
陕 西	88166	13	7	5	87.56	-7.14	-36.36	-16.67
甘 肃	15124	5	4	3	621.91	150.00	100.00	
青 海	8200	3	3	2	-42.77	0.00	200.00	-33.33
宁 夏	4680	2	2	1	-34.27	-33.33	0.00	
新 疆	3239	3	1	0	-50.06	-25.00	-66.67	

统计范围： 500 万元及以上固定资产投资项目

2010年1～12月服装行业产量分省市情况表
（规模以上企业）

地 区	服装（万件）			机织服装（万件）			针织服装（万件）		
	1～12月累计	同比（%）	占比（%）	1～12月累计	同比（%）	占比（%）	1～12月累计	同比（%）	占比（%）
合 计	2852267	18.6	100.00	1210572	18.9	100.00	1641695	18.38	100.00
北 京	15951	-2.07	0.56	8985	-5.61	0.74	6966	2.9	0.42
天 津	17672	8.44	0.62	13037	9.59	1.08	4635	5.33	0.28
河 北	62071	22.26	2.18	29490	18.07	2.44	32581	26.32	1.98
山 西	1119	14.52	0.04	86	12.1	0.01	1033	14.73	0.06
内蒙古	3676	35.01	0.13	2036	16.07	0.17	1640	69.32	0.10
辽 宁	65489	19.08	2.30	35069	20.03	2.90	30419	18.02	1.85
吉 林	19527	22.5	0.68	2818	13.65	0.23	16708	24.14	1.02
黑龙江	1889	18.48	0.07	1677	12.68	0.14	212	100	0.01
上 海	57242	5.61	2.01	23836	2.46	1.97	33406	7.98	2.03
江 苏	422014	12.13	14.80	250749	9.89	20.71	171265	15.58	10.43
浙 江	487956	13.29	17.11	209266	14.1	17.29	278690	12.7	16.98
安 徽	53505	27.87	1.88	30888	54.25	2.55	22617	3.66	1.38
福 建	292249	21.41	10.25	118405	25.61	9.78	173844	18.71	10.59
江 西	114670	11.65	4.02	39055	12.83	3.23	75615	11.05	4.61
山 东	352811	21.69	12.37	85650	20.32	7.08	267160	22.13	16.27
河 南	55743	45.09	1.95	18982	28.15	1.57	36761	55.71	2.24
湖 北	56359	38.47	1.98	36341	44.22	3.00	20019	29.12	1.22
湖 南	28575	52.04	1.00	16299	63.6	1.35	12276	38.99	0.75
广 东	702623	20.38	24.63	261928	22.08	21.64	440695	19.39	26.84
广 西	16258	56.72	0.57	7259	45.99	0.60	9000	66.59	0.55
海 南	1168	-13.14	0.04	1070	-20.41	0.09	98	0	0.01 重 庆
9537	73.47	0.33	6398	119.75	0.53	3139	21.38	0.19	
四 川	9933	52.04	0.35	8106	49.9	0.67	1828	62.32	0.11
贵 州	401	-23.11	0.01	374	-26.24	0.03	27	89.27	0.00
云 南	487	14.89	0.02	189	10.1	0.02	299	18.14	0.02
西 藏									
陕 西	1933	35.82	0.07	1930	35.92	0.16	3	-9.55	0.00
甘 肃	59	12.06	0.00	59	12.06	0.00			
青 海	341	35.07	0.01	331	39.52	0.03	10	-32.9	0.00
宁 夏	362	13.27	0.01	63	24.3	0.01	300	11.22	0.02
新 疆	644	10.27	0.02	195	9.61	0.02	449	10.55	0.03

2010 年 1 ~ 12 月服装行业分产品类别省市情况表
（规模以上企业）

地　区	羽绒服（万件）			西服套装（万件）			衬衫（万件）			婴儿服装及衣着附件（万件）		
	1 ~ 12 月累计	同比（%）	占比（%）	1 ~ 12 月累计	同比（%）	占比（%）	1 ~ 12 月累计	同比（%）	占比（%）	1 ~ 12 月累计	同比（%）	占比（%）
合　计	27874	21.28	100.00	57029	23.17	100.00	107093	9.14	100.00	27663	0.15	100.00
北　京	321	12.97	1.15	1510	−3.02	2.65	1844	−9.69	1.72	128	−5.74	0.46
天　津	907	13.75	3.25	316	−15.79	0.55	1360	−3.39	1.27	120	5.3	0.43
河　北	449	44.54	1.61	608	9.23	1.07	5959	1.15	5.56	29	5.47	0.10
山　西				37	29.01	0.06	20	8.9	0.02	8	−18.63	0.03
内蒙古	0	0		221	−26.57	0.39	42	17.62	0.04	21	61.54	0.08
辽　宁	343	65.45	1.23	2463	8.51	4.32	1305	0.01	1.22	162	−25.84	0.59
吉　林	4	108.45	0.01	403	15.4	0.71	78	−45	0.07			
黑龙江	71	−26.06	0.25				1532	17.94	1.43			
上　海	344	−36.13	1.23	1872	−0.52	3.28	3999	1.63	3.73	3173	46.03	11.47
江　苏	10510	18.29	37.71	13690	13.73	24.01	21838	14.67	20.39	10302	31.92	37.24
浙　江	3341	22.22	11.99	6466	6.3	11.34	32794	3.01	30.62	2996	−58.32	10.83
安　徽	414	59.31	1.49	693	31.59	1.22	687	−27.74	0.64	321	7.68	1.16
福　建	670	−59.87	2.40	3996	43.42	7.01	926	1.55	0.86	3060	21.91	11.06
江　西	4776	46.99	17.13	2840	31.05	4.98	1839	−46.45	1.72	1204	−39.87	4.35
山　东	2505	9.49	8.99	5109	16.78	8.96	7958	15.24	7.43	1372	0.06	4.96
河　南	319	27.84	1.14	855	31.22	1.50	130	−36.43	0.12	1057	104.33	3.82
湖　北	261	9.09	0.94	1375	9.87	2.41	545	1.45	0.51	479	55.85	1.73
湖　南	62	13.52	0.22	6643	50.94	11.65	691	−3.73	0.65	319	19.48	1.15
广　东	2282	159.53	8.19	6035	63.1	10.58	22171	32.73	20.70	2428	19.77	8.78
广　西	36	8.56	0.13	6	−19.48	0.01	376	114.17	0.35	59	241.72	0.21
海　南				9	−3.99	0.02						
重　庆	41	−0.19	0.15	189	17.2	0.33	647	72.79	0.60	294	12.64	1.06
四　川	81	13.15	0.29	1167	186.3	2.05	273	46.91	0.25	131	−63.1	0.47
贵　州	7	0	0.03	54	32.27	0.09						
云　南	1	−50	0.00	60	22.45	0.11						
西　藏												
陕　西	129	44.39	0.46	76	10.91	0.13						
甘　肃				16	−1.58	0.03	33	8.42	0.03			
青　海				264	25.57	0.46	11	−6.9	0.01			
宁　夏				44	33.63	0.08	19	7.07	0.02			
新　疆				15	0	0.03	17	126.27	0.02			

2010年12月服装行业产量汇总表
（规模以上企业）

序　号	名　　称	单位	12月	1～12月累计	累计同比（%）
1	服装	万件	283288	2852267	18.60
2	1. 针织服装	万件	163064	1641695	18.38
3	2. 机织服装	万件	120224	1210572	18.90
4	其中：羽绒服	万件	3840	27874	21.28
5	西服套装	万件	5512	57029	23.17
6	衬衫	万件	9581	107093	9.14
7	婴儿服装及衣着附件	万件	2885	27663	0.15

2005～2010年全国服装进出口贸易总值表

年度	项目	进出口（万美元）	出口（万美元）	进口（万美元）	贸易差额（万美元）	累计同比（%）		
						进出口	出口	进口
2005年	服装	7517479	7356593	160886	7195707	19.05	19.4	5.08
	机织服装	3584672	3503162	81510	3421652	20.39	20.87	2.84
	针织服装	3156764	3087249	69515	3017734	19.38	19.65	8.27
2006年	服装	9652780	9483048	169732	9313316	28.4	28.91	5.5
	机织服装	4459202	4372353	86849	4285504	24.4	24.81	6.55
	针织服装	4561751	4490076	71675	4418401	44.51	45.44	3.11
2007年	服装	11704282	11507380	196902	11310478	21.25	20.89	14.71
	机织服装	4834351	4732114	102237	4629877	8.41	8.23	17.72
	针织服装	6212063	6133129	78934	6054195	36.18	36.59	10.13
2008年	服装	12206496	11979032	227464	11751568	4.29	4.1	15.52
	机织服装	5363510	5241598	121912	5119686	10.95	10.77	19.24
	针织服装	6143696	6058346	85350	5972996	−1.1	−1.22	8.13
2009年	服装	10889444	10705101	184343	10520758	−10.79	−10.63	−18.96
	机织服装	4773489	4671632	101857	4569775	−11	−10.87	−16.45
	针织服装	5439614	5376297	63317	5312980	−11.46	−11.26	−25.81
2010年	服装	13199331	12947832	251499	12696333	21.21	20.95	36.43
	机织服装	5578571	5436727	141844	5294883	16.87	16.38	39.26
	针织服装	6752982	6671430	81552	6589878	24.14	24.09	28.8

2010 年服装行业出口总值表

类 别	本年出口数量（万件）	本年出口金额（万美元）	本年平均单价（美元/件）	上年出口数量（万件）	上年出口金额（万美元）	上年平均单价（美元/件）	数量同比（%）	金额同比（%）	单价同比（%）
服装及衣着附件	0	12947832	0	0	10705101	0	0	20.95	0
1. 丝制	0	146911	0	0	148808	0	0	-1.27	0
2. 毛制	0	649764	0	0	546516	0	0	18.89	0
3. 棉制	0	5443551	0	0	4458768	0	0	22.09	0
4. 化纤制	0	4554766	0	0	3844926	0	0	18.46	0
5. 未列名其他制	0	2152840	0	0	1706083	0	0	26.19	0
服装合计	2954744	10575242	3.58	2598217	8807078	3.39	13.72	20.08	5.6
1. 丝制	7812	111206	14.24	8770	115452	13.16	-10.92	-3.68	8.13
2. 毛制	20590	371510	18.04	19822	338573	17.08	3.87	9.73	5.62
3. 棉制	1484389	4963976	3.34	1282667	4038478	3.15	15.73	22.92	6.03
4. 化纤制	1229580	4205160	3.42	1105628	3575828	3.23	11.21	17.6	5.88
（A）机织服装及附件	0	5436727	0	0	4671632	0	0	16.38	0
1. 丝绢机织服装及附件	0	115820	0	0	115699	0	0	0.1	0
2. 毛机织服装及附件	0	233865	0	0	222100	0	0	5.3	0
3. 棉机织服装及附件	0	2185382	0	0	1877262	0	0	16.41	0
4. 化纤机织服装及附件	0	2288363	0	0	1927591	0	0	18.72	0
（1）机织服装	869718	4838423	5.56	792398	4196715	5.3	9.76	15.29	4.91
1. 棉机织服装	390774	2175658	5.57	349612	1867505	5.34	11.77	16.5	4.31
2. 化纤机织服装	392323	1950013	4.97	352280	1674565	4.75	11.37	16.45	4.63
3. 毛机织服装	8285	218186	26.34	7983	208085	26.07	3.79	4.85	1
4. 丝绢机织服装	5114	80115	15.67	5723	82343	14.39	-10.65	-2.71	8.9
（B）针织服装及附件	0	6671430	0	0	5376297	0	0	24.09	0
1. 毛针织服装及附件	0	164387	0	0	136672	0	0	20.28	0
2. 棉针织服装及附件	0	3258477	0	0	2581755	0	0	26.21	0
3. 化纤针织服装及附件	0	2711015	0	0	2270793	0	0	19.39	0
（2）针织服装	2085026	5736819	2.75	1805820	4610362	2.55	15.46	24.43	7.84
1. 棉针织服装	1098052	2847296	2.59	936550	2223703	2.37	17.24	28.04	9.28
2. 化纤针织服装	838354	2272823	2.71	754297	1915484	2.54	11.14	18.66	6.69
3. 毛针织服装	31842	235147	7.38	33141	200997	6.06	-3.92	16.99	21.78

2010 年服装行业分省出口情况

名次	省市（自治区）	出口金额（万美元）	金额同比（%）	出口数量（万件）	数量同比（%）	平均单价（美元/件）	单价同比（%）
1	广　东	2767191	23. 05	934946	8. 13	2. 52	16. 02
2	浙　江	2489765	20. 05	437847	15. 01	4. 46	2. 75
3	江　苏	1923999	18. 68	348569	17. 50	4. 62	0. 44
4	上　海	1280131	14. 49	189208	10. 82	5. 54	2. 52
5	山　东	873918	16. 46	212556	8. 04	3. 40	7. 60
6	福　建	871365	21. 25	293587	15. 34	2. 64	3. 82
7	新　疆	472854	27. 31	53971	29. 86	7. 74	1. 68
8	辽　宁	320971	3. 94	39820	-0. 64	6. 93	5. 86
9	黑龙江	306015	73. 25	102362	137. 67	2. 52	-23. 63
10	河　北	286858	42. 19	18108	-0. 39	6. 65	33. 69
11	四　川	208840	36. 67	35173	13. 93	4. 02	0. 16
12	北　京	177375	11. 94	19866	1. 28	7. 49	9. 99
13	江　西	162790	31. 66	61233	13. 19	2. 12	6. 96
14	广　西	130218	-7. 85	24211	-27. 41	2. 91	1. 55
15	天　津	124723	17. 48	21418	10. 78	5. 22	5. 51
16	湖　北	120603	20. 42	74661	15. 62	1. 33	4. 30
17	安　徽	118861	22. 22	27658	11. 31	3. 70	10. 79
18	吉　林	52279	-1. 05	8086	-8. 83	5. 79	11. 42
19	河　南	47791	31. 71	13039	30. 55	2. 51	0. 59
20	内蒙古	42170	-23. 79	1603	-41. 75	18. 87	26. 31
21	湖　南	36958	39. 14	9863	12. 26	3. 13	19. 77
22	云　南	35689	200. 17	8152	132. 24	2. 13	-19. 60
23	西　藏	27431	121. 1	8361	99. 33	2. 76	5. 34
24	重　庆	24699	156. 94	3800	119. 21	5. 14	2. 34
25	海　南	10844	10. 15	1463	4. 87	4. 96	26. 39
26	甘　肃	8668	567. 54	2120	356. 76	1. 57	-32. 21
27	陕　西	7551	8. 04	1303	-10. 81	4. 39	15. 90
28	宁　夏	7489	48. 37	496	32. 17	14. 45	16. 33
29	青　海	6701	17. 81	624	-17. 50	9. 22	46. 18
30	山　西	2434	47. 59	508	59. 40	4. 38	0. 67
31	贵　州	651	49. 53	131	24. 23	4. 16	10. 88

2010 年服装行业分国家/地区出口情况表（前五十名）

名次	国家/地区	出口金额（万美元）	金额同比（%）	出口数量（万件）	数量同比（%）	平均单价（美元/件）	单价同比（%）
1	美 国	2521195	26. 38	532284	23. 78	3. 69	2. 29
2	日 本	1845073	5. 77	329023	-0. 77	4. 81	6. 11
3	德 国	819323	32. 19	165603	27. 20	4. 10	4. 51
4	中国香港	706803	0. 18	202196	-4. 57	3. 02	2. 64
5	英 国	535245	16. 83	112904	16. 46	3. 83	0. 86
6	俄罗斯	468341	55. 13	50393	31. 84	6. 21	8. 91
7	法 国	435071	24. 99	80129	19. 61	4. 28	3. 73
8	意大利	371326	17. 48	65751	20. 58	4. 59	-4. 00
9	西班牙	342143	14. 92	78194	0. 64	3. 70	13. 13
10	荷 兰	304090	24. 74	70733	21. 40	3. 46	1. 78
11	哈萨克斯坦	286492	28. 57	28388	15. 67	9. 20	12. 35
12	加拿大	285812	12. 81	49535	3. 39	4. 56	8. 25
13	澳大利亚	284392	25. 43	77034	16. 63	3. 17	6. 69
14	韩 国	283388	26. 05	63783	23. 96	3. 86	0. 21
15	阿联酋	261084	11. 28	111616	-4. 28	2. 00	16. 29
16	巴拿马	217823	98. 72	90252	43. 63	2. 20	35. 65
17	比利时	162303	14. 72	33742	6. 06	3. 87	7. 07
18	南 非	161638	51. 02	51487	24. 91	2. 77	21. 89
19	沙特阿拉伯	158850	12. 07	57369	3. 69	2. 52	9. 82
20	智 利	151786	54. 24	45975	40. 04	2. 80	9. 35
21	吉尔吉斯坦	150883	-30. 63	21183	-12. 97	5. 78	-14. 14
22	越 南	120064	35. 93	34516	52. 75	1. 84	-17. 30
23	丹 麦	114075	19. 92	17641	19. 44	5. 68	0. 30
24	马来西亚	108214	0. 48	43297	-14. 89	1. 99	9. 96
25	瑞 典	87976	29. 22	13967	16. 44	5. 00	10. 76
26	以色列	79250	39. 98	23431	23. 08	2. 97	15. 72
27	乌克兰	76350	29. 53	28878	25. 32	1. 93	6. 81
28	巴 西	75092	78. 89	21040	95. 82	2. 92	-6. 85
29	波 兰	72617	21. 72	15648	6. 74	3. 60	11. 33
30	新加坡	63496	-17. 48	20432	-29. 12	2. 78	13. 44
31	埃 及	62690	20. 53	15942	-0. 90	3. 52	21. 58
32	中国台湾	59949	68. 24	15570	44. 85	3. 48	22. 41
33	菲律宾	57709	67. 41	35678	37. 28	1. 46	27. 43
34	瑞 士	50067	-21. 2	14557	-31. 02	3. 06	9. 74
35	挪 威	49023	24. 23	7913	6. 48	5. 29	16. 55
36	阿塞拜疆	47967	151. 24	3250	99. 53	14. 67	27. 72

续表

名次	国家/地区	出口金额（万美元）	金额同比（%）	出口数量（万件）	数量同比（%）	平均单价（美元/件）	单价同比（%）
37	土耳其	44639	87.08	5871	98.33	5.33	-7.52
38	塔吉克斯坦	44043	43.04	5858	69.00	5.64	-22.07
39	芬　兰	42420	29	6432	62.30	4.85	-16.18
40	新西兰	41904	24.24	10361	20.19	3.46	2.92
41	印度尼西亚	34829	57.47	18074	37.04	1.61	33.37
42	伊　朗	34574	89.53	7003	34.31	3.25	62.04
43	爱尔兰	34391	19.46	9812	3.57	2.65	11.28
44	利比亚	31897	19.47	8136	7.11	3.70	13.23
45	墨西哥	27963	93.19	5353	62.98	3.26	36.91
46	希　腊	25979	-0.66	7309	6.70	2.81	-7.51
47	阿尔及利亚	25720	32.96	9349	15.28	2.28	17.67
48	尼泊尔	24663	131.2	7765	112.09	2.77	8.41
49	泰　国	24477	53.72	10828	53.25	1.64	2.96
50	葡萄牙	23665	51.68	7120	86.25	2.53	-20.81

2010年服装行业分大洲出口情况

产品类别	地区名称	出口数量（件）	出口金额（美元）	平均单价（美元/件）	数量同比（%）	金额同比（%）	单价同比（%）
服装	亚洲	0	45998758887	0	0	9.91	0
服装	非洲	0	4088413497	0	0	32.07	0
服装	欧洲	0	42086700325	0	0	25.41	0
服装	拉丁美洲	0	5949447790	0	0	73.05	0
服装	北美洲	0	28070298929	0	0	24.85	0
服装	大洋洲	0	3284699030	0	0	25.16	0
服装	东盟	0	4257746696	0	0	20.92	0
服装	欧盟	0	34882157068	0	0	22.79	0
服装	北美自由贸易区	0	28349701160	0	0	25.29	0
服装	设限国家	0	60094110488	0	0	24.27	0
服装	非设限国家	0	69384207970	0	0	18.21	0
服装	亚太经合组织	0	71042614074	0	0	18.55	0
服装	阿盟	0	6829952844	0	0	13.77	0
（1）机织服装	亚洲	2353889689	14883702637	6.32	0.58	6.44	5.86
（1）机织服装	非洲	305810295	1158930143	3.79	3.87	19.3	14.85
（1）机织服装	欧洲	2792665432	17313691463	6.2	13.77	16.89	2.82
（1）机织服装	拉丁美洲	514057292	2128017568	4.14	36.49	50.38	10.11
（1）机织服装	北美洲	2463017075	11631499075	4.72	10.33	19.21	8.01

续表

产品类别	地区名称	出口数量（件）	出口金额（美元）	平均单价（美元/件）	数量同比（%）	金额同比（%）	单价同比（%）
（1）机织服装	大洋洲	267744051	1268389534	4.74	18.71	23.37	3.95
（1）机织服装	东盟	143166638	542490653	3.79	24.81	33.69	7.06
（1）机织服装	欧盟	2480472626	14814210263	5.97	14.7	15.3	0.51
（1）机织服装	北美自由贸易区	2477273510	11697117002	4.72	10.43	19.54	8.26
（1）机织服装	设限国家	4756944314	25236792747	5.31	13.36	17.48	3.71
（1）机织服装	非设限国家	3940239520	23147437673	5.87	5.7	12.99	6.73
（1）机织服装	亚太经合组织	4778620830	27179889373	5.69	6.9	14.1	6.75
（1）机织服装	阿盟	476206128	1706490888	3.58	2.03	8.31	5.92
（2）针织服装	亚洲	8645162590	24064620103	2.78	5.08	11.32	5.7
（2）针织服装	非洲	1178114759	2323307269	1.97	12.96	39.93	23.9
（2）针织服装	欧洲	5500753797	16306933640	2.96	17.43	31.92	12.12
（2）针织服装	拉丁美洲	1556538297	2833730599	1.82	51.54	97.45	30
（2）针织服装	北美洲	3355223778	10288997731	3.07	31.73	32.09	0.33
（2）针织服装	大洋洲	614465720	1550603155	2.52	15.85	24.91	7.69
（2）针织服装	东盟	1510554991	2652199383	1.76	8.82	13.37	4.14
（2）针织服装	欧盟	4662200542	13537780557	2.9	18.6	30.98	10.27
（2）针织服装	北美自由贸易区	3394451924	10397650637	3.06	32.14	32.63	0.33
（2）针织服装	设限国家	7708568963	22775832363	2.95	24.38	32.18	6.12
（2）针织服装	非设限国家	13141689978	34592360134	2.63	10.8	19.8	8.23
（2）针织服装	亚太经合组织	10714604773	30266160397	2.82	14.28	19.02	4.06
（2）针织服装	阿盟	2042006757	4173811061	2.04	1.2	16.54	14.61

编　后

《2010—2011中国服装行业发展报告》的编撰旨在总结2010年的行业发展状况，解析2010年的行业热点问题，展望2011年的行业发展趋势。

报告共分为四个部分：

第一部分运行篇由中国服装协会、中国商业联合会、中国纺织品进出口商会共同研究完成。中国服装协会对我国服装产业状况进行了深入地分析，撰写了《2010年服装行业经济运行分析》；中国商业联合会信息中心通过对我国服装市场的监测、调查和研究，完成了《2010年服装市场运行情况及2011年发展趋势预测》；中国纺织品进出口商会通过对国际服装市场发展态势的深入研究，对纺织品服装出口形势进行了全面分析，完成了《2010年国际市场与服装出口报告》。由于各单位统计口径和计算方法略有不同，本报告涉及的部分数据略有差异。报告中若未特别说明，全国的数据不含中国香港、澳门和台湾。

第二部分热点篇集中分析了服装科技和服装设备的热点问题。中国缝制机械协会、中国服装协会产业部在此提供了专业的年度分析报告。

第三部分探讨篇是本次报告新增篇目。意在通过各位专家对于不同问题的见解，引发业界同仁对于一些问题的关注和探讨。编委会聘请的专家均为服装领域颇有建树的资深人士，他们从不同角度对行业的热点问题和关注焦点所发出的不同声音，虽仅代表其一家之言，文字所及也绝非全面，但我们相信对于读者来说确为专家良言，至少可收到兼听则明之效。

第四部分附件列明2010年度重要奖项、产业经济数据等，以备不同人士、不同用途的查询。

本报告的编写得到众多业内外人士、机构、企业的大力支持，中国服装协会及本书编委会在此向参与研究的相关单位及个人表示衷心地感谢！